재산 증여·상속 방법과 분쟁 !
이렇게 해결하세요

편저 : 최영환

KB057340

세금문제   한정승인

상속 순위   상속포기

법문북스

재산 증여·상속 방법과 분쟁!
이렇게 해결하세요

편저 : 최영환

세금문제   한정승인

상속 순위   상속포기

법문북스

머 리 말

사람은 태어나서 천명을 다하면 자연의 법칙에 따라 사망하게 되어 있습니다. 사람이 사망하면 그가 살아있을 때의 재산상의 지위는 상속인에게 포괄적으로 승계됩니다. 상속인은 피상속인의 직계비속·배우자, 피상속인의 직계존속·배우자, 피상속인의 형제자매, 피상속인의 4촌 이내의 방계혈족 순서로 재산의 상속순위가 정해집니다.

종래 한국의 상속법은 재산상속과 더불어 호주상속을 인정하는 복합적인 상속제도를 취하였으나, 이 상속법은 개정되어 그 체계와 내용이 대폭 변경되었습니다. 우선 호주상속제도를 폐지하고 이것을 임의적인 호주승계제도로 변경하여 민법 제4편 친족법에 규정하였습니다. 상속법의 구조도 제1장 상속, 제2장 유언, 제3장 유류분으로 변경되었습니다. 상속인의 범위를 8촌 이내의 방계혈족에서 4촌 이내의 방계혈족으로 축소조정하였고, 배우자의 상속순위를 부부간에 평등하게 개정하였으며, 기여분제도를 신설함으로써 공동상속인 간의 형평을 기하도록 하였습니다.

또한 동순위상속인 간의 상속분의 차별을 없애 균등한 것으로 하였으며, 배우자의 상속분을 확대하고, 특별연고자에 대한 분여제도 등을 신설함으로써 남녀평등, 부부평등, 상속인 간의 공평을 도모할 수 있도록 개선되었습니다. 종래 호주상속인에게 귀속되던 분묘 등의 승계권을 재산상속의 효과로서 상속법에 규정하고 제사주재자가 승계하도록 하였습니다.

이 책에서는 이렇게 복잡하게 바뀐 재산상속문제들을 대법원의 판례, 법제처의 생활법령과 대한법률구조공단의 상담사례와 서식, 국세청의 상담사례들을 상속 순위, 상속분, 법으로 보장받는 상속분, 상속포기, 한정승인, 상속등기 그리고 상속 관련 각종 세금문제까지 해설과 사례를 문답식으로 관련 서식과 함께 수록하여 누구나 쉽게 이해할 수 있도록 편집하였습니다.

이러한 자료들은 대법원의 판례와 법제처의 생활법령, 대한법률구조공단의 상담사례와 서식 및 국세청의 상담사례 등을 참고하였으며, 이를 종합적으로 정리·분석하여 일목요연하게 편집하였습니다. 여기에 수록된 사례들은 개인의 법률문제 해결에 도움을 주고자 게재하였음으로 참고자료로 활용하시기 바랍니다.

이 책이 상속법이 복잡하게 바뀌어서 이를 잘 이해치 못해서 재산상속문제로 다툼이 있는 모든 분들에게 큰 도움이 되리라 믿으며, 열악한 출판시장임에도 불구하고 흔쾌히 출간에 응해 주신 법문북스 김현호 대표에게 감사를 드립니다.

2021.1.
편저자

목 차

제1장 상속이란 무엇을 의미합니까?

제2장 상속인은 누가 될 수 있나요?

제3장 상속은 이런 경우 효과가 있습니다

제4장 상속의 승인·포기는 어떤방법으로 하나요?

제5장
채권자와 특별연고자가 취해야 할 조치는 무엇인지요?

제6장 유류분반환청구는 어떻게 해야 하나요?

제7장 상속등기와 세금은 어떻게 처리해야 하나요?

부　록 : 관련법령 초록(抄錄)

민 법(초) ·· 357

제1장

상속이란 무엇을 의미합니까?

제1장
상속이란 무엇을 의미합니까?

1. 상속이란?

1-1. 상속의 개념

① "상속(相續)"이란 사람이 사망한 경우 그가 살아있을 때의 재산 상의 지위가 법률의 규정에 따라 특정한 사람에게 포괄적으로 승계되는 것을 말합니다(「민법」 제1005조).

② "피상속인(被相續人)"이란 사망 또는 실종선고로 인하여 상속재 산을 물려주는 사람을 말하며, "상속인(相續人)"이란 피상속인의 사망 또는 실종선고로 상속재산을 물려받는 사람을 말합니다.

1-2. 상속의 대상(재산상속만 가능)

과거 시행되던 호주상속제도가 폐지되고, 현행법상으로는 재산상 속만이 인정됩니다(「민법」 제1005조).

1-3. 상속의 개시(피상속인의 사망으로 개시)

① 상속은 사람(피상속인)의 사망으로 개시됩니다(「민법」 제997조).

② 사람의 사망 시점은 생명이 절대적·영구적으로 정지된 시점을 말 합니다. 이에 관해 호흡, 맥박과 혈액순환이 멎은 시점을 사망시 점으로 보는 것이 일반적입니다.

③ 이와 별개로 실종선고를 받은 사람도 사망한 것으로 보아 상속이 개시됩니다.

  - "실종선고(失踪宣告)"란 부재자(不在者)의 생사(生死)가 5년간분 명하지 않은 때에 이해관계인이나 검사의 청구에 의하여 가정

법원이 행하는 심판을 말합니다(「민법」제27조제1항).

- 전지(戰地)에 임(臨)한 사람, 침몰한 선박 중에 있던 사람, 추락한 항공기 중에 있던 사람 그 밖에 사망의 원인이 될 위난을 당한 사람의 생사가 전쟁종지(終止) 후 또는 선박의 침몰, 항공기의 추락 그 밖에 위난이 종료한 후 1년간 분명하지 않은 때에도 이해관계인이나 검사는 법원에 실종선고를 청구할 수 있습니다(「민법」제27조제2항).

■ 실종선고가 있어도 상속이 개시되는지요?

Q 甲과 乙은 법률상 부부인데, 甲이 낚시를 한다고 집을 나가서는 그로부터 6년간 연락이 끊겼습니다. 그리하여 법원에서 甲의 실종선고가 있었습니다. 乙은 실종선고를 받은 甲의 재산을 상속받을 수 있나요?

A 부재자의 생사가 5년간 분명하지 아니한 때, 전지에 임한 자, 침몰한 선박 중에 있던 자, 추락한 항공기 중에 있던 자 기타 사망의 원인이 될 위난을 당한 자의 생사가 전쟁종지 후 또는 선박의 침몰, 항공기의 추락 기타 위난이 종료한 후 1년간 분명하지 아니한 때에는 법원은 이해관계인이나 검사의 청구에 의하여 실종선고를 하여야 합니다(민법 제27조). 그리고 실종선고를 받은 자는 위 5년 또는 1년의 기간이 만료한 때에 사망한 것으로 보게 됩니다(동법 제28조). 즉, 그때를 기준으로 하여 재산상속이 개시됩니다. 사안의 경우 실종선고를 받은 甲은 낚시를 떠난 이후 연락이 끊겼으므로, 그 날로부터 5년의 기간이 만료한 때에 사망한 것으로 보게 됩니다. 즉, 그 때를 기준으로 하여 재산상속이 개시되었으므로 乙은 甲의 재산을 상속받을 수 있을 것입니다.

Q 실종선고되었던 아버지가 살아서 돌아오셨습니다. 이 경우 상속받은 재산은 어떻게 되나요?

A 실종자가 생존한다는 것이 증명되면 청구에 의하여 실종선고가 취소됩니다. 이경우 상속인이라고 생각되었던 자는 상속인이 아닌 것이 되어 선의인 경우에는 그 받은 이익이 현존하는 한도에서 상속재산을 반환하여야 합니다. 악의인 경우에는 상속으로 인하여 취득한 재산을 전부 반환하여야 하는 것은 물론, 받은 이익에 이자를 붙여서 반환하고 손해가 있으면 배상하여야 합니다.

1-4. 상속이 개시되는 장소
① 상속은 피상속인의 주소지에서 개시됩니다(「민법」 제998조).
② 따라서 피상속인이 자신의 주소지 이외의 장소에서 사망하더라도 그 주소지에서 상속이 개시됩니다.

■ 저의 아버지가 뇌사상태입니다. 이를 이유로 상속을 개시할 수 있을까요?

Q 저의 아버지가 뇌사상태입니다. 이를 이유로 상속을 개시할 수 있을까요?

A 민법에 의하면 사람의 사망만이 상속의 개시원인이 된다(민법 제997조)고 규정하고 있으며 여기서 사망이란 심장의 기능이 회복불가능한 상태로 정지된 때를 말합니다. 따라서 뇌사상태는 상속의 개시원인이 되지 않습니다.

1-5. 상속의 비용

① 상속에 관한 비용은 상속재산 중에서 지급됩니다(「민법」 제998조의2).

② "상속에 관한 비용"이란 상속에 의해 생긴 비용을 말하며, 다음과 같은 비용이 상속비용에 해당합니다.

  1. 상속의 승인·포기기간 내의 상속재산의 관리비용
  2. 상속의 한정승인·포기 시 일정기간의 상속재산 관리비용
  3. 단순승인 후 재산분할 전까지의 상속재산 관리비용

③ 이때 상속재산의 관리비용은 상속재산의 유지·보전을 위해 객관적으로 필요한 비용을 말하는데, 상속재산에 소송이 제기된 경우 소송비용 등이 그에 해당합니다.

  1. 장례비
  2. 상속세

■ 장례비용도 상속비용에 해당하는지요?

Q 얼마 전 아버지가 교통사고로 돌아가셨고, 상속인으로 甲(의뢰인), 乙, 丙이 있습니다. 이후 장례비용과 묘지를 구입하는 비용이 상당부분 들었는데, 상속받을 재산으로 이 비용을 부담할 수 있는지 궁금합니다.

A 민법 제998조의2는 "상속에 관한 비용은 상속재산 중에서 지급한다."고 규정하고 있습니다. 이와 관련하여 대법원은 "상속에 관한 비용은 상속재산 중에서 지급하는 것이고, 상속에 관한 비용이라 함은 상속재산의 관리 및 청산에 필요한 비용을 의미한다고 할 것인바, 장례비용은 피상속인이나 상속인의 사회적 지위와 그 지역의 풍속 등에 비추어 합리적인 금액 범위 내라면 이를 상속비용으로 보는 것이 옳고, 묘지구입비는 장례비용의 일부라고 볼 것이며, 상속재산의 관리·보존을 위한 소송비용도 상속에 관한 비용에 포함된다(대법원 1997.04.25. 선고 97다3996 판

결)."라고 판시한 바 있습니다. 따라서 장례비용과 묘지구입비는 상속재산 중에서 지급하면 충분합니다.

■ 상속비용의 종류로는 무엇 무엇이 있는가요?

Q 상속비용의 종류로는 무엇 무엇이 있는가요?

A 상속재산에 관한 비용이란 조세 기타의 공과금·관리비용·청산비용·소송비용·재산목록작성비용·유언집행비용 등입니다. 장례비용은 직접으로는 상속에 관한 비용이라고는 할 수 없으나, 피상속인을 위한 비용이므로 이에 포함됩니다. 이러한 비용은 모두 상속재산 중에서 지급합니다.

■ 아버지가 유언을 하지 않고 돌아가셨어요. 아버지의 재산은 어떻게 분배되나요?

Q 아버지가 유언을 하지 않고 돌아가셨어요. 아버지의 재산은 어떻게 분배되나요?

A 피상속인이 유언을 하지 않고 사망하거나, 유언을 했더라도 그 유언이 법적으로 유효하지 않은 경우에 피상속인의 재산은 「민법」의 상속규정에 따라 각 상속인에게 상속됩니다. 상속은 다음의 순위대로 정해지며, 선(先)순위에서 상속이 이루어지면 나머지 상속인은 후순위가 되어 상속받지 못합니다(예를 들어, 1순위 상속인이 있으면 나머지 2~4순위 상속인은 상속받지 못함).
  1. 피상속인의 직계비속(자녀 등) 및 법률상 배우자
  2. 피상속인의 직계존속(부모 등) 및 법률상 배우자
  3. 피상속인의 형제자매
  4. 피상속인의 4촌 이내의 방계혈족(이모 등)
같은 순위에 있는 공동상속인은 상속분을 균분하며, 피상속인의배우자의 상속분은 직계존속 또는 직계비속의 1.5배로 합니다.

상속에 관한 비용은 상속재산 중에서 지급하는 것이고, 상속에 관한 비용이라 함은 상속재산의 관리 및 청산에 필요한 비용을 의미한다고 할 것인바, 장례비용은 피상속인이나 상속인의 사회적 지위와 그 지역의 풍속 등에 비추어 합리적인 금액 범위 내라면 이를 상속비용으로 보는 것이 옳고, 묘지구입비는 장례비용의 일부라고 볼 것이며, 상속재산의 관리·보존을 위한 소송비용도 상속에 관한 비용에 포함된다(대법원 1997.4.25. 선고 97다3996 판결).

■ 태아도 재산상속을 할 수 있는지요?

Q 저는 얼마 전 동거하는 甲남과 자동차를 타고 가던 중 반대차선에서 진행하던 乙의 잘못으로 교통사고를 당해 甲은 사망하였고 저는 조금 다쳤습니다. 사고 당시 저는 임신 중이었으나 甲의 부모와 상의하여 임신중절수술을 하였습니다. 태아인 경우에도 상속권이 있다고 하는데, 甲의 재산과 위 사고로 인한 손해배상청구권은 누가 상속받게 되는지요?

A 민법 제1000조 제3항 및 제762조에 의하면 태아는 상속순위와 손해배상청구권에 관하여는 이미 출생한 것으로 본다고 규정하고 있습니다. 그러나 태아의 재산상속권과 불법행위에 대한 손해배상청구권은 태아가 살아서 출생하는 것을 전제하여 인정되는 것이며, 만약 태아가 모체와 같이 사망하거나 또는 모체 내에서 사망하는 등 출생하기 전에 사망하였다면 재산상속권과 불법행위에 대한 손해배상청구권은 인정되지 않는 것입니다. 관련 판례를 보면 "태아도 손해배상청구권에 관하여는 이미 출생한 것으로 보는바, 부(父)가 교통사고로 상해를 입을 당시 태아가 출생하지 아니하였다고 하더라도 그 뒤에 출생한 이상 부의 부상으로 인하여 입게 될 정신적 고통에 대한 위자료를 청구할 수 있다."라고 하였지만(대법원 1993.4.27. 선고 93다4663 판결), "태아가 특정한 권리에 있어서 이미 태어난 것으로 본다는 것은 살아서 출생한 때에 출생시기가 문제의 사건

의 시기까지 소급하여 그 때에 태아가 출생한 것과 같이 법률상 보아준 다고 해석하여야 상당하므로, 그가 모체와 같이 사망하여 출생의 기회를 못 가진 이상 배상청구권을 논할 여지가 없다."라고 하였습니다(대법원 1976.9.14. 선고 76다1365 판결). 그러므로 귀하가 태아인 상태에서 임신중절수술을 받았다면 태아는 상속순위에서도 상속인이 되지 못하는 것이고, 물론 불법행위에 대한 손해배상청구권도 발생하지 않습니다. 또한, 귀하는 甲과 혼인신고를 하지 않은 상태이기 때문에 甲의 상속인이 되지 못합니다. 따라서 甲의 사망 당시 재산과 위 사고로 인한 乙에 대한 손해배상청구권은 甲의 부모가 상속하게 될 것입니다. 다만, 귀하도 교통사고를 당하였으므로 그로 인하여 입은 치료비와 사실혼관계에 있던 甲의 사망에 따른 정신적 고통에 대한 위자료 등은 乙에 대하여 청구할 수 있다고 할 것입니다.

(관련판례)

태아가 호주상속의 선순위 또는 재산상속의 선순위나 동순위에 있는 경우에 그를 낙태하면 (구)「민법」(1990.1.13. 법률 제4199호로 개정되기 전의 것) 제992조제1호 및 제1004조제1호 소정의 상속결격사유에 해당한다(대법원 1992.5.22. 선고 92다2127 판결).

■ **이북 지역에 남은 가족을 재산상속인에서 제외할 수 있는지요?**

Q 북한에 거주하는 甲과 乙은 법률상 부부인데 그 슬하에 丙, 丁, 戊를 두었습니다. 甲과 乙은 1990. 丙, 丁만 데리고 중국을 통하여 귀순하였습니다. 甲이 2016. 사망하자 乙, 丙, 丁은 상속재산 분할협의를 하려고 합니다. 그런데 공동상속인 戊가 이북지역에 남아 있는 관계로 그 협의가 사실상 어렵습니다. 戊를 위 상속재산분할협의를 함에 있어 재산상속인에서 제외시킬 수 있나요?

A 상속에 있어서는 1. 피상속인의 직계비속, 2. 피상속인의 직계존속, 3.

피상속인의 형제자매, 4. 피상속인의 4촌 이내의 방계혈족의 순위로 상속인이 됩니다(민법 제1000조 제1항). 피상속인의 배우자는 1. 피상속인의 직계비속, 2. 피상속인의 직계존속이 있는 경우에는 그 상속인과 동순위로 공동상속인이 되고 그 상속인이 없는 때에는 단독 상속인이 됩니다(동법 제1003조 제1항). 부재선고에 관한 특별조치법은 대한민국의 군사분계선 이북(以北) 지역에서 그 이남(以南) 지역으로 옮겨 새로 가족관계등록을 창설한 사람 중 군사분계선 이북 지역의 잔류자(殘留者)에 대한 부재선고(不在宣告)의 절차에 관한 특례를 규정함을 목적으로 입법되었습니다(동법 제1조). 법원은 잔류자임이 분명한 사람에 대하여는 가족이나 검사의 청구에 의하여 부재선고를 하여야 합니다(제3조). 부재선고를 받은 사람에 대한 가족관계등록부는 폐쇄되고, 그는 상속 및 혼인에 관하여 실종선고를 받은 것으로 보게 됩니다(제4조). 사안의 경우 乙, 丙, 丁, 戊는 피상속인 甲의 배우자 및 직계비속으로서 공동상속인이 됩니다. 공동상속인들은 상속재산을 분할함에 있어 모두 참여하여야 하고, 이를 위반한 경우 그 분할은 무효가 됩니다(민법 제1013조). 그런데 戊가 이북 지역에 남아 있는 관계로 상속재산분할협의가 사실상 어려우므로, 가족이나 검사의 청구에 의하여 그에게 부재선고를 내릴 필요가 있습니다. 위 부재선고에 의하여 戊는 실종선고를 받은 것으로 보게 되므로, 乙, 丙, 丁은 戊를 제외하고 상속재산분할협의를 할 수 있을 것입니다. 다만, 戊가 사망한 것으로 간주되는 시점과 관련하여 戊가 甲을 상속하는지 그리고 乙, 丙, 丁이 다시 戊를 상속하는지에 대하여 추가 검토가 필요할 것으로 보입니다.

■ 남편과 아들이 동시에 사망한 경우 남편 재산의 상속인은 누가 되나요?

Q 저는 시아버지를 모시고 남편과 미혼인 외동아들을 키우며 생활하였는데, 얼마 전 남편과 미혼인 아들이 고속버스를 타고 큰댁으로 가던 중 버스가 전복되는 사고를 당하여 모두 동시에 사망하였습니

다. 그런데 시고모는 시아버지가 남편에게 증여한 주택을 반환하고 교통사고배상금의 1/2은 시아버지에게 돌려주라고 합니다. 이것이 타당한지요?

A 상속은 피상속인의 사망으로 개시됩니다. 그런데 위와 같은 동시사망(同時死亡)에 관하여 「민법」 제30조는 "2인 이상이 동일한 위난으로 사망한 경우 동시에 사망한 것으로 추정한다."라고 규정하고 있습니다. 사망의 시기는 상속문제 등에 관련하여 중대한 의미를 갖고 있으나, 2인 이상이 동일한 위난으로 사망한 경우, 누가 먼저 사망하였는가를 입증하는 것은 대단히 곤란하거나 불가능하기 때문에 동시에 사망한 것으로 추정함으로써 사망자 상호간에는 상속이 개시되지 않도록 취급하려는 것입니다.

위 사안에서 첫째, 남편이 먼저 사망하였다면 남편명의 주택 및 그 사고로 인한 보상금은 1순위 상속인인 아들과 귀하가 상속하고, 아들의 사망으로 귀하가 다시 상속하게 되며, 아들의 보상금 역시 귀하가 단독으로 상속하게 되므로 이 경우 시아버지는 상속권이 없게 될 것입니다.

둘째, 아들이 먼저 사망하였다면 아들의 보상금을 귀하와 남편이 공동상속하고, 남편의 사망으로 남편의 상속분을 귀하와 시아버지가 공동으로 상속하게 되며, 남편의 주택과 보상금도 귀하와 시아버지가 공동상속하게 됩니다. 셋째, 남편과 아들이 동시에 사망한 것으로 추정된다면 아들에 대한 교통사고의 배상금은 귀하가 단독으로 상속하며, 남편에 대한 교통사고의 배상금은 시아버지와 귀하가 공동상속하나 그 상속분은 동일하지 않고 귀하가 3/5, 시아버지가 2/5가 됩니다. 동시사망으로 추정되는 경우 반증을 들어 그 추정을 번복할 수 있으나, 반증은 거의 불가능하므로 이 경우의 '추정'은 사실상 '간주'에 가깝다고 할 것이며, 「민법」 제30조는 상속뿐만 아니라 대습상속 및 유증에도 적용되는 것입니다.

동시사망의 추정을 번복하기 위한 입증책임의 내용 및 정도에 관하여 판례는 "민법 제30조에 의하면, 2인 이상이 동일한 위난으로 사망한 경우에는 동시에 사망한 것으로 추정하도록 규정하고 있는바, 이 추정은 법률상 추정으로서 이를 번복하기 위해서는 동일한 위난으로 사망하였다는 전제사실에 대하여 법원의 확신을 흔들리게 하는 반증을 제출하거나 또는 각자 다른 시각에 사망하였다는 점에 대하여 법원에 확신을 줄 수 있는 본증을 제출하여야 하는데, 이 경우 사망의 선후에 의하여 관계인들의 법적 지위에 중대한 영향을 미치는 점을 감안할 때 '충분하고도 명백한 입증이 없는 한' 위 추정은 깨어지지 아니한다."라고 하였습니다(대법원 1998.8.21. 선고 98다8974 판결).

■ 양자가 사망한 경우에 양자의 상속인에는 친부모도 포함되는지요?

Q 양자가 사망한 경우에 양자의 상속인에는 친부모도 포함되는지요?

A 양자가 직계비속 없이 사망한 경우 그가 미혼인 경우 제2순위 상속권자인 직계존속이, 그에게 처가 있는 경우 직계존속과 처가 동순위로 각 상속인이 됩니다(민법 제1000조 및 제1003조). 한편 이 경우에 양자를 상속할 직계존속에 대하여 아무런 제한을 두고 있지 않으므로 양자의 상속인에는 양부모뿐아니라 친부모도 포함된다고 보아야 합니다(대법원 1995.1.20. 94마535 결정). 따라서 양자의 상속인에는 친부모도 포함된다고 보아야 할 것입니다.

■ 피상속인이 외국인인 경우에도 상속받을 수 있나요?

Q 피상속인이 외국인인 경우에도 우리나라 법에 의해 상속받을 수 있나요?

A 상속은 사망 당시 피상속인의 본국법(本國法)에 따릅니다(국제사법 제49조). 따라서 피상속인이 외국인인 경우에는 그 외국인의 국적에 따른 상속법이 적용됩니다. 예를 들어 사망한 사람이 베트남 국적을 가지고 있는 경우, 상속인은 한국국적을 가진 한국인이라고 할지라도 상속인, 상속순위, 상속분 등의 모든 상속관계가 베트남의 상속법에 따라 결정됩니다.

〔관련판례〕

일본국 국적의 피상속인이 사망함에 따라 대한민국에 거주하는 대한민국 국적의 공동상속인들이 일본국에 거주하던 일본국 국적의 공동상속인을 상대로 제기한, 상속재산 중 대한민국과 일본국에 소재하고 있는 부동산들에 대한 상속재산분할심판 청구사건에서, 대한민국에 소재하는 부동산들에 대하여 상속재산분할을 구하는 부분의 분쟁은 대한민국과 실질적 관련성이 있다는 이유로 이 부분에 관한 대한민국 법원의 재판관할권을 인정한 사례(서울가법 2005.11.10. 자 2004느합17 심판).

■ 이혼 소송 중인 배우자도 상속이 가능한가요?

Q 이혼소송을 진행하던 도중에 아내가 교통사고로 사망했습니다. 이혼소송이 진행 중이더라도 판결이 내려지기 전에는 제가 상속받을 수 있는지요?

A 민법 제1003조에 따라 남편은 상속인이 될 수 있습니다. 상속은 동법 제997조에 따라 피상속인이 사망한 때부터 개시됩니다. 따라서 피상속인이 사망했을 당시에 귀하가 그와 법률상 부부관계였던 이상, 적법한 상속인에 해당하게 됩니다.

■ 사실혼 배우자도 상속을 받을 수 있나요?

Q A(남)는 B(녀)와 결혼식을 치르고 신혼여행을 다녀왔으나 아직 혼인신고는 하지 않은 상태에서 사망하였습니다. B(녀)는 A의 상속인이 될 수 있을까요?

A A와 B는 혼인의 의사로 A와 결혼생활을 시작하였지만, A의 사망 당시 혼인신고가 이루어지지 않았기 때문에 B는 A의 사실혼 배우자에 불과합니다. 배우자는 1순위로 상속인이 되는 것이 원칙이나 이는 혼인신고까지 마친 법률상 배우자를 말하며, 사실혼 배우자는 포함하지 않습니다. 다만, A와 B가 사실혼 관계임이 입증되는 경우, B는 각종 유족연금의 수혜자가 될 수 있으며, A와 B가 거주하는 주택의 임대차 관계에서도 임차인이 상속인 없이 사망한 경우에는 그 주택에서 가정공동생활을 하던 사실상의 혼인 관계에 있는 사람이 임차인의 권리와 의무를 승계합니다(주택임대차보호법 제9조제1항). 또한 A의 상속인이 없는 경우에는 A의 상속재산에 대해 특별연고자로서 그 분여를 청구할 수 있는 권리를 가집니다(민법 제1057조의2).

■ 공동사업을 하고 있던 중 한 분이 사망한 경우 상속인은 동업자로서의 지위를 상속하는지요?

Q A, B는 동업약정을 통해 공동사업을 하고 있던 중, A가 교통사고인하여 사망하였고, 그 상속인으로 甲이 있습니다. 이 때 甲이 A의 동업자로서의 지위를 상속하는지요?

A 사안의 경우, 합유지분이 상속의 대상이 되는지가 문제됩니다.
이와 관련하여 대법원은 "부동산의 합유자 중 일부가 사망한 경우 합유자 사이에 특별한 약정이 없는 한 사망한 합유자의 상속인은 합유자로서의 지위를 승계하는 것이 아니므로 해당 부동산은 잔존 합유자가 2인 이상일 경우에는 잔존 합유자의 합유로 귀속되고 잔존 합유자가 1인인 경우에는 잔존 합유자의 단독소유로 귀속된다(대법원 1994.02.25. 선고 93다39225 판결)."고 판시한 바 있습니다.
따라서 甲은 A의 조합원으로서의 합유지분을 상속하지 않습니다.

■ 농민이 아닌 사람도 농지를 상속받을 수 있는지요?

Q 망인 A의 상속인으로 甲, 乙이 있고, 상속재산으로 농지인 X토지가 있습니다. 그런데 乙은 농민이나 甲은 농민이 아닌 상황입니다. 그렇다면 농민이 아닌 甲이 농지를 상속받을 수 있는지요?

A 과거 대법원은 "농지분배를 받은 사람이 사망한 경우에는 농가 또는 그 농지의 경작에 의하여 생계를 유지하는 재산상속인만이 수분배권을 상속한다(대법원 1997.12.26. 선고 97다22003 판결)."고 판시한 바 있습니다.
그러나 개정 농지법 제6조 제2항 제4호는 "상속[상속인에게 한 유증(遺贈)을 포함한다. 이하 같다]으로 농지를 취득하여 소유하는 경우에는 자기의 농업경영에 이용하지 아니할지라도 농지를 소유할 수 있다."고 규정하고 있는바, 이러한 개정 농지법의 태도에 의하면, 甲은 농민이 아니어도 농지를 상속받을 수 있습니다.

Q 임대인 A는 임차인 B와 X주택에 관하여 임대차기간 2년, 보증금 1000만원, 월 임료 50만원으로 하는 임대차계약을 체결하였습니다. 또한 임차인 B는 인도를 받고 전입신고를 하여 주택임대차보호법상 대항력까지 갖춘 상황입니다. 그런데 임차인 B가 임대차기간 도중에 교통사고로 인하여 사망하였다면, 그 상속인인 甲은 임차인으로서의 지위를 상속받을 수 있는지요?

A 주택임대차보호법은 일정범위의 사람에게 주택임차권의 승계권을 보장하고 있습니다. 이와 관련하여 주택임대차보호법 제9조는 "① 임차인이 상속인 없이 사망한 경우에는 그 주택에서 가정공동생활을 하던 사실상의 혼인 관계에 있는 자가 임차인의 권리와 의무를 승계한다. ② 임차인이 사망한 때에 사망 당시 상속인이 그 주택에서 가정공동생활을 하고 있지 아니한 경우에는 그 주택에서 가정공동생활을 하던 사실상의 혼인 관계에 있는 자와 2촌 이내의 친족이 공동으로 임차인의 권리와 의무를 승계한다. ③ 제1항과 제2항의 경우에 임차인이 사망한 후 1개월 이내에 임대인에게 제1항과 제2항에 따른 승계 대상자가 반대의사를 표시한 경우에는 그러하지 아니하다. ④ 제1항과 제2항의 경우에 임대차 관계에서 생긴 채권·채무는 임차인의 권리의무를 승계한 자에게 귀속된다."고 규정하고 있습니다. 따라서 위와 같은 요건을 갖춘 경우라면 甲은 임차인의 권리의무를 승계할 수 있습니다.

Q 혼인신고를 하기 전에 남편이 죽었어요. 지금 살고 있는 전셋집이 남편명의로 되어 있는데, 상속받아서 제 명의로 바꿀 수 있을까요?

A 민법에 따르면 배우자는 다른 상속인이 있으면 공동으로, 다른 상속인이

없으면 단독으로 상속인이 됩니다. 여기서의 배우자는 혼인신고를 마친 법률상 배우자를 의미하므로 사실혼 배우자는 전셋집 등의 재산을 상속받을 수 없는 것이 원칙입니다.

그러나 사실혼 부부가 함께 거주하던 집이 있는 경우에 임차인인 남편이 상속인 없이 사망했다면 해당 주택에서 가정공동생활을 하던 사실혼 배우자가 임차인의 권리와 의무를 승계합니다.

■ 계속적 보증채무도 상속하는지요?

Q A는 B에 대한 관계에서 보증한도액을 10억으로 하는 계속적 보증계약을 체결하였고, 이후 교통사고로 인하여 사망하였습니다. 이때 그 상속인인 甲이 그 보증채무를 상속하는지요?

A 사안의 경우, 계속적 보증계약의 지위가 상속되는지가 문제됩니다.

이와 관련하여 대법원은 "보증한도액이 정해진 계속적 보증계약의 경우 보증인이 사망하였다 하더라도 보증계약이 당연히 종료되는 것은 아니고 특별한 사정이 없는 한 상속인들이 보증인의 지위를 승계한다고 보아야 할 것이나, 보증기간과 보증한도액의 정함이 없는 계속적 보증계약의 경우에는 보증인이 사망하면 보증인의 지위가 상속인에게 상속된다고 할 수 없고 다만, 기왕에 발생된 보증채무만이 상속된다(대법원 2001.06.12. 선고 2000다47187 판결)."고 판시한 바 있습니다.

따라서 특별한 사정이 없는 한, 甲은 상속인의 보증인으로서의 지위를 승계합니다.

Q A는 음주운전으로 300만원의 벌금형을 선고받았습니다. 그런데 그
후 심장마비로 인하여 사망하였는데, 아직 벌금을 납부하지 않은
상황입니다. 이 경우 A의 상속인인 甲에게 그 벌금이 상속되는지
요?

A 사안의 경우, 벌금이나 과료, 몰수나 추징금납부의무 등이 상속되는지가
문제됩니다. 이와 관련하여 벌금이나 과료, 몰수와 추징 등은 재산적인
형벌의 일종이어서 수형자의 일신에 한하여 상속이 되지 않는다는 견해
와 상속을 긍정하는 견해가 대립하며, 형사소송법 제478조는 "몰수 또는
조세, 전매 기타 공과에 관한 법령에 의하여 재판한 벌금 또는 추징은
그 재판을 받은 자가 재판확정 후 사망한 경우에는 그 상속재산에 대하
여 집행할 수 있다."고 규정하고 있습니다.
따라서 강학상 상속이 되는지 여부는 불분명하나, 미납된 벌금 등이 있
는 경우라면 상속재산에 대한 집행은 적법하게 이루어질 수 있습니다.

■ 자동차 운행 중 사고로 사망한 경우 상속인은 보험료 청구를 할 수
있는지요?

Q A가 자동차 운행 중 사고로 자신을 포함하여 자매 B, C를 사망하
게 하였습니다. 그리고 그들의 부모인 甲과 乙이 A, B, C 모두의
상속인이 된 상황입니다. 이 경우 부모인 甲과 乙은 보험료 청구
를 할 수 있는지요?

A 사안의 경우, 부모인 甲과 乙이 가해자와 피해자들의 지위를 모두 상속하
는 경우이므로, 채권과 채무의 혼동이 일어나는지가 문제됩니다.
이와 관련하여 대법원은 "자동차 운행 중 교통사고가 일어나 자동차의
운행자나 동승한 그의 친족이 사망하여 자동차손해배상보장법 제3조에
의한 손해배상채권과 채무가 상속으로 동일인에게 귀속하게 되는 때에,

교통사고를 일으킨 차량의 운행자가 자동차 손해배상 책임보험에 가입하였다면, 가해자가 피해자의 상속인이 되는 등의 특별한 경우를 제외하고는 생존한 교통사고 피해자나 사망자의 상속인에게 책임보험에 의한 보험의 혜택을 부여하여 이들을 보호할 사회적 필요성이 있는 점은 다른 교통사고와 다를 바 없고, 다른 한편 원래 자동차 손해배상 책임보험의 보험자는 상속에 의한 채권, 채무의 혼동 그 자체와는 무관한 제3자일 뿐 아니라 이미 자신의 보상의무에 대한 대가인 보험료까지 받고 있는 처지여서 교통사고의 가해자와 피해자 사이에 상속에 의한 혼동이 생긴다는 우연한 사정에 의하여 자기의 보상책임을 면할 만한 합리적인 이유가 없으므로, 자동차 책임보험의 약관에 의하여 피해자가 보험회사에 대하여 직접 보험금의 지급청구를 할 수 있는 이른바 직접청구권이 수반되는 경우에는 그 직접청구권의 전제가 되는 자동차손해배상보장법 제3조에 의한 피해자의 운행자에 대한 손해배상청구권은 상속에 의한 혼동에 의하여 소멸되지 아니한다고 보아야 한다(대법원 1995.05.12. 선고 93다48373 판결)."고 판시한 바 있습니다.

따라서 피해자인 B와 C의 배상청구권은 혼동으로 소멸되지 않으므로, 부모인 甲과 乙은 보험금을 지급받을 수 있습니다.

■ **교통사고의 가해자가 피해자를 직접 상속한 경우 보험금을 청구할 수 있는지요?**

Q 모(母) A의 운행으로 인한 교통사고로 동승하고 있던 자(子) B가 사망하여 그 사망한 자(子) B를 부모인 A와 甲이 공동상속 하였고, A는 적법하게 상속포기를 한 상황입니다. 이 때 부(父) 甲은 위 사고차량에 대한 보험을 근거로 보험금을 청구할 수 있는지요?

A 가해자가 피해자의 상속인이 되어 피해자의 자신에 대한 손해배상청구권과 손해배상의무가 혼동으로 소멸하였더라도 적법하게 상속을 포기한 경우 위 손해배상청구권과 이를 전제로 하는 보험자에 대한 직접청구권이 소멸하는지가 문제됩니다.

이와 관련하여 대법원은 "상속포기는 자기를 위하여 개시된 상속의 효력을 상속개시시로 소급하여 확정적으로 소멸시키는 제도로서 피해자의 사망으로 상속이 개시되어 가해자가 피해자의 자신에 대한 손해배상청구권을 상속함으로써 그 손해배상청구권과 이를 전제로 하는 자동차손해배상보장법 제9조 제1항에 의한 보험자에 대한 직접청구권이 소멸하였다고 할지라도 가해자가 적법하게 상속을 포기하면 그 소급효로 인하여 위 손해배상청구권과 직접청구권은 소급하여 소멸하지 않았던 것으로 되어 다른 상속인에게 귀속되고, 그 결과 '가해자가 피해자의 상속인이 되는 등 특별한 경우'에 해당하지 않게 되므로 위 손해배상청구권과 이를 전제로 하는 직접청구권은 소멸하지 않는다(대법원 2005.01.14. 선고 2003다 38573 판결)."고 판시한 바 있습니다.

따라서 부(父) 甲은 보험금을 청구할 수 있습니다.

■ 양자로 입양된 자가 생부모의 재산을 상속할 수 있는지요?

Q 저는 수년 전 친척집에 양자로 입양되었고, 그 후 생모가 사망하자 생부는 아들이 있는 계모와 혼인신고를 하고 생활하다가 최근에 사망하였습니다. 계모는 제가 양자로 갔기 때문에 상속권이 없다고 주장하는데, 그것이 사실인지요?

A 「민법」 제1000조 제1항에 의하면 제1순위의 상속인은 피상속인의 직계비속입니다. 여기서 직계비속이란 자연혈족(친자식)·법정혈족(양자), 혼인 중의 출생자·혼인 외의 출생자, 남·녀, 기혼·미혼, 등을 구별하지 않으므로 양자는 양부모와 친생부모에 대하여 양쪽 모두에 있어서 제1순위의 상속인이 됩니다.다만, 2008.1.1.부터 시행된 친양자(親養子) 입양(개정 민법 제908조의2 내지 제908조의8)의 경우 친양자로 입양된 자는 양부의 성과 본으로 변경되고 친생부모와의 법적인 관계는 모두 종료(양부모 쌍방이 모두 친자관계 없는 아이를 입양하는 경우)되므로 친양자와 친생부모간의 상속권도 소멸된다고 할 것입니다. 그리고 피상속인의 배우자는

직계비속 또는 직계존속이 있는 경우에는 그 상속인과 같은 순위로 공동 상속인이 되고, 그 상속인이 없을 때에는 단독상속인이 됩니다(민법 제 1003조 제1항). 여기서의 배우자는 혼인신고가 된 법률상의 배우자를 말하며, 사실상의 배우자는 상속권이 인정되지 않습니다. 위 사안에서 계모는 혼인신고를 한 법률상의 배우자이기 때문에 상속권이 있습니다. 반면에 계모가 데리고 온 아들은 피상속인의 혈족이 아니므로 상속인이 되지 못하고, 설령 계모의 아들을 귀하의 아버지가 구 호적(현행 가족관계등록부)에 입적시켰다고 하여도 양자로서 입양을 시키지 않고 단순히 인수입적시킨 것에 불과할 경우(이러한 경우 가봉자(加捧子)라고 함)에는 역시 상속인이 아닙니다. 결론적으로 귀하는 계모와 공동상속인이 되어 상속분은 계모 1.5, 귀하 1이 되며, 분배율은 3/5 : 2/5가 될 것입니다. 참고로 양자를 상속할 직계존속에 친생부모도 포함되는지에 관한 판례를 보면, "신민법 시행 후 양자가 직계비속 없이 사망한 경우 그가 미혼인 경우 제2순위 상속권자인 직계존속이, 그에게 유처가 있는 경우 직계존속과 처가 동순위로 각 상속인이 되는바, 이 경우 양자를 상속할 직계존속에 대하여 아무런 제한을 두고 있지 않으므로 양자의 상속인에는 양부모뿐 아니라 친부모도 포함된다고 보아야 한다."라고 하였습니다(대법원 1995.1.20.자 94마535 결정).

■ **타인의 친생자로 된 혼인 외의 자가 생모 재산을 상속받을 수 있는 방법이 있는지요?**

Q 저는 甲과 결혼하여 딸을 낳아 출생신고를 하려던 중, 甲의 처로 乙이라는 여자가 등재되어 있음을 발견하였습니다. 알고 보니 저와 甲이 결혼하기 전에 이미 乙과 혼인하여 법률상 부부로 살다가 乙이 집을 나간 후 소식이 없자 대를 이을 목적으로 저와 재혼하였던 것입니다. 저는 그 사실을 용서할 수 없어 딸을 데리고 친정으로 와서 지금까지 살고 있는데, 딸은 甲과 乙사이에 태어난 자녀로 되어 있습니다. 그리고 저에게는 오빠 2명과 친정 어머니가 있으나, 제 유

산을 모두 딸에게만 상속시키고 싶은데 어떻게 하면 되는지요?

A 귀하의 딸이 甲과 乙사이에서 태어난 자녀로 가족관계등록부에 기재된 이상 귀하의 딸은 법률상으로는 甲과 乙의 딸이므로, 귀하가 사망할 경우에 귀하의 모든 재산은 친정어머니에게 상속됩니다(민법 제1000조).
그러므로 귀하가 재산을 딸에게 상속시키려면 먼저 귀하와 귀하의 딸 사이의 친자관계를 법적으로 인정받아야 할 것입니다. 이를 위해서는 우선 귀하가 원고가 되어 乙을 상대로 乙과 귀하의 딸 사이에는 친생자관계가 존재하지 않는다는 것과 귀하의 딸을 상대로 생모인 귀하와 귀하의 딸 사이에는 친생자관계가 존재한다는 소송 즉, 친생자관계존부확인의 소를 제기하여 법원으로부터 판결을 받은 후, 판결의 확정일로부터 1월 이내에 판결등본 및 그 확정증명서를 첨부하여 가족관계등록부 정정의 신청을 하면 됩니다(민법 제865조, 가족관계의 등록 등에 관한 법률 제107조). 등록부 정정이 이루어지면 딸의 가족관계등록부 모(母)란에는 乙이 아닌 귀하가 모(母)로 등재되게 되므로 귀하의 딸이 귀하의 어머니와 친오빠들보다 선순위의 상속권을 갖게 됩니다. 따라서 귀하의 재산을 딸이 단독으로 상속합니다. 그리고 귀하의 딸과 乙과는 적모서자의 관계가 되므로 딸은 乙의 상속인이 될 수 없으나, 甲은 친부이므로 甲의 재산에 대해서는 상속권이 있다고 할 것입니다.

■ 적모와 혼인 외의 출생자, 계모자간에 상속권이 있는지요?

Q 제가 어렸을 때 아버지는 계모와 재혼을 하여 살다가 7년 전 사망하였고, 저는 계모의 슬하에서 자랐습니다. 최근에 계모가 사망하였는데, 저도 계모의 재산을 상속받을 수 있는지요?

A 「민법」 제1000조 제1항 제1호는 피상속인의 직계비속을 제1순위 상속인으로 규정하고 있습니다. 여기서 직계비속은 자연혈족과 법정혈족을 말합니다. 1991년도 이전의 구 「민법」에 의하면 부의 혼인외의 자와 배우자간의 적모서자관계와 부의 친자와 계모와의 계모자관계를 법정혈족으로

인정하여 친생자와 동일하게 당연히 상속권이 있었으나, 1991년 1월 1
일부터 시행된 민법에서는 종전의 계모자관계, 적모서자관계에 대한 조문
을 삭제함으로써 혈족관계를 부정하고, 다만 직계존속의 배우자로서 인척
관계로만 인정하고 있습니다. 그 결과 계모자관계(繼母子關係)와 적모서
자관계(嫡母庶子關係)에서는 상속권이 발생할 수 없게 되었습니다.

따라서 귀하와 계모는 계모자관계이므로 현행 민법 하에서는 법정혈족관
계가 없기 때문에 상속권이 없고 계모의 유산은 그 친정측의 가족이 상
속하게 될 것입니다.

■ 이주자택지공급에 관한 청약권을 자기 상속지분 비율에 따라 단독으로 위 청약권을 행사할 수 있는지요?

Q 택지개발예정지구 내의 이주자택지 공급대상자인 A가 사망하여 그
공동상속인들인 甲, 乙, 丙이 이주자택지에 관한 공급계약을 체결
할 수 있는 청약권을 공동상속한 경우, 甲은 자기 상속지분 비율에
따라 단독으로 위 청약권을 행사할 수 있는지요?

A 택지개발예정지구 내의 이주자택지 공급대상자가 사망하여 공동상속인들
이 이주자택지에 관한 공급계약을 체결할 수 있는 청약권을 공동상속한
경우 그 행사방법과 관련하여 대법원은 "한국토지공사가 택지개발예정지
구 내의 이주자택지 공급대상자의 선정기준에 따라 이주자택지 공급대상
자를 확정하면 그 공급대상자에게 구체적인 수분양권이 발생하고, 그 후
공급대상자에게 분양신청 기간을 정하여 분양신청을 하도록 통지하면, 공
급대상자는 그 통지에 따라 이주자택지에 관한 공급계약을 체결할 수 있
는 청약권이 발생하게 되고, 그 공급대상자가 사망하여 공동상속인들이
청약권을 공동으로 상속하는 경우에는 공동상속인들이 그 상속지분비율
에 따라 피상속인의 청약권을 준공유하게 되며, 공동상속인들은 단독으로
청약권 전부는 물론 그 상속지분에 관하여도 이를 행사할 수 없고, 그
청약권을 준공유하고 있는 공동상속인들 전원이 공동으로만 이를 행사할

수 있는 것이므로 위 청약권에 기하여 청약의 의사표시를 하고, 그에 대한 승낙의 의사표시를 구하는 소송은 청약권의 준공유자 전원이 원고가 되어야 하는 고유필수적 공동소송이다(대법원 2003.12.26.선고2003다11738 판결)."라고 판시한 바 있습니다.

따라서 甲은 자기 상속지분 비율에 따라 단독으로 위 청약권을 행사할 수 없습니다.

■ 내연녀인 출산하여 친자로 밝혀져서 인지신고하였을 경우 최종상속인은 누구인지요?

Q 2010년 5월 사망한 A에게 유족으로는 처 甲과 직계혈족 乙이 있고, 상속재산으로는 A의 단독소유인 X주택(시가 3억원 상당), 저축은행 Y에 예금 1억원이 남아 있습니다. 그리고 甲과 乙(A의母)이 A의 재산을 공동상속하고 이미 재산분할까지 마친 상황에서 A의 내연녀인 B가 丁을 출산하여 A의 친자로 밝혀졌고, 2010년 10월 인지신고가 되었습니다. 이 경우 A의 최종상속인은 누구인지요?

A 태아는 상속순위에 관하여는 이미 출생한 것으로 봅니다(민법 제1000조 제3항). 또한 민법상 개별적으로 태아의 권리능력이 인정되는 경우에도 그 권리능력은 태아인 동안에는 없고 살아서 출생하면 문제된 사건의 시기까지 소급하여 그때에 출생한 것과 같이 법률상 간주됩니다(대법원 1982.2.9. 81다534). 사안의 경우 태아 丁이 출생하였고 인지되었으므로 丁은 직계비속으로서 상속인이 됩니다. 한편, 대법원은 "인지 이전에 다른 공동상속인이 이미 상속재산을 분할 내지 처분한 경우에는 인지의 소급효를 제한하는 민법 제860조 단서가 적용되어 사후의 피인지자는 다른 공동상속인들의 분할 기타 처분의 효력을 부인하지 못하게 되는바, 민법 제1014조는 그와 같은 경우에 피인지자가 다른 공동상속인들에 대하여 그의 상속분에 상당한 가액의 지급을 청구할 수 있도록 하여 상속재산의 새로운 분할에 갈음하는 권리를 인정(대법원 2007.07.26. 선고

2006다83796 판결)"하는 한편, "혼인 외의 출생자가 부의 사망 후 인지의 소에 의하여 친생자로 인지받은 경우 피인지자보다 후순위 상속인인 피상속인의 직계존속이나 형제자매는 피인지자의 출현으로 자신이 취득한 상속권을 소급하여 잃게 된다(대법원 1993.03.12. 선고 92다48512 판결)."고 판시한 바 있습니다. 따라서 A의 모 乙은 후순위 상속인으로서 丁이 인지됨과 동시에 상속권을 상실하므로, 최종상속인은 A의 배우자 甲과 직계비속 丁이 됩니다.

2. 상속에 관련된 법제 개관

2-1. 민법

① 상속의 기본이 되는 사항에 대해서는 「민법」 제5편에 규정되어 있습니다.

② 사망한 사람의 직계비속, 직계존속, 배우자, 4촌이내의 방계혈족 중에 상속순위가 가장 높고 최근친인 사람은 상속인이 됩니다.

③ 상속인이 여러 명인 경우에는 공동상속인이 되며 이들은 상속재 산을 분할하기 전까지 상속분대로 공유합니다.

2-2. 가사소송법

① 상속에 관한 비송사건은 「가사소송법」이 적용됩니다.

② 상속의 한정승인·포기 심판, 상속승인·포기기간의 연장허가청구, 상속재산보전명령청구, 상속재산감정인선임청구, 공동상속재산을 위한 관리인선임청구, 상속재산분리청구, 상속인의 존부가 불분명 한 때에 관리인선임 및 상속인 수색공고, 상속재산분여청구는 「가사소송법」에 따른 가사비송절차에 따라 이루어집니다(「가사소 송법」 제2조제1항제2호).

2-3. 민사소송법

공동상속인의 상속재산분할청구, 상속인의 상속회복청구, 유류분반 환청구를 재판상 행사하는 경우에는 「민사소송법」에 따른 일반 민 사소송절차가 적용됩니다.

2-4. 부동산등기법

상속인이 부동산을 상속받은 경우에는 상속을 원인으로 부동산등 기를 할 수 있고, 부동산 등기절차는 「부동산등기법」에 따라 이루어집니다.

2-5. 상속세 및 증여세법, 지방세법 및 지방세기본법

① 상속인이 상속을 받은 경우에는 상속세가 부과됩니다. 상속인은 상속개시일로부터 6개월 내에 상속세의 납부신고를 하고 상속세를 납부해야 합니다. 상속세의 납부절차는 「상속세 및 증여세법」에 따라 이루어집니다.

② 상속인이 부동산, 자동차, 콘도미니엄회원권 등을 상속받은 경우에는 취득세가 부과됩니다. 취득세의 납부절차는 「지방세법」 및 「지방세기본법」에 따라 이루어집니다.

3. 상속 시 체크리스트

가까운 가족이 사망한 경우 우선 자신이 이들의 상속인이 되는지 파악해야 합니다. 이와 관련한 자세한 사항은 다음과 같습니다.

① 자신이 상속인이 되는지를 파악합니다. 상속인이 되면, 피상속인 (사망한 사람)의 재산상 권리뿐만 아니라 의무도 승계되므로 상속인이 되는지 여부를 빨리 파악해야 원하지 않는 채무를 상속받지 않을 수 있습니다.

② 피상속인이 작성한 유언증서가 있는지 찾아보아야 합니다. 법적으로 유효한 유언증서가 작성되어 있으면, 법정 유언 사항의 경우 유언의 내용이 지켜져야 합니다. 특히 유증이 되어 있는 경우에는 수증자에게 먼저 유증이 이루어진 뒤 남은 재산으로 상속이 이루어지므로, 유언증서를 찾아 그 내용을 확인해야 합니다.

③ 자신이 상속인인 경우 피상속인의 재산상태를 조회해야 합니다.

- 피상속인 명의의 예금, 대출, 보증, 증권계좌, 보험계약, 신용카드 관련 채무가 있는지의 여부는 금융감독원 본원 1층 금융민원센터 및 각 지원 또는 각 금융협회에서 [상속인등 에대한 금융거래조회(클릭)]를 통해 파악할 수 있습니다.
- 또한, 상속인은 금융거래내역, 국세 및 지방세 체납액·미납액·

환급액, 국민연금·공무원연금·사립학교교직원연금 가입여부, 자동차 소유여부, 토지 소유내역 등 사망자 재산을 시·구, 읍·면·동에서 한 번에 통합 신청할 수 있습니다.

- 신청은 시·구청 및 읍·면·동 주민센터에 직접 방문하거나 정부24에 접속하여 할 수 있습니다.

④ 자신의 상속분이 얼마인지 그리고 상속을 통해 받게 되는 상속재산은 얼마인지를 꼼꼼히 따져야 합니다. 상속인이 여러 명인 경우에는 공동상속이 이루어지고, 유증이 없으면 각자의 상속분은 통상 법정상속분에 따르게 됩니다(「민법」 제1009조).

⑤ 상속을 통해 받게 되는 재산보다 채무가 많거나, 그 채무의 액수를 정확히 모르는 경우에는 상속포기 또는 상속의 한정승인을 할 것인지를 고려해야 합니다. 상속의 포기(「민법」 제1019조) 또는 상속의 한정승인(「민법」 제1028조)은 상속인이 상속 개시 있음을 안 날로부터 3개월 내에 가정법원에 신고하는 방법으로 이루어지므로, 신고기한 내에 상속을 포기할 것인지 한정승인할 것인지를 결정해야 합니다.

제2장

상속인은 누가 될 수 있나요?

제2장
상속인은 누가 될 수 있나요?

1. 상속인이란?

1-1. 상속인의 개념

① "상속인"이란 상속이 개시되어 피상속인의 재산상의 지위를 법률에 따라 승계하는 사람을 말합니다.

② "피상속인(被相續人)"이란 사망 또는 실종선고로 인하여 상속재산을 물려주는 사람을 말합니다.

③ 상속인은 사람이어야 하며, 법인은 상속을 받을 수 없고 유증만 받을 수 있습니다.

※ **"유증"이란**

유언을 통해 무상으로 재산상의 이익을 타인에게 주는 것을 말합니다.
  ① 유증은 유언의 방식으로 이루어집니다.
  ② 유증은 자연인 또는 법인이 받을 수 있으며, 상속인도 유증을 받을 수 있습니다.

◇ **상속과 유증의 관계**

피상속인이 사망하면서 유증을 하는 경우에는 유증이 먼저 이루어진 후 그 남은 재산으로 상속인이 상속을 받습니다. 만약 남은 상속재산이 상속인의 유류분에 비해 부족한 경우에는 유류분반환청구를 할 수 있습니다(「민법」 제1112조부터 제1118조까지).

---

④ 상속인은 상속개시 시점에 살아있어야 합니다. 다만, 태아는 상속순위에 대해 이미 출생한 것으로 봅니다(「민법」 제1000조제3항). 즉, 태아가 상속개시 시점에는 출생하지 않았더라도 상속 후 출생하면 상속개시 당시에 상속인인 것으로 봅니다(대법원 1976.9.14. 선고 76다1365 판결).

⑤ 다음과 같은 사람도 상속인이 될 수 있습니다.

1. 태아(胎兒)
2. 이성동복(異姓同腹)의 형제
3. 이혼 소송 중인 배우자
4. 인지(認知)된 혼외자(婚外子)
5. 양자(養子), 친양자(親養子), 양부모(養父母), 친양부모(親養 父母)
6. 양자를 보낸 친생부모(親生父母)
7. 북한에 있는 상속인
8. 외국국적을 가지고 있는 상속인

⑥ 다음과 같은 사람은 상속인이 될 수 없습니다.

1. 적모서자(嫡母庶子)
2. 사실혼(事實婚)의 배우자
3. 상속결격 사유가 있는 사람
4. 유효하지 않은 양자
5. 친양자를 보낸 친생부모
6. 이혼한 배우자

1-2. 상속순위

① 상속인은 다음과 같은 순위로 정해지고, 피상속인의 법률상 배우자는 피상속인의 직계비속 또는 피상속인의 직계존속인 상속인이 있는 경우에는 이들과 함께 공동상속인이 되며, 피상속인의 직계비속 또는 피상속인의 직계존속인 상속인이 없는 때에는 단독으로 상속인이 됩니다(「민법」 제1000조제1항 및 제1003조제1항).

순위	상속인	비고
1	피상속인의 직계비속 (자녀, 손자녀 등)	항상 상속인이 됨
2	피상속인의 직계존속 (부·모, 조부모 등)	직계비속이 없는 경우 상속인이 됨
3	피상속인의 형제자매	1, 2 순위가 없는 경우 상속인이 됨
4	피상속인의 4촌 이내의 방계혈족(삼촌, 고모, 이모 등)	1, 2, 3 순위가 없는 경우 상속인이 됨

② 판례는 피상속인의 배우자와 자녀 중 자녀 전부가 상속을 포기한 경우 배우자와 피상속인의 손자녀 또는 직계존속이 공동으로 상속인이 되는지 배우자가 단독상속하는지 여부가 문제된 사안에서, "상속을 포기한 자는 상속개시된 때부터 상속인이 아니었던 것과 같은 지위에 놓이게 되므로, 피상속인의 배우자와 자녀 중 자녀 전부가 상속을 포기한 경우에는 배우자와 피상속인의 손자녀 또는 직계존속이 공동으로 상속인이 되고, 피상속인의 손자녀와 직계존속이 존재하지 아니하면 배우자가 단독으로 상속인이 된다"고 판시하였습니다(대법원 2015.5.14. 선고 2013다48852 판결).

▶ **법률용어해설**

① 직계비속(直系卑屬)이란 자녀, 손자녀와 같은 관계의 혈족(血族)을 말합니다.

　직계비속은 부계(父系)·모계(母系)를 구별하지 않기 때문에 외손자녀, 외증손자녀 등도 포함합니다. 자연적인 혈족 뿐 아니라 법률상의 혈족인 양자(養子)·친양자(親養子)와 그의 직계비속도 직계비속에 포함됩니다(「민법」제772조).

② 직계존속(直系尊屬)이란 부모, 조부모, 증조부모와 같은 관계의 혈족을 말합니다.

　자연적인 혈족 뿐 아니라 법률상의 혈족인 양부모(養父母)·친양자(親養父母)와 그의 직계존속도 직계존속에 포함됩니다(「민법」제772조).

③ 배우자(配偶者)란 법률상 혼인을 맺은 사람을 말합니다. 따라서 사실혼 관계에 있는 배우자는 상속을 받을 수 없습니다.

④ 형제자매(兄弟姉妹)란 부모를 모두 같이 하거나, 부 또는 모 일방만을 같이 하는 혈족관계를 말합니다.

　자연적인 혈족 뿐 아니라 법률상의 혈족인 양자(養子)관계·친양자(親養子)관계를 통해 맺어진 형제자매도 이에 포함됩니다.

⑤ 4촌 이내의 방계혈족(傍系血族)이란 삼촌, 고모, 사촌형제자매 등과 같은 관계의 혈족을 말합니다.

▶ **혈족의 촌수계산**

① 직계혈족은 자기로부터 직계존속에 이르고 자기로부터 직계비속에 이르러 그 세수(世數)를 정합니다(「민법」제770조제1항).

② 방계혈족은 자기로부터 동원(同源)의 직계존속에 이르는 세수와 그 동원의 직계존속으로부터 그 직계비속에 이르는 세수를 통산하여 그 촌수를 정합니다(「민법」제770조제2항).

　따라서 부모자식 사이는 1촌, 조부모와 손자녀 사이는 2촌, 백부·숙부·고모는 3촌 등으로 계산됩니다.

Q A(남)는 가족으로 부모님(B·C), 법률상 혼인관계인 부인(D) 그리고 유효하게 입양한 자녀(E)가 있습니다. A가 사망한 경우 누가 상속인이 될까요?

A A의 부모님(B·C)은 모두 1촌의 직계존속입니다. 부인(D)은 법률상 배우자이고, 입양한 자녀(E)는 1촌의 직계비속입니다. 이 경우 A가 사망하면, 직계비속인 입양한 자녀(E)는 1순위의 상속인이 됩니다. 한편, 법률상 배우자(D)도 직계비속과 함께 1순위의 상속인이 되므로, D와 E는 공동상속인이 됩니다(「민법」 제1000조 및 「민법」 제1003조). 한편, A의 부모님(B·C)는 후순위 상속인이 되어 상속받지 못합니다.

Q A의 부모님은 A가 어릴 때 이혼하였으며 A의 아버지는 1년 전 사망하였습니다. A의 할아버지는 A의 아버지 X 이외에도 자녀(A의 고모 Y)를 한 명 더 두고 있고, 할머니(Z)도 생존해 계십니다. 이 경우 A는 할아버지의 재산을 상속받을 수 있나요?

A 상속인이 될 직계비속이 상속개시 전에 사망한 경우에는 그의 직계비속이 대습상속인이 됩니다(민법 제1001조). 이때 아버지는 상속인이 될 직계비속이고, 할아버지의 사망 전에 사망하였으므로 그의 직계비속인 A가 대습상속인이 되어 상속을 받을 수 있습니다.

■ 남편의 사망 후에 태아를 낙태한 부인은 남편의 재산을 상속받을 수 있을까요?

Q A(남)는 가족으로 법률상 혼인관계의 부인 B와 B와의 사이에서 잉태되어 있는 태아 X 그리고 함께 모시는 어머니 C가 있습니다. A가 교통사고로 사망하였는데, 부인 B는 남편의 사망하자 X를 낙태하였습니다. B는 A의 상속인이 될 수 있을까요?

A 고의로 상속의 같은 순위에 있는 사람을 살해하거나 살해하려고 한 사람은 상속결격자에 해당하여 상속을 받지 못합니다(민법 제1004조). 법원은 출생하였다면 자신과 같은 순위의 상속인 X를 고의로 낙태한 경우에도 고의로 상속의 같은 순위에 있는 사람을 살해한 경우와 동일한 것으로 보므로, B의 낙태행위는 상속의 결격사유에 해당합니다(대법원 1992.5.22. 선고 92다2127 판결 참조). 따라서 B는 상속인이 될 수 없습니다. 따라서 후순위 상속인이었던 어머니인 C가 단독 상속인이 됩니다.

■ 민법 제1000조 제1항 제3호 소정의 "피상속인의 형제자매"의 범위는 어떻게 정의하나요?

Q 甲과 乙은 부부사이이고 슬하에 丙이 있습니다. 甲이 사망하자 乙은 丁과 재혼하여 戊를 낳았습니다. 戊의 아들로는 A와 B가 있는데요. 이 경우 丙이 상속할 근친없이 사망한다면 A와 B가 대습상속하게 되나요?

A 민법 1000조 1항 3호의 이른바 피상속인의 형제자매라고 함은 피상속인의, 부계 방계혈족만을 의미하고 아버지가 다르고 어머니만 같은 이성동복의 자매관계에 있는 자는 위 법조에 해당하지 아니합니다(대법원 1975.1.14. 74다1503 판결). 따라서 사안의 경우 A와 B는 대습상속인이 될 수 없습니다.

■ 상속에 유리하게 하기 위해 아버지를 속여 유언장을 작성하게 한 아들이 상속을 받을 수 있나요?

Q A는 연로한 아버지 X에게 연락이 끊긴 친동생 B가 사망하였다고 속여 아버지의 부동산을 자신에게 유증하는 것을 내용으로 하는 유언장을 작성하도록 만들었습니다. 이 경우 A는 상속인이 될 수 있을까요?

A 사기 또는 강박으로 피상속인의 상속에 관한 유언을 하게 한 사람은 상속결격자가 되어 상속인이 될 수 없게 됩니다(민법 제1004조제4호). 따라서 A는 아버지의 재산을 상속받을 수 없습니다.

■ 채무도 상속이 되나요?

Q 채무도 상속이 되나요?

A 상속되는 상속재산에는 채무가 포함되므로, 상속이 개시되면 상속인은 상속채무를 갚아야 할 의무를 지게 됩니다. 상속되는 채무가 상속재산보다 많아서 상속으로 인해 채무초과 상태가 발생하는 경우에는 상속이 개시되었음을 알았을 때부터 3개월 내에 상속의 포기를 가정법원에 신고함으로써 이를 면할 수 있습니다(민법 제1019조제1항).

■ 교통사고로 사망한 사람의 상속인은 교통사고의 가해자에 대해 손해배상을 청구할 수 있을까요?

Q 교통사고로 사망한 사람의 상속인은 교통사고의 가해자에 대해 손해배상을 청구할 수 있을까요?

A 교통사고로 사망한 사람은 생명침해로 인한 손해배상청구권(민법 제750조)을 갖게 되며, 이는 상속인에게 상속됩니다. 따라서 상속인은 가해자에게 피상속인의 생명침해를 원인으로 손해배상금을 청구할 수 있습니다. 이와 별도로 상속인은 친족의 생명침해로 인한 정신적 손해배상(즉, 위자료)도 청구할 수 있습니다(민법 제751조).

■ 유족연금이 상속재산인가요?

Q 유족연금이 상속재산인가요?

A 피상속인의 사망으로 근로관계가 종료되면 유족연금이 지급됩니다. 이때 사망한 근로자가 공무원이라면「공무원연금법」제3조,「별정우체국법」제2조 및「사립학교교직원 연금법」제2조 등에서 연금의 수급권자를 별도로 정하고 있으며, 국민연금 가입자인 경우에는「국민연금법」제72조 및 제73조 등에서 유족연금의 수령자의 범위와 순위를 정하고 있습니다. 따라서 이러한 유족연금은 법률과 계약에 의해 정해진 수급권자에게 돌아가며, 상속재산에 해당하지 않습니다.

■ 부의금(賻儀金)이 상속재산인가요?

Q 부의금(賻儀金)이 상속재산인가요?

A 부의금은 조문객이 상속인에게 하는 증여이므로 상속재산에 해당하지 않습니다. 대법원 판례는 사람이 사망한 경우에 부조금 또는 조위금 등의 명목으로 보내는 부의금은 상호부조의 정신에서 유족의 정신적 고통을 위로하고 장례에 따르는 유족의 경제적 부담을 덜어줌과 아울러 유족의 생활안정에 기여함을 목적으로 증여되는 것이라고 하며, 부의금의 귀속에 관해서는 장례비용에 충당하고 남는 것에 관하여는 특별한 다른 사정이 없는 한 사망한 사람의 공동상속인들이 각자의 상속분에 응하여 권리를 취득한다고 판시하고 있습니다(대법원 1992.8.18. 선고 92다2998 판결).

■ 어느 시점에 상속이 개시되었다고 보아야 하는지요?

Q 아버지 A가 지난 달 갑작스러운 홍수로 인하여 사망하셨는데, 그 실제 사망 시기를 정확하게 확정하기 어려운 상황입니다. 이 경우 어느 시점에 상속이 개시되었다고 보아야 하는지요?

A 가족관계의 등록 등에 관한 법률 제87조는 "수해, 화재나 그 밖의 재난으로 인하여 사망한 사람이 있는 경우에는 이를 조사한 관공서는 지체 없이 사망지의 시·읍·면의 장에게 통보하여야 한다. 다만, 외국에서 사망한 때에는 사망자의 등록기준지의 시·읍·면의 장 또는 재외국민 가족관계등록사무소의 가족관계등록관에게 통보하여야 한다."고 규정하고 있습니다. 이러한 사망보고에 의하여 가족관계등록부에 사망으로 기재하는 제도가 인정사망입니다. 인정사망에는 사망으로 간주되는 효과는 없으나 가족관계등록부에 사망기재가 됨으로써 등록부기재의 추정력에 의하여 사망한 것으로 추정되는 효력이 있습니다. 따라서 반증이 없는 한, 등록부에 기재된 사망일시에 사망한 것으로 인정되어 그 때를 기준으로 상속이 개시됩니다.

■ 생사불명인 직계비속이 재산상속인에서 제외되는지요?

Q 북한에 거주하는 甲과 乙은 법률상 부부인데 그 슬하에 丙, 丁, 戊를 두었습니다. 甲과 乙은 1990. 丙, 丁만 데리고 중국을 통하여 귀순하였습니다. 甲은 의사면허를 취득하여 막대한 재산을 축적하였고, 2016. 사망하였습니다. 乙은 북한에 두고 온 戊의 상속분을 인정하여야 한다고 주장하며 丙, 丁과 다투고 있습니다. 생사불명인 戊는 재산상속인에서 제외되는 것이 맞나요?

A 상속에 있어서는 1. 피상속인의 직계비속, 2. 피상속인의 직계존속, 3. 피상속인의 형제자매, 4. 피상속인의 4촌 이내의 방계혈족의 순위로 상속인이 됩니다(민법 제1000조 제1항). 피상속인의 배우자는 1. 피상속인

의 직계비속, 2. 피상속인의 직계존속이 있는 경우에는 그 상속인과 동순위로 공동상속인이 되고 그 상속인이 없는 때에는 단독 상속인이 됩니다 (동법 제1003조 제1항).

■ 제1순위 상속인이 상속을 포기한 경우 상속순위는 어떻게 되나요?

Q 저희 아버지는 1년 전 빚만 남긴 채 돌아가셨고, 독자인 저는 제1 순위 단독상속인이었으나, 아버지 사망 후 2개월쯤 되어 상속포기를 하였습니다. 그런데 저에게는 미성년인 아들 하나가 있는바, 주변사람들은 친권자인 제가 미성년인 저희 아들의 상속포기를 하지 않았기 때문에 아버지의 모든 채무를 저희 아들이 책임져야 한다고 합니다. 이 말이 맞는지요?

A 민법은 ① 피상속인의 직계비속, ② 피상속인의 직계존속, ③ 피상속인의 형제자매, ④ 피상속인의 4촌 이내의 방계혈족의 순으로 재산상속순위를 정하고, 동순위 상속인이 수인일 경우에는 최근친(最近親)을 선순위로 한다고 규정하고 있습니다(민법 제1000조). 따라서 귀하 및 귀하의 아들은 선친의 직계비속으로서 제1순위 상속인이나 귀하와 선친 사이는 1촌이고, 선친과 귀하의 아들 사이는 2촌이기 때문에 귀하가 최근친으로서 선순위 상속인이 되는 것이고, 귀하가 상속을 포기하였을 경우의 다음 순위의 상속인은 귀하의 아들이 되는 것입니다. 판례도 채무자인 피상속인이 그의 처와 동시에 사망하고 제1순위 상속인인 자(子)전원이 상속포기한 경우에 상속포기한 자는 상속개시시부터 상속인이 아니었던 것과 같은 지위에 놓이게 되므로 같은 순위의 다른 상속인이 없어 그 다음 근친 직계비속인 피상속인의 손(孫)들이 차순위의 본위 상속인으로서 피상속인의 채무를 상속하게 된다고 하였으며(대법원 1995.9.26. 선고 95다27769 판결), 제1순위상속권자인 처와 자들이 모두 상속을 포기한 경우에도 손(孫)이 직계비속으로서 상속인이 된다고 하여(대법원 1995.4.7. 선고 94다11835 판결), 이를 확인하고 있습니다. 따라서 위 사안의 경우 원칙적으로 제1순위 중 최근친이자 단독상속인인 귀하가 상속포기 하였으므로

제1순위 상속인 중 다음 근친은 귀하의 미성년인 아들(즉, 피상속인의 손자)이 상속인이 되기 때문에 법정대리인인 귀하가 미성년인 귀하의 아들의 상속포기나 한정승인을 기간 내에 하지 않은 이상 선친의 채무를 귀하의 아들이 부담해야 합니다.다만, 최근의 판례는 "선순위 상속인으로서 처와 자녀들이 모두 적법하게 상속을 포기한 경우에는 피상속인의 손(孫) 등 그 다음의 상속순위에 있는 사람이 상속인이 되는 것이나, 이러한 법리는 상속의 순위에 관한 민법 제1000조 제1항 제1호(1순위 상속인으로 규정된 '피상속인의 직계비속'에는 피상속인의 자녀뿐 아니라 피상속인의 손자녀까지 포함된다)와 상속포기의 효과에 관한 민법 제1042조 내지 제1044조의 규정들을 모두 종합적으로 해석함으로써 비로소 도출되는 것이지 이에 관한 명시적 규정이 존재하는 것은 아니어서 일반인의 입장에서 피상속인의 처와 자녀가 상속을 포기한 경우 피상속인의 손자녀가 이로써 자신들이 상속인이 되었다는 사실까지 안다는 것은 오히려 이례에 속한다고 할 것입니다.

■ **유언없이 죽은 경우 직계비속과 직계존속의 상속순위는 어떻게 되나요?**

Q 제 가족으로는 아버지, 아내, 아들이 있습니다. 만일 제가 유언 없이 10억 원을 남기고 죽는다면 아들과 아버지에게는 얼마가 상속되나요?

A 상속은 민법 제1000조 및 제1003조에 따라 순위대로 이루어집니다. 선순위에서 상속이 이루어지면 나머지 상속인은 후순위가 되어 상속받지 못합니다. 질문의 경우에는 아들과 아내가 1순위 상속인으로써 1순위에서만 상속이 이루어지므로 되므로 아버지는 상속받을 수 없습니다. 따라서 아들과 아내가 상속인이 되고 민법 1009조 2항에 의해 아내는 아들 상속분의 5할을 가산하므로, 10억 원에 대해 아들은 2/5인 4억 원을 상속받게 됩니다.

Q 남편이 홀어머니를 두고 사망하였습니다. 지금 시어머님과 함께 살고 있고 남편과의 사이에 아이가 2명 있습니다. 남편 재산은 누가 상속받게 되나요?

A 민법 제1000조 및 제1003조에 따라 부모님, 부인, 자녀 2명을 둔 사람이 사망하게 되면 자녀와 배우자가 1순위 상속인이 되어 공동으로 상속인이 됩니다. 직계존속의 경우에는 직계비속보다 후순위 이므로, 현재 직계비속으로서 자녀 2명이 있는 이상 상속받을 수 없습니다.

Q 처자와 노부모, 시동생이 있는 저의 남편이 교통사고를 당하여 사망하였습니다. 이 경우 남편의 재산 및 교통사고배상금의 상속관계는 어떻게 되는지요?

A 상속의 순위에 관하여 민법 제1000조는 "①상속에 있어서는 다음 순위로 상속인이 된다. 1. 피상속인의 직계비속 2. 피상속인의 직계존속 3. 피상속인의 형제자매 4. 피상속인의 4촌 이내의 방계혈족 ②전항의 경우에 동순위의 상속인이 수인인 때에는 최근친을 선순위로 하고 동친 등의 상속인이 수인인 때에는 공동상속인이 된다. ③태아는 상속순위에 관하여는 이미 출생한 것으로 본다."라고 규정하고 있으며, 이를 구체적으로 살펴보면 다음과 같습니다. 제1순위는 사망한 자의 직계비속(直系卑屬), 즉 자(子), 손자 등입니다. 이 경우 자연혈족(친자식), 법정혈족(양자), 혼인 중의 출생자, 혼인 외의 출생자, 남자, 여자를 구별하지 아니하며, 태아는 상속순위에 있어서 이미 출생한 것으로 봅니다. 제2순위는 사망한 자의 직계존속(直系尊屬), 즉 부모, 조부모 등입니다. 직계존속은 부계(친가), 모계(외가), 양가, 생가를 구별하지 아니하며, 양자인 경우 친생부모와 양부모는 모두 같은 순위입니다.

제3순위는 사망한 자의 형제·자매이며, 제4순위는 사망한 자의 4촌 이내의 방계혈족입니다. 같은 순위의 상속인이 여러 명인 때에는 촌수가 가까운 사람이 선순위가 되고, 같은 촌수가 여러 명인 경우에는 공동으로 상속하게 됩니다. 또한, 배우자(혼인신고 된 배우자)의 경우에는 피상속인(사망한 자)의 직계비속 또는 피상속인의 직계존속과 같은 순위, 직계비속과 직계존속이 모두 없을 경우에는 단독으로 상속을 하게 됩니다.

따라서 위 사안의 경우 상속순위는 남편의 자식과 배우자인 귀하가 공동으로 제1순위의 상속인이 되므로 남편의 노모와 시동생은 상속인이 될 수 없습니다.다만, 남편의 노모와 시동생은 아들 또는 형이 사망함으로 인한 정신적 고통에 대한 위자료청구권을 그들 고유의 권리로서 가지게 될 것입니다(대법원 1999.6.22. 선고 99다7046 판결).

■ 재산상속에 있어서 법정상속인의 상속순위는 어떻게 되는지요?

Q 제 남편은 아들, 딸과 부모님, 여동생을 두고 불의의 사고로 사망하였습니다. 이 경우 남편의 재산 및 교통사고배상금의 상속관계는 어떻게 되는지요?

A 사안의 경우 민법 제1000조 및 제1003조에 따라 아들과 딸, 배우자인 귀하가 공동으로 제1순위의 상속인이 됩니다. 따라서 시어머니와 시동생은 상속인이 될 수 없습니다. 한편 민법 제752조에 따라 타인의 생명을 해한 자는 피해자의 직계존속, 직계비속 및 배우자에 대하여는 재산상의 손해없는 경우에도 손해배상의 책임이 있습니다. 따라서 본인의 위자료를 상속받거나, 이와는 별개로 고유의 위자료손해배상책임이 있습니다.

■ 직계비속과 직계존속의 상속순위는 어떻게 되나요?

Q 제 가족으로는 아버지, 아내, 아들이 있습니다. 만일 제가 유언 없이 10억 원을 남기고 죽는다면 아들과 아버지에게는 얼마가 상속되나요?

A 상속은 민법 제1000조 및 제1003조에 따라 순위대로 이루어집니다. 선순위에서 상속이 이루어지면 나머지 상속인은 후순위가 되어 상속받지 못합니다. 질문의 경우에는 아들과 아내가 1순위 상속인으로써 1순위에서만 상속이 이루어지므로 되므로 아버지는 상속받을 수 없습니다. 따라서 아들과 아내가 상속인이 되고 민법 1009조 2항에 의해 아내는 아들 상속분의 5할을 가산하므로, 10억 원에 대해 아들은 2/5인 4억 원을 상속받게 됩니다.

1-3. 배우자상속인

① "배우자상속인"이란 상속인인 배우자를 말하며, 이때의 배우자는 법률상 혼인관계에 있는 사람일 것을 요합니다.

② 따라서 사실혼 관계의 배우자는 상속인이 될 수 없습니다. 다만, 특별한 연고가 있는 경우 상속인이 없을 때에 한하여 상속재산을 분여(分與)받을 수 있을 뿐입니다(「민법」 제1057조의2).

③ 배우자는 1순위인 직계비속과 같은 순위로 공동상속인이 되며, 직계비속이 없는 경우에는 2순위인 직계존속과 공동상속인이 됩니다. 한편, 직계비속과 직계존속이 모두 없는 경우에는 배우자가 단독상속인이 됩니다(「민법」 제1003조).

■ 전 배우자가 사망하여 재혼한 경우 전 배우자의 자녀도 재산상속을 받을 수 있는지요?

Q 자녀를 데리고 재혼했는데 전(前) 배우자가 사망했어요. 전 배우자 사이에 낳은 자녀가 전 배우자의 재산을 상속받을 수 있나요?

A 부모가 사망하면 자녀는 사망한 부모의 직계비속으로서 상속인의 지위를 갖게 됩니다. 재혼하면서 전혼 자녀를 데리고 왔더라도 그 자녀를 입양하지 않거나 일반양자로 입양한 경우에는 전 배우자와 전혼 자녀 사이에

친생(親生) 관계가 그대로 존속되기 때문에 전혼 자녀는 전 배우자의 상속인이 되어 상속받을 수 있습니다. 그러나 재혼 후 전 배우자 사이에 낳은 자녀를 친양자로 입양한 경우에는 전 배우자와의 친자관계가 종료되기 때문에 전혼 자녀는 전 배우자의 상속인이 될 수 없습니다. 양자는 종래의 친족관계에는 영향이 없습니다. 즉, 친생부모와의 친자관계에 아무런 변화가 일어나지 않으며, 다만 양자는 친생부모의 친권에서 벗어나게 될 뿐입니다. 따라서 양자는 친생부모의 재산을 상속받을 수 있으며, 양부모의 재산도 상속받을 수 있습니다. 이에 반하여 친양자는 입양 전의 친족관계를 종료시키는 제도입니다. 따라서 친양자는 친생부모의 재산을 상속받을 수 없고 양부모의 재산만 상속받을 수 있습니다.

■ 혼인이 취소된 경우 배우자의 상속권은 유효한지요?

Q 甲, 乙은 부부인데, 그 일방인 乙이 사망하여 甲이 배우자로서 적법하게 상속을 받았습니다. 그런데 그 이후 甲, 乙간의 혼인이 취소되었다면, 甲은 여전히 유효한 상속권자인지요?

A 민법 제824조는 "혼인의 취소의 효력은 기왕에 소급하지 아니한다."고 규정하고 있습니다. 그리고 대법원 역시 "민법 제824조는 '혼인의 취소의 효력은 기왕에 소급하지 아니한다.'고 규정하고 있을 뿐 재산상속 등에 관해 소급효를 인정할 별도의 규정이 없는바, 혼인 중에 부부 일방이 사망하여 상대방이 배우자로서 망인의 재산을 상속받은 후에 그 혼인이 취소되었다는 사정만으로 그 전에 이루어진 상속관계가 소급하여 무효라거나 또는 그 상속재산이 법률상 원인 없이 취득한 것이라고는 볼 수 없다(대법원 1996.12.23. 선고 95다48308 판결)."고 판시한 바 있습니다.
따라서 적법한 상속 이후 혼인이 취소되었다고 하더라도, 甲은 여전히 유효한 상속인의 지위에 있습니다.

1-4. 배우자의 공동상속

① 배우자가 직계비속 또는 직계존속과 공동으로 상속한 경우에는 이들은 모두 공동상속인이 됩니다.

② 따라서 배우자와 직계비속 또는 직계존속은 각자의 상속분만큼 상속재산을 공유하게 됩니다.

1-5. 대습상속인

① "대습상속인"이란 '상속인이 될 직계비속 또는 형제자매(피대습인)'가 상속개시 전에 사망하거나 결격자가 된 경우에 사망하거나 결격된 사람의 순위에 갈음하여 상속인이 되는 '피대습인의 직계비속 또는 배우자'를 말합니다(「민법」 제1001조 및 제1003조제2항).

② 대습상속인이 되려면 대습원인이 있어야 합니다. "(사망하지 않았거나 상속결격이 없었더라면) 상속인이 될 직계비속 또는 형제자매"가 "상속개시 전"에 "사망하거나 결격자"가 되어야 합니다.

③ 대습자로서의 요건을 갖추어야 합니다. "(사망하지 않았거나 상속결격이 없었더라면) 상속인이 될 사람"의 "직계비속 또는 배우자"이어야 합니다.

■ 대습상속인의 상속분은 어떻게 계산하나요?

Q 미성년인 A의 아버지(X)는 1년 전 사망하였고 A의 어머니(B)가 홀로 A를 돌보고 있습니다. A에게는 친할아버지와 친할머니(C)가 계시는데, A의 할아버지는 A의 아버지 X 이외에도 자녀(A의 고모 Y)를 한 명 더 두고 있습니다. 친할아버지가 돌아가신 경우 A는 할아버지의 재산을 얼마나 상속받을 수 있나요?

A 1. 상속인은?

A의 아버지(X)가 살아계셨다면, 할아버지의 사망으로 상속인이 되는

사람은 1순위 상속인인 고모(직계비속)와 할머니(배우자), 그리고 아버지(X)입니다(민법 제1000조). 그러나 상속인이 될 직계비속이 상속개시 전에 사망한 경우에는 그의 직계비속과 배우자는 대습상속인이 됩니다(민법 제1001조). 이때 아버지는 상속인이 될 직계비속이고, 할아버지의 사망 전에 사망하였으므로 그의 직계비속인 A와 X의 배우자인 B가 대습상속인이 되어 상속을 받을 수 있습니다. 따라서 할아버지의 상속인은 고모(Y), 할머니(C), A 본인, 어머니(B)가 됩니다.

2. 상속분은?

A의 아버지(X)가 살아계셨다면, 할머니(C)는 할아버지의 법률상 배우자로 직계비속인 아버지(X)나 고모(Y)보다 5할이 가산된 상속분을 가집니다(「민법」 제1009조). 따라서 할머니와 아버지, 고모의 상속분은 3/7, 2/7, 2/7이 됩니다. 대습상속인(민법 제1001조)의 상속분은 사망 또는 결격된 사람의 상속분에 따르므로(민법 제1010조제1항), 아버지(X)의 상속분인 2/7을 A와 어머니(B)가 다시 공동으로 상속받게 됩니다. X의 배우자인 B는 A보다 5할이 더 가산된 상속분을 가지게 되므로 A는 (2/7 × 2/5)의 상속분을 갖게 되고, B는 (2/7 × 3/5)의 상속분을 갖게 됩니다. 결국, 할아버지가 사망한 후 상속재산은 다음과 같이 법정상속됩니다. 할머니: 3/7, 고모: 2/7, 어머니: 6/35, A: 4/35

■ **상속인이 될 직계비속이 피상속인과 동시에 사망한 경우에도 대습상속이 이루어지나요?**

Q 아버지와 할아버지가 비행기 사고로 동시에 사망하였습니다. 이때 아들은 상속인이 될 수 있을까요?

A 원칙적으로 살아있었으면 상속인이 되었을 피대습자는 상속개시 이전에 사망했어야 하지만, 판례는 피상속인과 피대습자가 동시에 사망하였을 경우에도 대습상속을 인정합니다. 따라서 이 경우에도 아들은 대습상속인이 될 수 있습니다(대법원 2001.3.9. 선고 99다13157 판결 참조).

Q 시부모님과 남편이 교통사고로 사망했습니다. 장례식이 끝난 후 임신 사실을 알았는데 뱃속의 아기가 시부모님의 재산을 상속받을 수 있나요?

A 질문과 같은 경우에는 첫째, 태아가 상속인이 되는지와 둘째, 태아가 살아있었다면 상속인이 될 아버지를 대신해서 상속인이 될 수 있는지를 살펴보아야 합니다. 상속 개시 시점에 살아있는 사람만이 상속인이 될 수 있지만, 태아의 경우는 예외적으로 실제로 태어나지 않았어도 이미 출생한 것으로 봅니다. 즉, 태아가 상속 개시 시점에는 출생하지 않았더라도 상속 후 출생하면 상속 개시 당시에 상속인인 것으로 봅니다.

남편이 살아있다면 남편은 시부모님의 직계비속으로 1순위 상속인이 됩니다. 그러나 남편이 사망한 경우에는 그 자녀 또는 배우자가 대습상속인이 되어 아버지의 상속분에 해당하는 상속재산을 대신 상속받을 수 있습니다. 따라서 태아는 질문자(며느리)와 함께 시부모님의 재산을 상속받게 됩니다(질문자와 태아의 상속분은 1.5:1의 비율이 됨). 이 때 태아와 질문자가 받게 되는 상속분은 남편이 외동아들인 경우에는 시부모의 전 재산이 되며, 시부모에게 다른 자녀가 있는 경우에는 이들과 동등한 비율의 재산이 됩니다. 예를 들어, 시부모에게 자식(고모와 남편)이 2명이고 남긴 재산이 5천만원이라면, 고모는 2500만원, 태아와 질문자는 2500만원을 상속받습니다. 이 때 태아와 질문자는 이 상속재산을 1.5:1의 비율로 상속받도록 되어 있으므로 질문자가 1500만원, 태아가 1천만원을 상속받게 됩니다.

◇ 상속순위

상속은 다음의 순위대로 정해지며, 선순위에서 상속이 이루어지면 나머지 상속인은 후순위가 되어 상속받지 못합니다(예를 들어, 1순위 상속인이 있으면 나머지 2~4순위 상속인은 상속받지 못함).

1. 피상속인의 직계비속(자녀 등) 및 법률상 배우자
2. 피상속인의 직계존속(부모 등) 및 법률상 배우자
3. 피상속인의 형제자매
4. 피상속인의 4촌 이내의 방계혈족(이모 등)

◇ 대습상속인

상속인이 될 직계비속 또는 형제자매(피대습인)가 상속 개시 전에 사망하거나 결격자가 된 경우에 사망하거나 결격된 사람의 순위에 갈음해서 상속인이 되는 피대습인의 직계비속 또는 배우자입니다.

◇ 태아가 상속한 재산의 관리

태아의 어머니인 질문자는 친권자의 자격을 가지므로 미성년인 아이의 상속재산을 관리할 수 있습니다.

[관련판례]

원래 대습상속제도는 대습자의 상속에 대한 기대를 보호함으로써 공평을 꾀하고 생존 배우자의 생계를 보장하여 주려는 것이고, 또한 동시사망 추정규정도 자연과학적으로 엄밀한 의미의 동시사망은 상상하기 어려운 것이나 사망의 선후를 입증할 수 없는 경우 동시에 사망한 것으로 다루는 것이 결과에 있어 가장 공평하고 합리적이라는 데에 그 입법 취지가 있는 것인바, 상속인이 될 직계비속이나 형제자매(피대습자)의 직계비속 또는 배우자(대습자)는 피대습자가 상속개시 전에 사망한 경우에는 대습상속을 하고, 피대습자가 상속개시 후에 사망한 경우에는 피대습자를 거쳐 피상속인의 재산을 본위상속을 하므로 두 경우 모두 상속을 하는데, 만일 피대습자가 피상속인의 사망, 즉 상속개시와 동시에 사망한 것으로 추정되는 경우에만 그 직계비속 또는 배우자가 본위상속과 대습상속의 어느 쪽도 하지 못하게 된다면 동시사망 추정 이외의 경우에 비하여 현저히 불공평하고 불합리한 것이라 할 것이고, 이는 앞서 본 대습상속제도 및 동시사망 추정규정의 입법 취지에도 반하는 것이므로, 「민법」 제1001조의 '상속인이 될 직계비속이 상속개시 전에 사망한 경우'에는 '상속인이 될 직계비속이 상속개시와 동시에 사망한 것으로 추정되는 경우'도 포함하는 것으로 합목적적으로 해석함이 상당하다(대법원 2001.3.9. 선고 99다13157 판결).

■ 대습상속인의 상속분은 얼마나 되나요?

Q 부모님을 여의고 할머니 손에서 자랐습니다. 이번에 할머니가 돌아가셨는데 저는 할머니의 상속인이 될 수 있나요? 상속인이 된다면 얼마나 상속받을 수 있나요? 할아버지는 이미 돌아가셨고 생존해 있는 친척은 작은 아버지 가족 뿐입니다.

A 상속인이 될 직계비속이 상속 개시 전에 사망하거나 상속결격자가 되면 그의 직계비속과 배우자가 사망 또는 결격된 사람에 갈음해서 상속인이 됩니다. 이러한 대습상속인의 상속분은 사망 또는 결격된 사람의 상속분에 따릅니다. 사안의 경우 질문자의 아버지가 살아계셨다면, 할머니의 사망으로 상속인이 되는 사람은 1순위 상속인인 아버지와 작은 아버지입니다. 그러나 아버지가 이미 사망했으므로 질문자가 상속인이 될 아버지의 상속순위에 갈음해서 작은 아버지와 공동상속인이 됩니다. 같은 순위에 있는 상속인의 상속분은 균분됩니다. 따라서 질문자와 작은 아버지는 할머니의 재산을 1:1의 비율로 상속합니다. 예를 들어, 할머니가 남긴 재산이 1억원이면 질문자와 작은 아버지는 각각 5천만원을 상속하게 됩니다.

■ 장인과 처가 동시에 사망한 경우 사위가 장인의 재산을 상속받을 수 있는지요?

Q 저의 처 甲은 장인 乙과 비행기로 여행을 하던 중 비행기가 추락하여 모두 사망하였습니다. 당시 乙에게는 甲 이외의 다른 자녀나 배우자는 없고 직계존속인 부친 丙이 있었습니다. 이 경우 저는 장인인 乙의 재산을 상속받을 수 있는지요?

A 「민법」제1000조 제1항에 의한 상속인의 순위를 보면 1. 피상속인의 직계비속, 2. 피상속인의 직계존속, 3. 피상속인의 형제·자매, 4. 피상속인의 4촌 이내의 방계혈족으로 정하고 있습니다. 또한, 같은 법 제1001조에서는 제1000조 제1항 제1호와 제3호의 규정에 의하여 상속인이 될 직계비속 또는 형제자매가 상속개시전에 사망하거나 결격자가 된 경우에

그 직계비속이 있는 때에는 그 직계비속이 사망하거나 결격된 자의 순위에 갈음하여 상속인이 되도록 하는 대습상속(代襲相續)을 규정하고 있고, 배우자의 상속순위와 관련하여 같은 법 제1003조 제2항은 "대습상속의 경우에 상속개시전에 사망 또는 결격된 자의 배우자는 동조의 규정에 의한 상속인과 동순위로 공동상속인이 되고 그 상속인이 없는 때에는 단독상속인이 된다."라고 규정하고 있습니다. 귀하의 경우 장인 乙의 재산에 대한 상속권이 있는지 여부는 비행기 사고로 사망한 甲과 乙의 사망 순서에 따라 달리 파악해야 합니다. 만약 위 비행기 사고로 장인 乙이 먼저 사망하였다면 乙의 재산은 일단 甲이 단독상속하였다가 이어서 甲이 사망하였으므로 甲의 재산은 배우자인 귀하와 직계존속 丙이 공동상속을 하게 됩니다(같은 법 제1000조 제1항 제2호, 제1003조 제1항),

반대로 처 甲이 먼저 사망하였다면 乙의 재산은 귀하가 단독으로 대습상속하게 됩니다(같은 법 제1003조 제2항). 그러나 보통 비행기 추락 사고로 인하여 탑승자가 사망한 경우 사망자의 사망 선후가 밝혀지지 않는 경우가 대부분이고 이와 같은 경우에는 「민법」 제30조에 따라 2인 이상이 동일한 위난으로 사망한 경우로서 동시에 사망한 것으로 추정됩니다. 이 경우 乙이 甲보다 먼저 사망한 경우가 아니므로 乙의 재산을 일단 甲이 상속하였다가 이를 다시 귀하와 丙이 공동상속하는 것으로는 볼 수 없고, 민법의 대습상속 규정을 이 경우에도 적용하여 귀하가 乙의 재산을 단독으로 대습상속할 수 있는지가 문제됩니다. 이에 관하여 판례는 "상속인이 될 직계비속이나 형제자매(피대습자, 위 사안에서 처 甲)의 직계비속 또는 배우자(대습자, 위 사안에서 귀하)는 피대습자가 상속개시 전에 사망한 경우에는 대습상속을 하고, 피대습자가 상속개시 후에 사망한 경우에는 피대습자를 거쳐 피상속인의 재산을 본위상속을 하므로 두 경우 모두 상속을 하는데, 만일 피대습자가 피상속인의 사망, 즉 상속개시와 동시에 사망한 것으로 추정되는 경우에만 그 직계비속 또는 배우자가 본위상속과 대습상속의 어느 쪽도 하지 못하게 된다면 동시사망 추정 이외의 경우에 비하여 현저히 불공평하고 불합리한 것이라 할 것이므로, 민법 제1001조의 '상속인이 될 직계비속이 상속개시 전에 사망한 경우'에는 '상속인이 될 직계비속이 상속개시와 동시에 사망한 것으로 추정되는 경우'도 포함하는 것으로 합목적적으로 해석함이 상당하다."라고 하였습니다(대법원 2001.3.9. 선고 99다13157 판결). 따라서 비행기 사고로 甲과 乙이 동시에 사망한 것으로 추정되는 경우에도 귀하는 乙의 재산을 단독으로 대습상속할 수 있을 것으로 보입니다.

■ 조부의 재산을 사망한 부를 대신하여 상속할 수 있는지요?

Q 저는 대학교 1학년생으로서 어머니는 어릴 때 돌아가셨고, 고교 1학년 때 장남인 아버지가, 고교 3학년 때인 작년에 할아버지가 사망하였습니다. 할아버지는 사망 당시 임야 2만평 및 대지 200평, 주택 등의 유산을 남겼으며, 유족으로는 삼촌과 고모 각 2명씩 있었습니다. 당시 삼촌과 고모 모두는 할아버지의 유언이 없었는데도 외아들인 제가 미성년자라는 이유로 저를 제외시킨 채 상속재산을 모두 차지하였고, 제가 상속분을 요구하자 "고등학교 1학년 때부터 키워 준 은혜도 과분한데 무슨 배은망덕한 짓이냐"며 호통만 칩니다. 이 경우 제가 돌아가신 할아버지의 유산에 대하여 상속권을 주장할 수는 없는지요?

A 귀하의 아버지는 돌아가신 할아버지의 제1순위 상속권자였으나 할아버지보다 먼저 돌아가셨으므로 아버지의 아들인 귀하가 아버지의 상속순위에 갈음하여 할아버지의 상속인이 될 수 있으며, 이를 대습상속(代襲相續)이라고 합니다. 「민법」 제1001조가 규정한 대습상속의 정의를 보면 상속인이 될 직계비속(위 사안에서 귀하의 아버지) 또는 형제자매가 상속개시 전(위 사안에서 할아버지가 돌아가시기 전)에 사망하거나 결격자가 된 경우, 그 직계비속(위 사안에서 귀하)이 있는 때에는 그가 사망하거나 결격된 자의 순위에 갈음하여 상속인이 되는 것을 말하며, 이는 재산상속의 공평과 정당성이라는 상속의 본지에 합치하기 위한 제도입니다.

그리고 상속개시 전에 사망 또는 결격된 자의 배우자는 대습상속인과 같은 순위로 공동상속인이 되고, 그 대습상속인이 없는 때에는 단독으로 상속인이 될 것이므로 만약 귀하의 어머니가 살아 계셨다면 귀하와 같은 순위로 공동상속인이 되었을 것이나, 위 사안에서 귀하는 단독으로 대습상속인이 된다 할 것입니다(민법 제1003조 제2항). 상속분은 상속이 개시된 시점 즉, 할아버지가 사망한 당시의 민법규정이 적용되어 귀하 아버지의 상속분은 삼촌·고모들의 각 상속분과 균등하게 될 것입니다.

따라서 귀하의 아버지의 상속분은 1/5이 되며, 이를 귀하가 대습상속하게 되는 것입니다. 귀하는 위와 같은 정당한 대습상속권을 주장할 수 있는데, 질문에 의하면 삼촌과 고모들이 귀하의 상속분까지 상속한 것으로 보이므로, 귀하는 삼촌과 고모들을 상대로 하여 귀하의 상속분을 돌려줄 것을 요구할 수 있습니다. 이를 상속회복청구권(相續回復請求權)이라고 합니다. 상속회복청구권은 이와 같이 진정한 상속인이 그 상속권의 내용의 실현을 방해하고 있는 자에 대하여 상속권을 주장함으로써 그 방해를 배제하고, 현실로 상속권의 내용을 실현하는 것을 목적으로 하는 청구권입니다. 그러므로 만약 아직 상속재산에 대하여 상속등기가 되어 있지 않다면 상속재산분할을 요구할 수 있으며, 협의가 되지 않을 경우에는 법원에 상속재산분할을 청구할 수 있습니다(민법 제1013조, 제269조).

그런데 이미 상속등기가 되어 있고, 귀하의 삼촌·고모 등이 상속권 또는 상속분에 대하여 다툰다면 재판을 통하여 상속회복청구권을 행사할 수밖에 없으므로 귀하는 상속회복청구의 소를 제기하여야 할 것이며, 이러한 상속회복청구의 소는 가사소송이 아니므로 「민사소송법」에 의한 소로써 제기하여야 합니다. 상속회복의 재판에서 원고승소판결이 확정된 경우에는 귀하의 삼촌·고모들은 상속재산의 분할에 응하여야 합니다. 만약, 공동상속인인 삼촌·고모들이 상속재산인 위 부동산들을 타인에게 양도하였더라도 상속등기에는 공신력(公信力)이 없는 것이므로 그 부동산을 양수한 제3자는 귀하의 상속분의 범위 내에서는 그 부동산의 소유권을 주장할 수 없고, 따라서 그 제3자는 귀하의 반환청구를 거부할 수 없다고 할 것입니다. 또한, 상속회복청구의 대상인 부동산을 양수한 제3자가 취득시효의 요건을 갖춘 경우에는 그 소유권을 회복할 수 없을 것이지만, 위 사안의 경우에는 취득시효기간(부동산등기부취득시효기간 : 10년, 점유취득시효기간 : 20년)이 경과되지 않은 경우이므로 이러한 문제는 없을 것으로 보입니다. 참고로 「민법」 제999조에 의하면 "상속회복청구권은 그 침해를 안 날로부터 3년, '상속권의 침해행위가 있은 날'부터 10년 이내 행사할 수 있다."고 규정하고 있습니다.

■ 대습상속인이 될 배우자가 대습상속의 개시 전에 사망한 경우 상속권은 누구에게 있는지요?

Q 저희 부친 丙은 모친과 이혼 후 乙과 재혼하였습니다. 乙의 부친인 甲은 최근 많은 재산을 남기고 사망하였는데, 甲의 사망 이전에 그 딸인 乙과 丙 모두 사망하였습니다. 이 경우 저는 甲의 재산에 대해 상속권이 있는지요?

A 「민법」 제1000조 제1항에 의한 상속인의 순위를 보면 1. 피상속인의 직계비속, 2. 피상속인의 직계존속, 3. 피상속인의 형제·자매, 4. 피상속인의 4촌 이내의 방계혈족으로 정하고 있습니다. 또한, 같은 법 제1001조에서는 제1000조 제1항 제1호와 제3호의 규정에 의하여 상속인이 될 직계비속 또는 형제자매가 상속개시전에 사망하거나 결격자가 된 경우에 그 직계비속이 있는 때에는 그 직계비속이 사망하거나 결격된 자의 순위에 갈음하여 상속인이 되도록 하는 대습상속(代襲相續)을 규정하고 있고, 배우자의 상속순위와 관련하여 같은 법 제1003조 제2항에 의하면 "대습상속의 경우에 상속개시전에 사망 또는 결격된 자의 배우자는 동조의 규정에 의한 상속인과 동순위로 공동상속인이 되고 그 상속인이 없는 때에는 단독상속인이 된다."라고 규정하고 있습니다. 귀하는 피상속인 甲의 손자가 아니므로 甲의 재산에 대해 직접 상속권을 주장할 수 없습니다. 다만, 상속개시 전(甲의 사망 전)에 乙이 사망하였으므로 乙의 배우자인 丙은 乙의 순위에 갈음하여 대습상속인이 될 지위에 있었는데 대습상속

의 상속 개시 전에 사망하였으므로 丙의 자녀인 귀하가 丙과 乙을 순차 대습하여 甲의 상속인이 될 수 있는지가 문제될 수 있습니다. 이와 관련하여 판례는 "민법 제1000조 제1항, 제1001조, 제1003조의 각 규정에 의하면, 대습상속은 상속인이 될 피상속인의 직계비속 또는 형제자매(피대습자)가 상속개시 전에 사망하거나 결격자가 된 경우에 사망자 또는 결격자의 직계비속이나 배우자가 있는 때에는 그들이 사망자 또는 결격자의 순위에 갈음하여 상속인이 되는 것을 말하는 것으로, 대습상속이 인정되는 경우는 상속인이 될 자(피대습자, 위 사안에서 乙)의 배우자(위 사안에서 丙)는 민법 제1003조에 의하여 대습상속인이 될 수는 있으나, 피대습자(乙)의 배우자(丙)가 대습상속의 상속개시 전(甲 사망 전)에 사망하거나 결격자가 된 경우, 그 배우자(丙)에게 다시 피대습자로서의 지위가 인정될 수는 없다."라고 하였습니다(대법원 1999.7.9. 선고 98다64318, 64325 판결). 따라서 위 사안에서 귀하의 부친인 丙이 대습상속의 상속개시 전에 사망하였다 하더라도 丙은 피대습자의 지위가 인정될 수 없으므로 이를 전제로 한 귀하의 대습상속도 인정될 수 없을 것으로 보입니다.

■ 상속인이 될 직계비속이 피상속인과 동시에 사망한 경우에도 대습상속이 이루어지나요?

Q 아버지와 할아버지가 비행기 사고로 동시에 사망하였습니다. 이때 아들은 상속인이 될 수 있을까요?

A 원칙적으로 살아있었으면 상속인이 되었을 피대습자는 상속개시 이전에 사망했어야 하지만, 판례는 피상속인과 피대습자가 동시에 사망하였을 경우에도 대습상속을 인정합니다. 따라서 이 경우에도 아들은 대습상속인이 될 수 있습니다(대법원 2001.3.9. 선고 99다13157 판결 참조).

① 우리 나라에서는 전통적으로 오랫동안 며느리의 대습상속이 인정되어
왔고, 1958.2.22. 제정된 「민법」에서도 며느리의 대습상속을 인정하였으며,
1990.1.13. 개정된 「민법」에서 며느리에게만 대습상속을 인정하는 것은 남
녀평등·부부평등에 반한다는 것을 근거로 하여 사위에게도 대습상속을 인
정하는 것으로 개정한 점, ② 「대한민국헌법」 제11조제1항이 누구든지 성
별에 의하여 정치적·경제적·사회적·문화적 생활의 모든 영역에 있어서
차별을 받지 아니한다고 규정하고 있고, 「대한민국헌법」 제36조제1항이 혼
인과 가족생활은 양성의 평등을 기초로 성립되고 유지되어야 하며 국가는
이를 보장한다고 규정하고 있는 점, ③ 현대 사회에서 딸이나 사위가 친정
부모 내지 장인장모를 봉양, 간호하거나 경제적으로 지원하는 경우가 드물
지 아니한 점, ④ 배우자의 대습상속은 혈족상속과 배우자상속이 충돌하는
부분인데 이와 관련한 상속순위와 상속분은 입법자가 입법정책적으로 결정
할 사항으로서 원칙적으로 입법자의 입법형성의 재량에 속한다고 할 것인
점, ⑤ 상속순위와 상속분은 그 나라 고유의 전통과 문화에 따라 결정될
사항이지 다른 나라의 입법례에 크게 좌우될 것은 아닌 점, ⑥ 피상속인의
방계혈족에 불과한 피상속인의 형제자매가 피상속인의 재산을 상속받을 것
을 기대하는 지위는 피상속인의 직계혈족의 그러한 지위만큼 입법적으로
보호하여야 할 당위성이 강하지 않은 점 등을 종합하여 볼 때, 외국에서
사위의 대습상속권을 인정한 입법례를 찾기 어렵고, 피상속인의 사위가 피
상속인의 형제자매보다 우선하여 단독으로 대습상속하는 것이 반드시 공평
한 것인지 의문을 가져볼 수는 있다 하더라도, 이를 이유로 곧바로 피상속
인의 사위가 피상속인의 형제자매보다 우선하여 단독으로 대습상속할 수
있음이 규정된 「민법」 제1003조제2항이 입법형성의 재량의 범위를 일탈하
여 행복추구권이나 재산권보장 등에 관한 「대한민국헌법」규정에 위배되는
것이라고 할 수 없다(대법원 2001.3.9. 선고 99다13157 판결).

Q 저희 할아버지 甲은 1,200만원의 재산을 남겨 놓고 사망하였습니다. 甲에게는 자녀 乙, 丙이 있었으나, 乙과 丙은 모두 甲의 사망 이전에 해외여행 중 사망하였습니다. 甲의 유족으로는 乙의 자녀인 A, B 및 丙의 자녀인 저 뿐입니다. A, B는 저에게 상속분은 균등한 것이니까 甲의 손자들인 A, B와 제가 甲의 유산을 균등하게 400만원씩 나눠 가져야 한다고 주장하는데, 저는 얼마를 상속받을 수 있는가요?

A 甲이 사망하기 전 이미 甲의 자녀인 乙과 丙이 사망하였으므로 乙의 상속분을 乙의 자녀인 A, B가 대습상속하고 丙의 상속분을 丙의 자녀인 귀하께서 대습상속 하게 됩니다. 대습상속은 본위상속과 다르게 피대습자(乙,丙)의 상속분에 따르게 되므로 乙의 상속분에 따른 금액 600만원을 A, B가 각각 300만원씩, 귀하께서 丙의 상속분에 따른 금액 600만원 전액을 상속받게 됩니다.

■ 본위상속과 대습상속은 재산상속관계는 어떻게 되는지요?

Q 상속인 甲에게 처 乙, 모 丙, 자 A·B·C가 있고, A에게는 자 X·Y, B에게는 자 乙가 있고, 乙에게는 자 丁(甲의 자가 아님)이 있습니다. 이 때 甲과 A가 동시사망한 경우 재산상속관계는 어떻게 되는지요?

A 본위상속과 관련하여 민법 제1000조는 "상속에 있어서는 1. 피상속인의 직계비속 2. 피상속인의 직계존속 3. 피상속인의 형제자매 4. 피상속인의 4촌 이내의 방계혈족의 순서로 상속인이 되고, 동순위의 상속인이 수인인 때에는 최근친을 선순위로 하고 동친등의 상속인이 수인인 때에는 공동상속인이 된다."고 규정하고 있고, 동법 제1003조는 "① 피상속인의 배우자는 제1000조 제1항제1호와 제2호의 규정에 의한 상속인이 있는

경우에는 그 상속인과 동순위로 공동상속인이 되고 그 상속인이 없는 때에는 단독상속인이 된다. ② 제1001조의 경우에 상속개시전에 사망 또는 결격된 자의 배우자는 동조의 규정에 의한 상속인과 동순위로 공동상속인이 되고 그 상속인이 없는 때에는 단독상속인이 된다."고 규정하고 있으며, 동법 제1009조는 "①동순위의 상속인이 수인인 때에는 그 상속분은 균분으로 한다. ② 피상속인의 배우자의 상속분은 직계비속과 공동으로 상속하는 때에는 직계비속의 상속분의 5할을 가산하고, 직계존속과 공동으로 상속하는 때에는 직계존속의 상속분의 5할을 가산한다."고 규정하고 있습니다. 그리고 대습상속과 관련하여 민법 제1001조는 "제1000조 제1항 제1호와 제3호의 규정에 의하여 상속인이 될 직계비속 또는 형제자매가 상속개시전에 사망하거나 결격자가 된 경우에 그 직계비속이 있는 때에는 그 직계비속이 사망하거나 결격된 자의 순위에 갈음하여 상속인이 된다."고 규정하는 한편, 동법 제1010조는 "① 제1001조의 규정에 의하여 사망 또는 결격된 자에 갈음하여 상속인이 된 자의 상속분은 사망 또는 결격된 자의 상속분에 의한다. ② 전항의 경우에 사망 또는 결격된 자의 직계비속이 수인인 때에는 그 상속분은 사망 또는 결격된 자의 상속분의 한도에서 제1009조의 규정에 의하여 이를 정한다. 제1003조 제2항의 경우에도 또한 같다."고 규정하고 있습니다. 한편, 동시사망으로 추정되는 경우 대습상속이 가능한지와 관련하여 대법원은 "민법 제1001조의 '상속인이 될 직계비속이 상속개시 전에 사망한 경우'에는 '상속인이 될 직계비속이 상속개시와 동시에 사망한 것으로 추정되는 경우'도 포함하는 것으로 합목적적으로 해석함이 상당하다(대법원 2001.03.09. 선고 99다13157 판결)."고 판시하여 이를 긍정하고 있습니다. 따라서 X, Y는 대습상속을 할 수 있고, 甲의 재산은 乙과 B·C 및 X·Y가 각각 3/9, 2/9, 2/9, 1/9, 1/9의 비율로 상속합니다.

2. 상속결격자

① 상속인이 될 수 없는 사람, 즉 '상속결격자(相續缺格者)'란 법이 정한 상속순위에 해당하지만 일정한 이유로 상속을 받지 못하는 사람을 말합니다.

② 상속을 받지 못하는 사람은 다음과 같습니다(「민법」제1004조).

1. 고의로 직계존속, 피상속인, 그 배우자 또는 상속의 선순위나 동순위에 있는 사람을 살해하거나 살해하려고 한 사람

2. 고의로 직계존속, 피상속인과 그 배우자에게 상해를 가하여 사망에 이르게 한 사람

3. 사기 또는 강박으로 피상속인의 상속에 관한 유언 또는 유언의 철회를 방해한 사람

4. 사기 또는 강박으로 피상속인의 상속에 관한 유언을 하게 한 사람

5. 피상속인의 상속에 관한 유언서를 위조·변조·파기 또는 은닉한 사람

■ 유언서를 은닉한 경우 상속결결사유에 해당하는지요?

Q 망인 A의 상속인으로 甲, 乙, 丙이 있는데, 甲은 망인 A의 적법한 유언서를 A가 사망한지 6개월이 경과한 시점에 비로소 그 존재를 주장하였습니다. 그러나 그 유언서의 내용은 공동상속인인 甲, 乙, 丙에게 널리 알려진 상태였습니다. 이 경우 甲은 상속결결사유에 해당하는지요?

A 민법 제1004조 제5호는 "피상속인의 상속에 관한 유언서를 위조·변조·파기 또는 은닉한 자는 상속인이 되지 못한다."고 규정하고 있습니다.
이때 유언서 은닉의 의미와 관련하여 대법원은 "상속인의 결격사유의 하나로 규정하고 있는 민법 제1004조 제5호 소정의 '상속에 관한 유언서

를 은닉한 자'라 함은 유언서의 소재를 불명하게 하여 그 발견을 방해하는 일체의 행위를 한 자를 의미하는 것이므로, 단지 공동상속인들 사이에 그 내용이 널리 알려진 유언서에 관하여 피상속인이 사망한지 6개월이 경과한 시점에서 비로소 그 존재를 주장하였다고 하여 이를 두고 유언서의 은닉에 해당한다고 볼 수 없다(대법원 1998.06.12. 선고 97다38510 판결)."고 판시한 바 있습니다. 따라서 이미 유언서의 내용이 공동상속인들 사이에서 널리 알려진 상태였으므로, 甲은 상속결격 사유에 해당하지 않습니다.

■ **피상속인이 사망한지 6개월이 경과한 시점에서 비로소 그 존재를 주장하였는데 상속결격사유에 해당하나요?**

Q 제가 공동상속인들 사이에 그 내용이 널리 알려진 유언서에 관하여 피상속인이 사망한지 6개월이 경과한 시점에서 비로소 그 존재를 주장하였는데 유언에 대한 부정행위에 해당하는지요?

A 상속인의 결격사유의 하나로 규정하고 있는 민법 제1004조 제5호 소정의 '상속에 관한 유언서를 은닉한 자'라 함은 유언서의 소재를 불명하게 하여 그 발견을 방해하는 일체의 행위를 한 자를 의미하는 것이므로, 단지 공동상속인들 사이에 그 내용이 널리 알려진 유언서에 관하여 피상속인이 사망한지 6개월이 경과한 시점에서 비로소 그 존재를 주장하였다고 하여 이를 두고 유언서의 은닉에 해당한다고 볼 수 없다(대법원 1998.6.12. 선고 97다38510 판결)는 것이 판례의 입장입니다. 따라서 상속결격사유에 해당하지 않습니다.

■ 혼인 외의 출생자는 상속자격이 없나요?

Q 아버지와 어머니가 동거하던 중 제가 태어났습니다. 이후 아버지는 다른 사람과 결혼해서 자녀를 2명 두고 있는 것으로 압니다. 며칠 전 아버지가 임종을 앞두고 저를 찾았다고 들었는데 제가 갔을 때는 이미 돌아가신 후였어요. 유언으로 절 자식으로 인정하고 재산을 나눠준다고 하셨다는데 그게 가능한건가요?

A 혼인 외의 출생자가 아버지의 법적인 자녀로 인정받기 위해서는 인지되거나(임의인지, 인지청구소송) 친생자관계 존재 확인소송을 통해 친생자관계가 있음을 확인받아야 합니다. 질문에서처럼 유언을 통해 생부가 스스로 자신의 자녀임을 인지하면 생부가 사망한 때부터 유언의 효력이 발생해서 생부와 자녀 사이에는 법적 친자관계가 발생합니다(유언을 통해 인지한 경우에는 유언집행자가 그 취임일로부터 1개월 이내에 인지신고를 해야 함). 법적 친자관계가 발생하면 당연히 상속관계가 생깁니다. 따라서 질문자는 아버지의 인지를 통해 자녀임이 법적으로 인정되었으므로 아버지의 다른 2명의 자녀와 함께 재산을 상속받을 수 있습니다.

■ 불효자식은 상속을 받을 자격이 없나요?

Q 고모는 할아버지와 사이가 안 좋아 몇 년 전부터 연락도 하지 않고 지냈는데 이번에 할아버지가 돌아가셨을 때 장례식장에 오지도 않았어요. 할머니가 진노하셔서 고모에게는 할아버지 재산을 한 푼도 줄 수 없다고 하시는데 그게 가능한가요?

A 피상속인(여기서 할아버지)의 직계비속인 고모는 1순위 상속인으로 할머니, 다른 형제자매(할아버지의 직계비속을 말함)와 함께 할아버지의 재산을 상속받을 수 있습니다(부모봉양에 소홀히 했다고 해서 상속결격이 된다고 할 수 는 없습니다). 할머니가 할아버지의 재산을 줄 수 없다고 말한 것은 법률상의 구속력이 없으며, 고모의 상속분을 다른 사람이 받았

다면 고모는 소송을 통해 해당 상속분을 받을 수 있습니다.

■ **시부모에게 연락을 하지 않았다거나 방문을 하지 않았다는 사실은 상속결격사유에 해당되나요?**

Q 가족 간의 불화로 인해 시부모님과 연을 끊은 채 자식을 낳고 살고 있습니다. 남편이 병으로 죽은 후 아이를 혼자 키우느라 경제적으로 무척 어려운 상태입니다. 시부모님은 형편이 넉넉한 편인데, 나중에 재산을 상속받을 수 있을까요?

A 질문자가 시부모에게 연락을 하지 않았다거나 방문을 하지 않았다는 사실은 상속결격사유에 해당되지 않습니다. 따라서 질문자와 그 자녀는 남편의 대습상속인으로서 시부모님의 재산을 상속할 수 있습니다.

제3장
상속은 이런 경우 효과가 있습니다.

제3장
상속은 이런 경우 효과가 있습니다.

1. 상속재산의 이전

1-1. 상속의 효력 - 상속재산의 포괄승계(包括承繼)

① 상속이 개시되면 상속인은 그때부터 피상속인의 재산에 관한 포괄적 권리의무를 승계합니다(「민법」 제1005조).

② 상속은 사람(피상속인)의 사망으로 개시됩니다(「민법」 제997조).

③ 이때 상속되는 상속재산은 상속인에게 이익이 되는 적극재산 뿐 아니라, 채무와 같은 소극재산도 포함됩니다.

④ "적극재산"은 상속인에게 이익이 되는 물권, 채권, 물건 등의 상속재산을 말하며, "소극재산"은 채무를 말합니다.

1-2. 상속재산

다음의 사항은 상속재산에 해당합니다(예시).

구분	상속재산
적극 재산	동산·부동산 등의 물건(物件)
	물건에 대한 소유권, 점유권, 지상권, 지역권, 전세권, 유치권, 질권, 저당권 등의 물권(物權)
	특정인이 다른 특정인에 대해 일정한 행위를 요구하는 권리인 채권(債權) - 생명침해에 대한 손해배상청구권(「민법」 제750조) - 위자료청구권(「민법」 제751조제1항) - 이혼에 의한 재산분할청구권(「민법」 제839조의2제1항) - 주식회사의 주주권(「상법」 제335조)

	- 유한회사의 사원의 지분(「상법」제556조) - 합자회사의 유한책임사원의 지위(「상법」제283조 참조)
	특허권·실용신안권·의장권·상표권·저작물에 관한 권리 등의 무체재산권(無體財産權)
소극 재산	일반채무 조세

1-3. 상속재산이 아닌 것

다음의 사항은 상속재산이 아닙니다(예시).

구분	상속재산이 아닌 것
일신(一身)에 전속(專屬)하 는 것	- 사단법인의 사원의 지위(「민법」제56조) - 특수지역권(「민법」제302조) - 위임계약의 당사자의 지위(「민법」제690조) - 대리관계의 본인 또는 대리인의 지위(「민법」제127조) - 조합원의 지위(「민법」제717조) - 정기증여의 수증자의 지위(「민법」제560조) - 사용자의 지위(「민법」제657조) - 합명회사의 사원의 지분(「상법」제218조) - 합자회사의 무한책임사원의 지위(「상법」제218조 및 제269조) - 벌금이나 과료, 추징금

법률 또는 계
약 등에 의해
귀속이
결정되는 것
	- 생명보험금청구권(「상법」제730조)
	- 퇴직연금·유족연금의 청구권
	- 제사용 재산(「민법」제1008조의3)
	- 부의금(賻儀金)
	- 신원보증인의 지위(「신원보증법」제7조)
	- 보증기간과 보증한도액의 정함이 없는 계속적
	  보증계약의 보증채무(대법원 2001.6.12. 선고
	  2000다47187 판결)

■ 보험금지급청구권은 상속재산인가요?

Q 보험금지급청구권은 상속재산인가요?

A ① 피상속인이 피보험자이고 보험수익자가 상속인인 경우의 보험금지급청구권과 이로 인한 보험금은 「상법」 제730조에 따른 것으로 상속인의 고유한 재산이 됩니다. 따라서 상속인 중 한 사람이 보험금지급청구권을 갖는다 하더라도 다른 상속인은 이에 대해 상속재산분할을 청구할 수 없습니다(대법원 2007.11.30. 선고 2005두5529 판결 참조). 반면, ② 보험수익자를 피상속인으로 정한 경우에는 보험금지급청구권과 이로 이한 보험금은 피상속인의 사망으로 인하여 피상속인의 재산이 되며, 이는 상속재산이 됩니다.

[관련판례]

보험계약자가 피보험자의 상속인을 보험수익자로 하여 맺은 생명보험계약에 있어서 피보험자의 상속인은 피보험자의 사망이라는 보험사고가 발생한 때에는 보험수익자의 지위에서 보험자에 대하여 보험금 지급을 청구할 수 있고, 이 권리는 보험계약의 효력으로 당연히 생기는 것으로서 상속재산이 아니라 상속인의 고유재산이라고 할 것인데, 이는 상해의 결과로 사망한 때에 사망보험금이 지급되는 상해보험에 있어서 피보험자의 상속인을 보험수익자로 미리 지정해 놓은 경우는 물론, 생명보험의 보험계약자가 보험수익자의 지정권을 행사하기 전에 보험사고가 발생하여 「상법」 제733조에 의하여 피보험자의 상속인이 보험수익자가 되는 경우에도 마찬가지라고 보아야 한다(대법원 2004.7.9. 선고 2003다29463 판결).

■ 공무원의 지위 또는 영업자의 지위와 같은 행정법상 지위도 상속되나요?

Q 공무원의 지위 또는 영업자의 지위와 같은 행정법상 지위도 상속되나요?

A 1. 공무원의 사망으로 공무원의 지위가 상속인에게 이전되는 것은 아닙니다. 공무원의 사망으로 공무원의 지위가 상속인에게 이전되는 것은 아닙니다. 이는 공무원으로서의 지위가 일신전속적인 성격이어서 상속되지 않기 때문입니다.

2. 영업자의 사망으로 영업자의 지위가 상속인에게 이전될 수 있습니다. 각종 개별법에서는 영업자의 사망으로 상속인에게 영업이 승계하며 영업자의 지위가 상속되는 것으로 규정하고 있습니다. 예를 들어, 음식점 영업의 허가를 받은 사람(「식품위생법」 제37조제1항) 또는 영업의 신고를 한 사람(「식품위생법」 제37조제4항)이 사망한 때에는 그 상속인은 그 영업자의 지위를 승계하며(「식품위생법」 제39조제1항), 상속으로 영업자의 지위를 승계한 사람은 1개월 이내에 식품의약품안전처장 또는 특별자치시장·특별자치도지사·시장·군수·구청장에게 신고해야 합니다(「식품위생법」 제39조제3항). 또한 골재채취업자가 사망한 경우 그 상속인이 골재채취업자의 지위를 승계하여 골재채취업을 영업할 수 있고 이를 위해 상속일부터 3개월 이내에 그 상속사실을 시장·군수 또는 구청장에게 신고해야 합니다(「골재채취법」 제17조제3항). 그 밖에도 「공중위생관리법」 제3조의2, 「게임산업진흥에 관한 법률」 제29조, 「먹는물관리법」 제25조, 「비료관리법」 제13조,

「소방시설공사업법」 제7조, 「의료기기법」 제47조, 「축산법」 제24조 및 「하수도법」 제46조 등이 영업자의 지위의 승계에 관해 규정하고 있습니다.

■ 회사원이 갑자기 사망한 경우 유족연금은 상속재산에 포함되나요?

Q 회사원이 갑자기 사망한 경우 유족연금은 상속재산에 포함되나요?

A 포함되지 않습니다.

피상속인의 사망으로 근로관계가 종료되면 유족연금이 지급됩니다. 유족연금은 법률과 계약에 의해 정해진 수급권자에게 지급되도록 되어 있으므로 상속재산에 해당된다고 볼 수 없습니다. 즉, 피상속인(사망자)이 공무원이나 사립학교 교직원 등이었던 경우에는 「공무원연금법」, 「별정우체국법」, 「사립학교교직원 연금법」 등에서 별도로 정한 사람이 연금의 수급권자가 되며, 국민연금가입자인 경우에는「국민연금법」제72조및제73조등에서유족연금의 수령자의 범위와 순위를 정하고 있습니다. 따라서 이러한 유족연금은 법률과 계약에 의해 정해진 수급권자에게 돌아가며, 상속재산에 해당하지 않습니다.

■ 아들부부의 싸움 도중 며느리의 방화로 아들만 사망한 경우 상속권자는 누가 되나요?

Q 저희 아들 부부는 며칠 전 평소 정숙치 못한 며느리의 행실을 문제삼아 부부싸움을 하던 중 며느리가 타인의 아이를 임신한 것을 알게 된 아들이 극도로 흥분하여 몇 차례 구타하자 며느리가 같이 죽는다고 하며 석유를 방바닥에 붓고 성냥을 그어 화재가 발생하였습니다. 아들은 화재로 사망하였고, 며느리는 소방대원에 의해 구조되었습니다. 현재 아들명의의 재산이 많은데, 며느리의 소행이 괘씸하여 타인의 아이를 임신한 며느리에게는 재산을 주지 않고 싶은데 어떻게 하면 되는지요?

A 위 사안은 첫째 며느리가 아들을 살해하였음에도 상속권이 있는지 여부, 둘째 태아에게도 상속권이 있는지 여부, 셋째 며느리의 뱃속에 있는 태아가 아들의 자식이 아님을 법적으로 다투는 방법이 무엇이 있느냐로 요약될 수 있습니다. 먼저 상속결격의 문제를 살펴보면, 상속결격은 재산상속인에 대하여 법정사유가 발생하였을 경우에 특별히 재판상의 선고를 기다리지 않고 법률상 당연히 상속자격을 잃게 하는 제도입니다.

「민법」 제1004조에서 규정한 상속인의 결격사유를 보면,
① 고의로 직계존속, 피상속인, 그 배우자 또는 상속의 선순위나 동순위에 있는 자를 살해하거나 살해하려 한 자, ② 고의로 직계존속, 피상속인과 그 배우자에게 상해를 가하여 사망에 이르게 한 자, ③ 사기 또는 강박으로 피상속인의 상속에 관한 유언 또는 유언의 철회를 방해한 자, ④ 사기 또는 강박으로 피상속인의 상속에 관한 유언을 하게 한 자, ⑤ 피상속인의 상속에 관한 유언서를 위조, 변조, 파기 또는 은닉한 자는 상속인이 되지 못합니다. 상속결격의 효과를 살펴보면 상속개시 전에 결격사유가 생기면 후일 상속이 개시되더라도 그 상속인은 상속을 받을 수 없고, 상속개시 후에 결격사유가 생기면 유효하게 개시된 상속도 개시시에 소급하여 무효가 됩니다. 따라서 위 사안의 경우 현주(現住)하는 건물에 석유를 붓고 화재를 발생시키는 행위는 살인에 대한 고의가 인정될 것으로 보이고, 며느리는 피상속인인 귀하의 아들을 살해하였으므로 상속의 결격사유가 있어 상속결격자에 해당할 것입니다. 그리고 태아의 상속권문제를 살펴보면 원칙적으로 태아는 상속순위에 관하여 이미 출생한 것으로 보며(민법 제1000조 제3항), 혼인 중에 처가 포태(胞胎)한 때는 친생자로 추정되기 때문에 반증이 없는 한 태아는 상속권이 있습니다(민법 제844조 제1항). 그러므로 귀하는 며느리가 임신한 태아가 사망한 아들의 자식이 아님을 다투어야 할 것인바, 「민법」 제851조 및 제847조 제1항에 의하면, 부(夫) 또는 처(妻)는 혼인 중에 포태한 자(子)라고 하더라도 친생이 의심스러울 때는 다른 일방 또는 자를 상대로 하여 그 사유가 있음을 안 날로부터 2년 내에 친생부인의 소를 제기할 수 있으며, 부

(夫)가 자의 출생 전에 사망하거나 부(夫) 또는 처(妻)가 위 기간 내에 사망한 때에는 부(夫) 또는 처(妻)의 직계존속이나 그 직계비속에 한하여 그 사망을 안 날로부터 2년 내에 친생부인의 소(訴)를 제기할 수 있습니다. 따라서 귀하는 며느리를 상대로 친생부인의 소를 제기하여 태아가 귀하 아들의 자식이 아님을 확인하고, 태아의 상속권을 부인할 수 있습니다. 참고로 단순한 가출이나 다른 남자와의 불륜행위 자체가 상속결격사유가 되는지 문제될 수 있으나, 「민법」이 상속인의 결격사유를 제한적으로 규정한 취지에 비추어 이러한 사유만으로 상속권이 박탈되지는 않을 것으로 보입니다.

■ 이혼으로 인한 위자료청구권도 상속이 가능한지요?

Q 甲女는 3년 전 乙과 혼인하였으나 乙의 부정행위로 인하여 혼인이 파탄에 이르게 되었습니다. 이에 甲은 乙을 상대로 이혼 및 위자료지급청구소송을 제기하여 '서로 이혼하고 乙은 甲에게 위자료 5,000만원을 지급하라.'는 확정판결을 받았습니다. 그러나 甲은 위자료를 지급받지 못하고 심장마비로 사망하였는데, 이 경우 甲의 친정부모가 위 위자료청구권을 상속받을 수 있는지요?

A 「민법」 제806조 제3항은 "정신상 고통에 대한 배상청구권은 양도 또는 승계하지 못한다. 그러나 당사자간에 이미 그 배상에 관한 계약이 성립되거나 소를 제기한 후에는 그러하지 아니하다."라고 규정하여 약혼해제로 인한 위자료는 원칙적으로 양도·승계가 되지 않음을 명시하고 있으며, 이 규정을 재판상 이혼, 혼인의 무효·취소, 입양의 무효·취소, 파양을 원인으로 한 위자료에 관하여 준용하고 있습니다(같은 법 제825조, 제843조, 제897조, 제908조). 이와 관련하여 판례는 "이혼위자료청구권은 상대방 배우자의 유책·불법한 행위에 의하여 혼인관계가 파탄상태에 이르러 이혼하게 된 경우 그로 인하여 입게 된 정신적 고통을 위자(慰藉)하기 위한 손해배상청구권으로서 이혼시점에서 확정·평가되고 이혼에 의하

여 비로소 창설되는 것이 아니며, 이혼위자료청구권의 양도 내지 승계의 가능여부에 관하여 민법 제806조 제3항은 약혼해제로 인한 손해배상청구권에 관하여 정신상 고통에 대한 손해배상청구권은 양도 또는 승계하지 못하지만 당사자간에 배상에 관한 계약이 성립되거나 소를 제기한 후에는 그러하지 아니하다고 규정하고 민법 제843조가 위 규정을 재판상 이혼의 경우에 준용하고 있으므로 이혼위자료청구권은 원칙적으로 일신전속적 권리로서 양도나 상속 등 승계가 되지 아니하나, 이는 '행사상 일신전속권이고' '귀속상 일신전속권은 아니라' 할 것인바, 그 청구권자가 위자료의 지급을 구하는 소송을 제기함으로써 청구권을 행사할 의사가 외부적 객관적으로 명백하게 된 이상 양도나 상속 등 승계가 가능하다." 라고 하였습니다(대법원 1993.5.27. 선고 92므143 판결).

따라서 위 사안의 경우 甲은 위자료 5,000만원에 관한 확정판결문을 받아둔 상태에서 사망하였으므로, 甲의 친정부모는 위 위자료청구채권을 상속받을 수 있다 할 것이고, 이에 승계집행문을 부여받아 乙의 재산에 강제집행을 할 수 있을 것입니다. 참고로 일반불법행위로 인하여 사망한 경우의 위자료청구권에 대하여 판례는 "정신적 손해에 대한 배상(위자료)청구권은 피해자가 이를 포기하거나 면제하였다고 볼 수 있는 특별한 사정이 없는 한 생전에 청구의 의사를 표시할 필요 없이 원칙적으로 상속하는 것이다."라고 하여(대법원 1966.10.18. 선고 66다1335 판결) 가족편의 위자료청구권과는 다르게 상속됨이 원칙임을 확인하고 있을 뿐만 아니라 민법은 "타인의 생명을 침해한 자는 피해자의 직계비속, 직계존속 및 배우자에 대하여는 재산상 손해 없는 경우에도 손해배상의 책임이 있다."라고 규정하여(민법 제752조), 생명침해가 있는 경우에는 피해자와 일정한 신분관계 있는 자도 각자 고유의 위자료를 가해자에게 청구할 수 있음을 밝히고 있습니다.

Q 망인 A의 상속인으로 甲, 乙, 丙이 있고, 상속재산으로 X토지 (300평 묘토인 농지)가 있는 상황입니다. 이 때 제사용 재산을 승계하는 제사주재자를 어떻게 결정해야 하는지요?

A 민법 제1008조의3은 "분묘에 속한 1정보 이내의 금양임야와 600평 이내의 묘토인 농지, 족보와 제구의 소유권은 제사를 주재하는 자가 이를 승계한다."고 규정하고 있습니다.그리고 '제사를 주재하는 자'가 누가 되는지와 관련하여 종전 대법원 판례는 특별한 사정이 없는 한 종손이 된다는 입장이었으나(대법원 2004.1.16. 2001다79037), 현재는 그 입장을 달리하여 "제사주재자는 우선적으로 망인의 공동상속인들 사이의 협의에 의해 정하되, 협의가 이루어지지 않는 경우에는 제사주재자의 지위를 유지할 수 없는 특별한 사정이 있지 않은 한 망인의 장남(장남이 이미 사망한 경우에는 장남의 아들, 즉 장손자)이 제사주재자가 되고, 공동상속인들 중 아들이 없는 경우에는 망인의 장녀가 제사주재자가 된다(대법원 2008.11.20. 선고 2007다27670 전원합의체 판결)."고 하고 있습니다. 따라서 협의가 있으면 그에 따라, 협의가 없으면 장남, 장손자, 장녀의 순으로 제사주재자가 됩니다.

■ 이성동복(異姓同腹)의 형제자매도 상속인의 범위에 포함되어 토지를 상속받을 수 있는지요?

Q 甲은 저와 성(姓)이 다르지만 어머니는 동일한 이성동복인 형제인데, 최근 甲이 토지 3,000평을 남기고 사망하였는바, 甲은 미혼이었고, 부모 등도 전부 사망하였으므로 제가 甲의 형제자매로서 위 토지를 상속받을 수 있는지요?

A 「민법」은 재산상속의 순위에 있어서 피상속인의 배우자, 직계존속, 직계비속이 없을 경우 다음 순위로 피상속인의 형제자매가 상속인이 되도록 규정하고 있습니다(민법 제1000조, 제1003조).

그런데 위와 같은 재산상속인으로서의 형제자매에 이성동복(異姓同腹)의 형제자매도 포함되는지 문제되는바, 이에 관하여 판례는 "현행 민법(1990.1.13. 법률 제4199호로 개정되어 1991.1.1.부터 시행된 것) 제1000조 제1항 제3호는 제3순위 상속인으로서 '피상속인의 형제자매'를 들고 있는바, 여기서 '피상속인의 형제자매'라 함은, 민법 개정시 친족의 범위에서 부계와 모계의 차별을 없애고, 상속의 순위나 상속분에 관하여도 남녀간 또는 부계와 모계간의 차별을 없앤 점 등에 비추어 볼 때, 부계 및 모계의 형제자매를 모두 포함하는 것으로 해석하는 것이 상당하다."라고 하였습니다(대법원 1997.11.28. 선고 96다5421 판결).

따라서 위 사안에 있어서도 귀하는 이성동복형제인 甲의 유산을 상속받을 수 있을 것입니다.

2. 상속인의 상속분

2-1. 상속분이란?

"상속분(相續分)"이란 2명 이상의 상속인이 공동으로 상속재산을 승계하는 경우에 각 상속인이 승계할 몫을 말합니다.

■ 미혼 동생이 사망한 경우 형제의 상속분은 어떻게 계산하나요?

Q 미혼인 동생이 사망했는데, 예금이 꽤 있는 걸로 알고 있습니다. 부모님도 오래 전에 돌아가셔서 상속받을 사람이 없는데 이 재산은 어떻게 처리되는지요?

A 민법 제1000조 및 제1003조에 따라, 동생이 미혼이므로 직계비속 및 배우자가 존재하지 않아 상속인이 없게 고, 직계존속은 이미 돌아가셨으므로 상속인이 없게 니다. 만일 할아버지, 할머니가 살아계시면 이들에게 상속이 이루어집니다. 따라서 자녀 없이 사망한 미혼 동생의 경우에는 직계존속이 아무도 없어야만 3순위인 형제자매가 동생의 재산을 상속받게 됩니다. 상속재산은 형제자매의 수에 따라 균분하게 상속됩니다.

2-2. 배우자의 상속분

배우자의 상속분은 직계비속과 공동으로 상속하는 때에는 직계비속의 상속분에 5할(50%)을 가산하고, 직계존속과 공동으로 상속하는 때에는 직계존속의 상속분에 5할(50%)을 가산합니다(「민법」제1009조제2항).

2-3. 대습상속인의 상속분

① 사망 또는 결격된 사람에 갈음하여 상속인이 된 대습상속인(「민법」제1001조)의 상속분은 사망 또는 결격된 사람의 상속분에 의합니다(「민법」제1010조제1항).

② 사망 또는 결격된 사람의 직계비속이 여러 명인 때에는 그 상속분은 사망 또는 결격된 사람의 상속분의 한도에서 같은 순위의 상속인이 여러 명인 때에는 그 상속분은 동일한 것으로 하고, 배우자의 상속분은 직계비속과 공동으로 상속하는 때에는 직계비속의 상속분에 5할을 가산하고, 직계존속과 공동으로 상속하는 때에는 직계존속의 상속분에 5할을 가산합니다(「민법」제1010조제2항 전단 및 「민법」제1009조).

③ 한편, 대습상속인인 직계비속이 없는 경우에는 배우자가 단독으로 대습상속인이 되며, 피대습인의 상속분을 대습상속하게 됩니다(「민법」제1010조제1항·제2항 후단 및 「민법」제1003조).

2-4. 공동상속인의 상속분

같은 순위의 상속인이 여러 명인 때에는 그 상속분은 동일한 것으로 합니다(「민법」제1009조제1항).

Q A는 가족으로 법률상 배우자(B)와 3명의 자녀(X, Y, Z), 그리고 홀로 계신 어머니(C)가 있습니다. A가 사망한 경우 상속인은 누구이며, 각각의 상속인의 상속분은 어떻게 되나요?

A B는 A의 법률상 배우자이고, 3명의 자녀 X, Y, Z는 1촌의 직계비속이므로, B, X, Y, Z는 같은 순위의 상속인이 되어 A의 상속재산을 공동상속하게 됩니다(「민법」 제1000조 및 「민법」 제1006조). 반면 어머니(C)는 피상속인의 직계존속으로 피상속인에게 자녀가 있는 경우에는 후순위상속인이 되어 상속받지 못합니다(「민법」 제1000조). 공동상속인은 상속분을 균분하되 배우자의 경우에는 직계비속 상속분의 5할을 가산하므로 자녀 X, Y, Z가 1만큼의 상속재산을 승계받으면, 배우자 B는 1.5만큼의 상속재산을 승계받습니다(「민법」 제1009조제2항). 따라서 X, Y, Z는 각각 2/9의 상속분을 가지며, B는 3/9의 상속분을 가집니다.

Q 아버지가 돌아가시면서 7억을 남겼어요. 어머니와 저와 동생은 각각 얼마를 상속받게 되나요?

A 같은 순위의 상속인이 여러 명인 때에는 그 상속분은 균분(1/n)합니다. 따라서 같은 순위의 상속인인 질문자 본인과 동생은 같은 비율로 상속받습니다. 배우자는 직계비속(자녀) 또는 직계존속(부모)이 있는 경우 이들과 공동상속을 받습니다. 배우자는 이들보다 50%를 더 상속받습니다.
따라서 질문에서의 어머니는 질문자 본인과 동생의 상속분 보다 1.5배를 더 상속받습니다. 아버지가 아내와 자녀 2명을 두고, 7억원을 남기고 사망했다면 [아내인 어머니:질문자 본인:동생 = 1.5:1:1]의 비율로 상속받습니다. 즉, 질문자의 어머니는 3억원[7억원X1.5/(1.5+1.0+1.0)], 질문자 본인과 동생은 각각 2억원[7억원X1.0/(1.5+1.0+1.0)]씩 상속받게 됩니다.

■ 만일 제가 유언 없이 10억 원을 남기고 죽는다면 아들과 아버지에게 는 얼마가 상속되나요?

Q 제 가족으로는 아버지, 아내, 아들이 있습니다. 만일 제가 유언 없 이 10억 원을 남기고 죽는다면 아들과 아버지에게는 얼마가 상속 되나요?

A 상속은 다음의 순위대로 정해지며, 선순위에서 상속이 이루어지면 나머지 상속인은 후순위가 되어 상속받지 못합니다(예를 들어, 1순위 상속인이 있으면 나머지 2~4순위 상속인은 상속받지 못함).
  1. 피상속인의 직계비속(자녀 등) 및 법률상 배우자
  2. 피상속인의 직계존속(부모 등) 및 법률상 배우자
  3. 피상속인의 형제자매
  4. 피상속인의 4촌 이내의 방계혈족(이모 등)
질문의 경우에는 아들과 아내가 1순위 상속인으로써 1순위에서만 상속이 이루어지므로 되므로 아버지는 상속받을 수 없습니다.
상속분은 [배우자:직계존속 또는 직계비속=1.5:1]로 산정됩니다.
따라서 아내는 6억원[10억원 X 1.5/(1.5+1.0)], 아들은 4억원[10억원 X 1.0/(1.5+1.0)]을 상속받게 됩니다.

■ 부 사망시 모와 자식간의 상속비율이 어떻게 변경되었나요?

Q 상속법에 있어서 상속비율이 변경되었다 하던데 부 사망시 모와 자 식간의 상속비율이 어떻게 변경되었나요?

A ① 민법상 상속분은 피상속인의 의사에 따라 정해지는 지정상속분과 법 률의 규정에 의하여 정해지는 법정상속분으로 구분하고 있으며, 피상 속인의 유언 등 지정상속 내용이 없으며, 상속인들간 협의에 의하여 상속재산을 분할하고, 협의가 이루어 지지 아니하면 법정상속분으로 상속재산을 분할(민법 제1009조)합니다.
② 민법상 법정상속분은 피상속인의 배우자(모친) 1.5 : 각 자녀 1 (민

법 제1009조)의 비율로 분할합니다.(피상속인의 배우자의 상속분은 직계비속과 공동으로 상속하는 때에는 직계비속의 상속분의 5할을 가산하고, 직계존속과 공동으로 상속하는 때에는 직계존속의 상속분의 5할을 가산한다)

■ 딸, 며느리와 손녀는 각각 얼마나 상속받을 수 있나요?

Q 피상속인이 유언없이 사망했을 경우 배우자는 없었구요. 딸 1명과 아들이 사망한 후 남기고 간 며느리와 손녀가 한명 있습니다. 그럴 경우 딸은 배우자와 동일하게 보고 5할이 가산된 1.5의 법정상속분을 갖게 되나요? 그리고 딸, 며느리와 손녀는 각각 얼마나 상속받을 수 있나요?

A 피상속인(X)의 자녀인 아들(A)과 딸(B)은 직계비속으로서 1순위 상속인이 됩니다(「민법」 제1000조제1항). 그런데 문의하신 사안의 경우 피상속인이 사망하기 전에 1순위 상속인 중 한 사람인 아들(A)이 사망하였기 때문에 대습상속이 이루어져 사망한 아들의 배우자(C)와 자녀(D)가 아들의 순위에 갈음하여 상속인이 되고, 아들의 상속분을 공동상속 받게 됩니다. 따라서 상속인은 딸(B), 며느리(C)와 손녀(D)가 됩니다.

※ "대습상속"이란 상속인이 될 '직계비속 또는 형제자매'(피대습인)'가 상속개시 전에 사망하거나 결격자가 된 경우에 사망하거나 결격된 사람의 순위에 갈음하여 피대습인의 직계비속 또는 배우자가 상속인이 되는 제도를 말합니다(「민법」 제1001조 및 제1003조제2항).

상속재산은 다음과 같이 법정상속됩니다.

딸(B): 1/2, 며느리(C): 3/10, 손녀(D): 2/10

Q 저희 할아버지의 땅이 있는데 할아버지의 자식들은 아들 두명 딸 한명입니다. 그런데 저희 아버지가 돌아가신 상태 입니다. 그리고 할아버지의 형제들이 할아버지의 재산에 대해서 요구를 한다고 합니다. 기본적으로 직계비속에게 상속이 되는 것으로 알고 있는데 만약 할아버지가 돌아가신 후 할아버지의 형제들이 소송을 하게 되면 직계비속들에게 상속이 되는 것에 방해가 되나요? 그리고 할아버지가 막내 아들에게 재산을 전부 주겠다고 하시는데 그렇게 되면 저희 가족은 상속을 받을 수 없게 되는 건가요?

A ① 할아버지께서 돌아가신 경우 할아버지의 자녀분들은 직계비속으로서 1순위 상속인이 됩니다(「민법」 제1000조제1항).

그런데, 문의하신 사안의 경우 할아버지께서 돌아가시기 전에 1순위 상속인 중 한 사람인 아버님께서 사망하셨기 때문에 대습상속이 이루어져 사망하신 아버님의 자녀와 배우자(어머님)가 아버님의 순위에 갈음하여 상속인이 되고, 이분들이 아버님의 상속분을 공동상속받게 됩니다.

② "대습상속"이란 상속인이 될 '직계비속 또는 형제자매'(피대습인)가 상속개시 전에 사망하거나 결격자가 된 경우에 사망하거나 결격된 사람의 순위에 갈음하여 피대습인의 직계비속 또는 배우자가 상속인이 되는 제도를 말합니다(「민법」 제1001조 및 제1003조제2항).

③ 피상속인의 유증 또는 증여로 인해 이 유증 또는 증여가 없었더라면 상속인에게 돌아올 상속재산이 부족해진 경우에 상속인은 자신의 유류분 만큼의 상속재산을 수유자(유증을 받은 사람) 또는 수증자(증여를 받은 사람)에게 청구할 수 있으며, 대습상속인도 보통의 상속인과 마찬가지로 유류분권리자가 됩니다. (「민법」 제1115조제1항).

■ 아내와 이혼하지 못한 상태에서 유언없이 사망한다면 저의 재산은 누가 얼마나 상속받게 되는 건가요?

Q 아내와 딸 둘이 있습니다. 아내와는 오래전부터 사이가 좋지 않아서 다른 여자를 만나고 있는데 최근 아들을 낳았습니다. 저의 재산은 동산, 부동산 합해서 9억원입니다. 그런데 제가 만약 아내와 이혼하지 못한 상태에서 유언없이 사망한다면 저의 재산은 누가 얼마나 상속받게 되는 건가요?

A 상속순위는 ① 피상속인의 직계비속, ② 피상속인의 직계존속, ③ 피상속인의 형제자매, ④ 피상속인의 4촌 이내의 방계혈족이며, 이 때 피상속인의 배우자(법률상 혼인관계에 있는 배우자)는 1, 2순위와 함께 공동상속인이 됩니다. 배우자의 상속분은 직계비속과 공동으로 상속하는 때에는 직계비속의 상속분에 5할을 가산하고, 직계존속과 공동으로 상속하는 때에는 직계존속의 상속분에 5할을 가산합니다(「민법」 제1009조제2항).
따라서 이 경우 배우자, 큰딸, 작은딸의 상속비율은 1.5:1:1이 되며, 인지한 혼외자가 있는 경우에는 1.5:1:1:1의 상속비율로 상속받게 됩니다.

■ 대습상속인의 상속분은 어떻게 되나요?

Q 부모님을 여의고 할머니 손에서 자랐습니다. 이번에 할머니가 돌아가셨는데 저는 할머니의 상속인이 될 수 있나요? 상속인이 된다면 얼마나 상속받을 수 있나요? 할아버지는 이미 돌아가셨고 생존해 있는 친척은 작은 아버지 가족 뿐입니다.

A 상속인이 될 직계비속이 상속 개시 전에 사망하거나 상속결격자가 되면 그의 직계비속과 배우자가 사망 또는 결격된 사람에 갈음해서 상속인이 됩니다. 이러한 대습상속인의 상속분은 사망 또는 결격된 사람의 상속분에 따릅니다. 사안의 경우 질문자의 아버지가 살아계셨다면, 할머니의 사망으로 상속인이 되는 사람은 1순위 상속인인 아버지와 작은 아버지입니다. 그러나 아버지가 이미 사망했으므로 질문자가 상속인이 될 아버지의

상속순위에 갈음해서 작은 아버지와 공동상속인이 됩니다. 같은 순위에 있는 상속인의 상속분은 균분됩니다. 따라서 질문자와 작은 아버지는 할머니의 재산을 1:1의 비율로 상속합니다. 예를 들어, 할머니가 남긴 재산이 1억원이라면 질문자와 작은 아버지는 각각 5천만원을 상속하게 됩니다.

■ 사망에 따른 재산상속분 계산은 어떻게 되는지요?

Q 甲에게는 배우자 乙이 있고, 甲의 자(子) A와 A의 배우자 B가 있으며, 甲의 직계존속인 甲의 부모 C와 D가 있습니다. A는 乙의 자(子)는 아닙니다. 이 경우 甲이 A보다 먼저 사망하였다면, 甲과 A의 사망에 따른 재산상속관계는 어떻게 되는지요?

A 민법 제1000조는 "상속에 있어서는 1. 피상속인의 직계비속 2. 피상속인의 직계존속 3. 피상속인의 형제자매 4. 피상속인의 4촌 이내의 방계혈족의 순서로 상속인이 되고, 동순위의 상속인이 수인인 때에는 최근친을 선순위로 하고 동친등의 상속인이 수인인 때에는 공동상속인이 된다."고 규정하고 있고, 동법 제1003조는 "① 피상속인의 배우자는 제1000조 제1항제1호와 제2호의 규정에 의한 상속인이 있는 경우에는 그 상속인과 동순위로 공동상속인이 되고 그 상속인이 없는 때에는 단독상속인이 된다. ② 제1001조의 경우에 상속개시전에 사망 또는 결격된 자의 배우자는 동조의 규정에 의한 상속인과 동순위로 공동상속인이 되고 그 상속인이 없는 때에는 단독상속인이 된다."고 규정하고 있으며, 동법 제1009조는 "① 동순위의 상속인이 수인인 때에는 그 상속분은 균분으로 한다. ② 피상속인의 배우자의 상속분은 직계비속과 공동으로 상속하는 때에는 직계비속의 상속분의 5할을 가산하고, 직계존속과 공동으로 상속하는 때에는 직계존속의 상속분의 5할을 가산한다."고 규정하고 있습니다.

따라서 사안의 경우 甲의 재산은 일단 배우자 乙과 자(子) A가 1.5 : 1의 비율로 (공동)상속합니다. 그 후 A가 사망하였으므로 A의 재산(甲으로부터 상속받은 재산과 A 고유의 재산 포함)은 배우자 B와 A의 직계존속인 조부모 C와 D가 1.5 : 1 : 1의 비율로 (공동)상속합니다.

■ 직계비속의 상속분은 어떻게 되나요?

Q 甲은 법률상 배우자 A와 3명의 자녀(B, C, D), 그리고 홀로 계신
  어머니 E가 있습니다. 甲이 사망한 경우 각각의 상속인의 상속분
  은 어떻게 되나요?

A 직계비속 B,C,D와 배우자가 공동상속인이 됩니다. 민법 제1009조에 따
  라 공동상속인은 상속분을 균분하되 배우자의 경우에는 직계비속 상속분
  의 5할을 가산합니다. 따라서 직계비속 B, C, D는 각 2/9, 2/9, 2/9로,
  배우자 A는 3/9로 상속분이 정해집니다.

2-5. 특별수익자의 상속분

2-5-1. 특별수익자란?

"특별수익자"란 공동상속인 중 피상속인으로부터 재산의 증여 또는 유증을 받은 사람을 말합니다(「민법」 제1008조).

2-5-2. 특별수익이란?

① "특별수익"이란 재산의 증여 또는 유증을 통해 공동상속인에게 증여 또는 유증으로 이전한 재산을 말합니다.

② 어떠한 생전 증여가 특별수익에 해당하는지는 피상속인의 생전의 자산, 수입, 생활수준, 가정상황 등을 참작하고 공동상속인들 사이의 형평을 고려하여 해당 생전 증여가 장차 상속인으로 될 사람에게 돌아갈 상속재산 중의 그의 몫의 일부를 미리 주는 것이라고 볼 수 있는지에 의하여 결정해야 합니다(대법원 1998.12.8. 선고 97므513,520,97스12 판결).

▶ **특별수익에 해당하는 유증 또는 증여의 예**

① 상속인인 자녀에게 생전에 증여한 결혼 준비자금(주택자금, 혼수비용 등)

② 상속인인 자녀에게 생전에 증여한 독립자금

③ 상속인인 자녀에게 생전에 지급한 학비, 유학자금 등(다만, 대학 이상의 고등교육비용으로 다른 자녀에게는 증여되지 않은 교육비용이어야 함)

④ 일정 상속인에게만 유증한 재산

▶ **특별수익에 해당하지 않는 증여의 예**

① 상속결격사유가 발생한 이후에 결격된 사람이 상속인에게서 직접 증여받은 토지(대법원 2015.7.17. 자2014스206,207 결정)

2-5-3. 특별수익자가 있는 경우 상속분의 산정방법

① 공동상속인 중 피상속인으로부터 재산의 증여 또는 유증을 받은 사람이 있는 경우에 그 수증재산이 자기의 상속분에 달하지 못한 때에는 그 부족한 부분의 한도에서 상속분이 있습니다(「민법」 제

1008조).

② 다음과 같은 산식에 따라 계산된 상속가액이 각 상속인이 원래 받을 수 있는 상속분액이 됩니다.

[(상속재산의 가액 + 각 상속인의 특별수익의 가액) × 각 상속인의 상속분율] - 특별수익을 받은 경우 그 특별수익의 가액

③ 여기서 이러한 계산의 기초가 되는 "피상속인이 상속개시 당시에 가지고 있던 재산의 가액"은 상속재산 가운데 적극재산의 전액을 가리킵니다(대법원 1995.3.10. 선고 94다16571 판결).

④ 구체적 상속분을 산정할 때에는 상속개시시를 기준으로 상속재산과 특별수익재산을 평가하여 이를 기초로 해야 합니다(대법원 1997.3.21. 자 96스62 결정).

⑤ 만약 특별수익자가 증여 또는 유증받은 재산의 가액이 상속분에 미달하게 될 때에는 다른 상속인에게 그 미달한 부분 만큼의 상속분만을 청구할 수 있습니다(「민법」 제1008조).

■ 특별수익자가 있는 경우 그 상속분은 어떻게 계산하나요?

Q A는 가족으로 부인 B와 자녀 C, D가 있는 사람으로, 생전에 C에게는 독립자금으로 1천만원 상당의 예금채권을 증여하였습니다. A의 사망 시 상속재산은 6천만원(적극재산)인 경우 각자에게 얼마만큼의 상속재산이 돌아가나요?

A B는 법률상 배우자로 직계비속인 C·D보다 5할이 가산된 상속분을 가집니다(「민법」 제1009조제2항). 이에 따르면 직계비속인 C, D가 1만큼의 상속재산을 상속받으면 법률상 배우자인 B는 1.5만큼의 상속재산을 상속받게 되므로 이들의 상속분은 B(3/7), C(2/7), D(2/7)가 됩니다. 상속재산 6000만원에 C에 대한 특별수익 1000만원을 더한 뒤 각각의 상속분을 곱하고 특별수익자인 경우에 특별수익을 제하면, 특별수익자가 있는 경우에 각 상속인이 실제 받을 수 있는 상속액이 계산됩니다.

B: (6000만원 + 1000만원) × 3/7-0 = 3000만원

C: (6000만원 + 1000만원) × 2/7-1000만원 = 1000만원

D: (6000만원 + 1000만원) × 2/7-0 = 2000만원

■ 특별수익의 가액이 상속분을 초과하는 경우에 특별수익자는 이를 반환해야 하나요?

Q 특별수익의 가액이 상속분을 초과하는 경우에 특별수익자는 이를 반환해야 하나요?

A 공동상속인 중 특별수익자가 받은 특별수익이 자기의 상속분보다 초과하더라도 그 초과분에 대해 반환의무를 정한 「민법」의 규정이 없을뿐더러 다액의 특별수익자가 있는 경우에는 유류분제도에 의해 다른 공동상속인들이 상속으로부터 배제되는 것을 보호하고 있으므로 이러한 경우에도 특별수익자는 그 초과분을 반환해야 할 의무가 없습니다(서울고법 1991.1.18. 선고 89르2400 판결 참조).

■ 특별수익자는 상속분에서 어떤 주장을 할 수 있나요?

Q 저희 아버지는 시가 6,000만원 상당의 부동산을 유산으로 남기고 사망하였고, 상속인으로는 어머니와 형, 저, 그리고 누나가 있습니다. 그리고 아버지 생전에 형에게는 주택구입자금 2,000만원, 누나에게는 결혼자금 1,000만원을 증여한 사실이 있습니다. 그러므로 제가 생각하기에는 형과 누나는 충분한 상속을 받은 것 같은데도 공동상속인임을 이유로 저와 같은 비율의 상속분을 주장하고 있습니다. 이 경우 형과 누나의 주장이 맞는지요?

A 민법 제1008조는 "공동상속인 중에 피상속인으로부터 재산의 증여 또는 유증을 받은 자가 있는 경우에 그 수증재산이 자기의 상속분에 달하지 못한 때에는 그 부족한 부분의 한도에서 상속분이 있다."라고 규정하고 있기 때문에 특별수익자가 있는 경우에 상속재산을 분할함에 있어서 그

전제로서 각 상속인이 현실로 상속하여야 할 비율을 확정할 필요가 있습니다. 특별수익자는 수증재산이 상속분을 초과한 경우에는 그 초과부분을 반환하여야 하지만, 수증자가 상속포기를 하면 반환의무를 지지 않습니다. 이에 관하여 판례는 "민법 제1008조는 공동상속인 중에 피상속인으로부터 재산의 증여 또는 유증을 받은 자가 있는 경우에 그 수증재산이 상속분에 달하지 못한 때에는 그 부족한 부분의 한도에서 상속분이 있다고 규정하고 있는바, 이는 공동상속인 중에 피상속인으로부터 재산의 증여 또는 유증을 받은 특별수익자가 있는 경우에 공동상속인들 사이의 공평을 기하기 위하여 그 수증재산을 상속분의 선급으로 다루어 구체적인 상속분을 산정함에 있어 이를 참작하도록 하려는데 그 취지가 있는 것이므로, 어떠한 생전증여가 특별수익에 해당하는지는 피상속인의 생전의 자산, 수입, 생활수준, 가정상황 등을 참작하고 공동상속인들 사이의 형평을 고려하여 당해 생전증여가 장차 상속인으로 될 자에게 돌아갈 상속재산 중의 그의 몫의 일부를 미리 주는 것이라고 볼 수 있는지에 의하여 결정하여야 할 것이다." 라고 하였으며(대법원 1998.12.8. 선고 97므513, 520, 97스12 판결), "공동상속인 중에 특별수익자가 있는 경우의 구체적인 상속분의 산정을 위해서는, 피상속인이 상속 개시 당시에 가지고 있던 재산의 가액에 생전증여가액을 가산한 후, 이 가액에 각 공동상속인별로 법정상속분율을 곱하여 산출된 상속분의 가액으로부터 특별수익자의 수증재산의 가액을 공제하는 계산방법에 의할 것이고, 여기서 이런 계산의 기초가 되는 피상속인이 상속개시 당시에 가지고 있던 재산의 가액은 상속재산 가운데 적극재산의 전액을 가리키는 것으로 보아야 옳다."라고 하여(대법원 1995.3.10. 선고 94다16571 판결) 특별수익자가 있는 경우의 상속재산범위와, 그 분여방법을 제시하고 있습니다.

위 판례에 의하여 특별수익자가 있는 경우의 구체적인 상속분계산방식을 보면,①상속재산분배액=(상속재산의 가액+생전증여)×상속분율-(생전증여+유증)이며,②구체적인 상속분=상속재산의 분배액+생전증여 또는 유증입니다.

■ 특별수익자가 있는 경우의 상속은 어떻게 분배하나요?

Q 8,500만원의 재산을 남기고 부(父)가 死亡하였습니다. 유족으로 처, 장남, 장녀, 차남이 있습니다. 부(父)는 生前에 장남에게 혼인을 위한 증여로서 500만원을, 분가한 차남에게 유증(遺贈)으로 900만원을 각각 주었을 경우, 장남의 구체적인 상속분은 얼마인지요?

A 공동상속인 중에 생전증여나 유증과 같은 특별수익자가 있었을 경우 구체적 상속분의 산정은 다음과 같습니다.

(현존하는 상속재산의 가액 + 생전증여) × 공동상속인의 상속비율 - 특별수익자의 생전증여와 유증의 가액 = 상속재산분배액(= 구체적 상속분)

여기에 증여 또는 유증을 받은 자의 경우, 그 증여 또는 유증을 받은 가액을 더한 것이 상속으로 인하여 실제로 받는 상속이익이 됩니다.

사안의 경우 법정상속비율은 처 : 장남 : 장녀 : 차남 = 1.5 : 1 : 1 : 1이므로, 구체적 상속분과 상속이익은 다음과 같습니다. 처의 경우 구체적 상속분은 3,000만원((8,500 + 500) × 3/9 - 0 = 3,000), 상속이익은 3,000만원(3,000 + 0 = 3,000)이고, 장남의 경우 구체적 상속분은 1,500만원((8,500 + 500) × 2/9 -500)=1,500), 상속이익은 2,000만원(1,500 + 500 = 2,000)이고, 장녀의 경우 구체적 상속분은 2,000만원((8,500 + 500) × 2/9 - 0 = 2,000), 상속이익은 2,000만원(2,000 + 0 = 2,000)이고, 차남의 경우 구체적 상속분은 1,100만원((8,500 + 500) × 2/9 - 900 = 1,100), 상속이익은 2,000만원(1,100 + 900 = 2,000)입니다. 따라서 장남의 구체적인 상속분은 1,500만원입니다.

■ 아버지가 돌아가시기 전에 형에게 주택구입자금을 주었을 경우 형은 저는 어떤 비율로 상속해야 하나요?

Q 아버지가 6억원을 유산으로 남겼습니다. 아버지는 돌아가시기 얼마 전에 형에게 주택구입자금으로 1억원을 주었습니다. 그럼에도 불구

하고 형은 저와 동일한 비율로 상속해야 한다고 주장하는데 이게 맞는 말인가요?

A 질문자의 형은 질문자와 상속순위가 같은 공동상속인(상속분을 균분함)인 동시에 피상속인으로부터 재산의 증여를 받은 특별수익자에 해당됩니다. 공동상속인 중 피상속인으로부터 재산의 증여 또는 유증을 받은 사람이 있는 경우에 그의 상속분은 증여 또는 유증 받은 재산을 상속재산에 합해서 각자의 상속분을 계산한 후 상속 또는 유증받은 재산을 공제한 금액이 됩니다. 질문의 경우 형제의 상속분을 계산할 때는 형이 증여받은 1억원을 아버지의 상속재산에 포함해야 합니다. 이 때 상속인이 형제 2명이라고 하면 형이 받을 수 있는 상속액은 총 7억원(유산 6억+생전 증여 1억)의 절반인 3억 5천만원에서 미리 증여받은 1억원을 제한 금액인 2억 5천만원이 됩니다. 따라서 동일한 상속분을 주장하는 형의 주장은 옳지 않습니다.

◇ **특별수익**

재산의 증여 또는 유증을 통해 공동상속인에게 증여 또는 유증으로 이전한 재산을 말하며, 상속인인 자녀에게 생전에 증여한 결혼준비자금·주택구입자금 등이 이에 해당됩니다.

◇ **특별수익이 있는 경우의 상속분 계산**

[(상속재산의 가액+각 상속인의 특별수익의 가액) X 각 상속인의 상속분율] - 특별수익을 받은 경우 그 특별수익의 가액

【관련판례】

공동상속인들 중 특별수익자가 받은 특별수익이 자기의 상속분보다 초과하더라도 그 초과분에 대하여 반환의무를 정한 「민법」상의 규정도 없을 뿐더러 다액의 특별수익자가 있는 경우에 대하여는 유류분제도에 의하여 다른 공동상속인들이 상속으로부터 배제되는 것을 보호하고 있으므로 그 반환의무가 없다고 보아야 한다(서울고법 1991.1.18. 선고 89르2400 제1특별부판결).

2-6. 기여자의 상속분

2-6-1. 기여자란?

① "기여자"란 공동상속인 중 상당한 기간 동거·간호 그 밖의 방법으로 피상속인을 특별히 부양하거나 피상속인의 재산의 유지 또는 증가에 특별히 기여한 사람을 말합니다(「민법」 제1008조의2 제1항).

② 기여자는 상속인이어야 합니다.

③ 기여자는 특별한 기여하고 이로 인해 재산의 유지 또는 증가가 있어야 합니다.

2-6-2. 기여분이란?

① "기여분"이란 공동상속인 가운데 피상속인의 재산의 유지나 증가에 대하여 특별히 기여하였거나 피상속인을 부양한 사람이 있는 경우에 그 사람에게 그 기여한 만큼의 재산을 가산하여 상속분을 인정하는 제도를 말합니다.

② 기여분이 인정되기 위해서는 특별한 기여이어야 하고, 기여행위로 인해 피상속인의 재산의 유지 또는 증가가 있어야 합니다.

③ 따라서 배우자의 가사노동은 부부의 동거·부양·협조의 의무(「민법」 제826조제1항) 범위의 행위이므로 특별한 기여에 해당하지 않습니다.

④ 특별한 기여에 해당하는 예로는,

    ⓐ 피상속인이 경영하는 사업에 무상으로 노무를 제공하거나 자신의 재산을 제공하여 상속재산의 유지·형성에 기여하는 경우,

    ⓑ 통상의 부양, 간호의 정도를 넘어 그러한 요양이나 간호로 상속재산이 유지되는 경우(예를 들어 요양이나 간호의 비용을 기여자가 부담하여 상속재산의 손실이 없었던 경우)가 있습니다.

2-6-3. 기여분의 결정

① 협의에 의한 결정

기여분은 원칙적으로 공동상속인 간의 협의로 결정합니다
(「민법」 제1008조의2제1항).

② 가정법원의 심판에 의한 결정

    ⓐ 기여분을 얼마로 볼 것인지에 관해 협의가 되지 않거나 협의
할 수 없는 때에는 기여자는 가정법원에 기여분을 결정해 줄
것을 청구할 수 있습니다.

    ⓑ 가정법원은 기여의 시기·방법 및 정도와 상속재산의 액 그 밖의
사정을 고려하여 기여분을 정합니다(「민법」 제1008조의2제2항).

③ 기여자의 기여분 청구는

    ⓐ 상속재산을 분할하거나(「민법」 제1013조제2항) 또는

    ⓑ 공동상속인이 상속재산을 이미 분할하였는데 피인지자가 상속
분에 상당한 가액의 지급을 청구(「민법」 제1014조)하는 경우
에 한하여 다른 공동상속인에 대해 할 수 있습니다(「민법」 제
1008조의2제4항).

2-6-4. 기여자가 있는 경우 상속분의 산정방법

① 기여분의 한도액

기여분은 상속이 개시된 때의 피상속인의 재산가액에서 유증의
가액을 공제한 액을 넘지 못합니다(「민법」 제1008조의2제3항).

② 기여자가 있는 경우 상속분의 산정방법

공동상속인 중에서 기여자가 있는 경우에는 상속개시 당시의 피
상속인의 재산가액에서 공동상속인의 협의로 정한 기여분을 공제
한 것을 상속재산으로 보고 법정 상속분(「민법」 제1009조 및
「민법」 제1010조)에 따라 산정한 상속분을 각자의 상속분으로 합
니다. 이때 기여자의 경우에는 기여분을 가산하여 상속분을 계산

합니다(「민법」 제1008조의2제1항).

③ 이를 계산식으로 풀면 다음과 같습니다.

[(상속재산의 가액 - 기여분) × 각 상속인의 상속분율] + (기여자인 경우 기여분)

■ 공동상속인 중 기여자가 있는 경우 상속재산의 산정은 어떻게 하나요?

Q A는 부인 B와 자녀 C, D가 있는 사람으로 불치병을 선고받았습니다. 이에 자녀 C는 A의 치료를 자처하여 고액의 치료비를 부담하고, 사망할 때까지 A를 극진히 간병했습니다. A는 결국 사망하였고, A가 남긴 상속재산은 총 3억 3천만원입니다. 이때 C가 받을 수 있는 상속재산은 얼마인가요?

A 1. 기여분의 결정

C가 특별한 기여를 하고, 그러한 기여로 인해 상속재산이 유지되는 경우에는 다른 공동 상속인에게 기여분을 주장할 수 있습니다. C는 아버지의 치료비를 부담하고 간병한 자신의 행위가 통상의 부양이나 간호의 수준을 넘어 이로 인해 상속재산이 유지되었음을 주장하여 다른 공동상속인들과 협의로 기여분을 정할 수 있습니다. 상속인인 B, C, D는 기여분에 관해 협의할 수 있고 협의가 이루어지지 않으면 가정법원에 기여분청구에 관한 소송을 제기할 수 있습니다.

2. 기여자가 있는 경우의 상속재산과 상속분 산정

피상속인의 법률상 배우자는 피상속인의 직계비속보다 5할을 가산한 상속분을 받게 됩니다(「민법」 제1009조). 따라서 직계비속인 C, D가 1만큼을 상속받을 때 배우자인 B는 1.5만큼의 상속재산을 상속받게 되어, 이들의 상속분은 각각 B: 3/7, C: 2/7, D: 2/7가 됩니다. 이때 C의 기여분이 5000만원으로 합의되었다면, 이들에게 돌아갈 상속재산은 다음과 같습니다.

B: (33,000만원-5000만원) × 3/7 + 0 = 12,000만원

C: (33,000만원-5000만원) × 2/7 + 5000만원 = 13,000만원

D: (33,000만원-5000만원) × 2/7 + 0 = 8,000만원

[관련판례]

「민법」 제1008조의2가 정한 기여분제도는 공동상속인 중에 피상속인을 특별히 부양하였거나 피상속인의 재산의 유지 또는 증가에 관하여 특별히 기여하였을 경우 이를 상속분 산정에 있어 고려함으로써 공동상속인 사이의 실질적 공평을 도모하려는 것이므로, 기여분을 인정하기 위해서는 공동상속인 사이의 공평을 위하여 상속분을 조정하여야 할 필요가 있을 만큼 피상속인을 특별히 부양하였다거나 피상속인의 상속재산의 유지 또는 증가에 특별히 기여하였다는 사실이 인정되어야 한다(서울가법 2006.5.12. 자 2005느합77 심판).

■ 피상속인 재산의 증가에 기여한 상속인의 기여분은 어떻게 판단합니까?

Q 저는 혼인 전부터 직업 없이 빈둥거리던 남편과 달리 열심히 노력하여 음식점을 마련하였으나 남편명의로 하였고, 시부모까지 모시고 살았습니다. 그런데 최근 남편이 사망하면서 상속인으로 자녀가 없어 시부모와 공동상속하게 되었는바, 저는 위 음식점이 저의 노력으로만 마련한 것이기에 제가 단독으로 상속받고 싶은데 법적으로 가능한지요?

A 기여분이란 공동상속인 중에서 상당한 기간 동거·간호 그 밖의 방법으로 피상속인을 특별히 부양하거나 피상속인의 재산의 유지 또는 증가에 특별히 기여한 자가 있을 경우에는 이를 상속분의 산정에 고려하는 제도입니다. 즉, 공동상속인 사이에 실질적인 공평을 꾀하려는 제도입니다. 피상속인이 상속개시 당시에 가지고 있던 재산의 가액에서 기여상속인의 기여분을 공제한 것을 상속재산으로 보고 상속분을 산정하여 이 산정된 상속분에다 기여분을 보탠 액을 기여상속인의 상속분으로 합니다.

그리고 기여분을 주장할 수 있는 자는 공동상속인에 한하므로 공동상속

인이 아닌 자는 아무리 피상속인의 재산의 유지 또는 증가에 기여하였더라도 기여분의 청구를 할 수 없습니다. 예컨대, 사실상의 배우자, 포괄적 수증자 등은 상속인이 아니므로 기여분권리자가 될 수 없습니다. 기여의 정도는 통상의 기여가 아니라 특별한 기여이어야 되며, 특별한 기여라 함은 본래의 상속분에 따라 분할하는 것이 기여자에게 불공평한 것으로 명백히 인식되는 경우로서 예를 들어 수인의 아들 가운데 한 사람이 무상으로 부(父)의 사업을 위하여 장기간 노무를 제공한 경우는 이에 해당하나 배우자의 가사노동은 배우자 서로간 부양의무가 있으므로 특별한 기여에 해당한다고 볼 수는 없다고 하겠습니다. 기여분은 공동상속인의 협의 또는 가정법원의 심판으로 결정됩니다. 가정법원은 협의가 되지 아니하거나 협의할 수 없는 때에는 기여자의 청구에 의해 기여의 시기, 방법 및 정도와 상속재산의 액, 기타의 사정을 참작하여 기여분을 정합니다(민법 제1008조의2 제2, 3항). 기여분은 상속이 개시된 때의 피상속인의 재산가액에서 유증의 액수를 공제한 액을 넘지 못하며(민법 제1008조의2 제3항), 이 제한은 기여분 보다는 유증을 우선시키기 위한 것입니다. 이상에서 살펴본 바와 같이 귀하의 경우에는 기여분에 대하여 보호를 받을 수 있으며, 보호방법으로는 공동상속인끼리 협의를 하고, 협의가 되지 않거나 협의가 불가능한 경우에 가정법원에 청구하여 기여분을 보호받을 수도 있습니다.

■ 기여분과 상속분은 상속이익에 포함되는 범위는?

Q 甲의 사망으로 그의 처, 장남, 차남, 출가한 장녀가 공동상속인입니다. 甲의 재산이 1,200만원이나, 장남이 재산형성에 기여한 몫이 300만원으로 인정되어 있는 상황입니다. 이 경우 장남의 상속이익은 얼마인지요?

A 민법 제1008조의2는 "① 공동상속인 중에 상당한 기간 동거·간호 그 밖의 방법으로 피상속인을 특별히 부양하거나 피상속인의 재산의 유지 또는 증가에 특별히 기여한 자가 있을 때에는 상속개시 당시의 피상속인의

재산가액에서 공동상속인의 협의로 정한 그 자의 기여분을 공제한 것을 상속재산으로 보고 제1009조 및 제1010조에 의하여 산정한 상속분에 기여분을 가산한 액으로써 그 자의 상속분으로 한다. ② 제1항의 협의가 되지 아니하거나 협의할 수 없는 때에는 가정법원은 제1항에 규정된 기여자의 청구에 의하여 기여의 시기·방법 및 정도와 상속재산의 액 기타의 사정을 참작하여 기여분을 정한다. ③ 기여분은 상속이 개시된 때의 피상속인의 재산가액에서 유증의 가액을 공제한 액을 넘지 못한다. ④ 제2항의 규정에 의한 청구는 제1013조제2항의 규정에 의한 청구가 있을 경우 또는 제1014조에 규정하는 경우에 할 수 있다.”고 규정하고 있습니다. 따라서 사안의 경우, 상속재산을 계산하면 1,200 - 300(기여분) = 900만원, 각자의 상속분의 비율을 1.5 : 1 : 1이므로, 장남의 상속분은 900 × 2/9 = 200만원이고, 여기에 기여분 300만원을 더하면 장남의 상속이익은 500만원입니다.

■ 장남이 재산형성에 기여한 몫이 300만원이 인정되었을 경우 장남의 상속분은 어떻게 됩니까?

Q 甲의 사망으로 그의 처, 장남(저), 차남, 출가한 장녀가 공동상속인이 되었습니다. 甲의 재산이 1,200만원이나, 장남이 재산형성에 기여한 몫이 300만원이 인정되었습니다. 장남인 저의 상속분은 어떻게 됩니까?

A 민법 제1008조의2(기여분)에 따라 공동상속인 중에 상당한 기간 동거·간호 그 밖의 방법으로 피상속인을 특별히 부양하거나 피상속인의 재산의 유지 또는 증가에 특별히 기여한 자가 있을 때에는 상속개시 당시의 피상속인의 재산가액에서 공동상속인의 협의로 정한 그 자의 기여분을 공제한 것을 상속재산으로 보고 제1009조 및 제1010조에 의하여 산정한 상속분에 기여분을 가산한 액으로써 그 자의 상속분으로 합니다. 따라서 1,200만원 - 300만원 = 900만원에서 2/9를 곱한 200만원에다 300만원을 더한 500만원이 상속분이 됩니다.

3. 상속재산분할

3-1. 공동상속

3-1-1. 공동상속이란?

① "공동상속"이란 상속인이 여러 명인 경우 피상속인의 상속재산이 이들에게 함께 상속되는 것을 말합니다.

② "공동상속인"이란 공동상속을 받는 같은 순위의 여러 명의 상속인을 말합니다.

3-1-2. 공동상속인의 상속재산공유

① 상속인이 여러 명인 때에는 상속재산은 그 공유(共有)로 합니다 (「민법」 제1006조).

② "공유(共有)"란 물건이 지분(持分)에 따라 여러 명의 소유로 된 것을 말합니다(「민법」 제262조).

3-1-3. 공동상속인의 권리의무 승계

① 공동상속인은 각자의 상속분에 응하여 피상속인의 권리의무를 승계합니다(「민법」 제1007조).

② 다만, 이러한 공동상속인의 공유관계는 상속재산의 분할 전의 잠정적인 상태를 위해 상정된 것입니다.

3-1-4. 공동상속재산의 관리·처분

① 공동상속인은 그 지분을 처분할 수 있고 상속재산 전부를 지분의 비율로 사용, 수익할 수 있습니다(「민법」 제263조).

② 공동상속인은 다른 공유자의 동의 없이 공동상속재산을 처분하거나 변경하지 못합니다(「민법」 제264조).

③ 공동상속재산의 관리에 관한 사항은 공동상속인의 지분의 과반수로써 결정합니다. 그러나 보존행위는 각자가 할 수 있습니다(「민법」 제265조).

④ 공동상속인은 그 지분의 비율로 공동상속재산의 관리비용 그 밖의 의무를 부담합니다(「민법」제266조제1항).

⑤ 공동상속인이 1년 이상 공동상속재산 관리비용에 관한 의무이행을 지체한 때에는 다른 공동상속인은 상당한 가액으로 지분을 매수할 수 있습니다(「민법」제266조제2항).

3-1-5. 공동상속분의 양수(讓受)

① 공동상속인 중에 그 상속분을 제3자에게 양도한 사람이 있는 때에는 다른 공동상속인은 그 가액과 양도비용을 상환하고 그 상속분을 양수할 수 있습니다(「민법」제1011조제1항).

② 제3자에게 양도된 상속분을 양수할 수 있는 권리는 그 사유를 안 날부터 3개월, 그 사유있은 날부터 1년 내에 행사해야 합니다(「민법」제1011조제2항).

3-2. 공동상속인의 상속재산분할

3-2-1. 상속재산 분할

① 상속재산은 상속인 각자의 재산으로 분할됩니다.

② 상속개시로 공동상속인은 피상속인의 권리·의무를 각자 승계하며, 상속재산은 공동상속인의 공유가 됩니다(「민법」제1007조 및 제1006조). 이 경우 상속재산은 상속인 각자의 재산으로 분할되어야 할 필요가 있는데, 이를 상속재산의 분할이라 합니다.

③ 유언 또는 합의로 상속재산 분할을 금지한 경우에는 상속재산분할이 금지됩니다.

④ 피상속인이 유언으로 상속재산분할을 금지한 경우에는 일정기간 동안 상속재산분할이 금지됩니다.

  - 피상속인은 유언으로 상속재산의 전부나 일부에 관하여 또는 상속인의 전원이나 일부에 대하여 분할을 금지할 수 있습니다

(「민법」 제1012조).

- 다만, 5년을 넘은 분할금지기간을 정한 때에는 그 분할금지기간은 5년으로 단축됩니다.

⑤ 공동상속인이 합의로 상속재산분할을 금지한 경우에는 일정기간 동안 상속재산분할이 금지됩니다.

- 공동상속인은 5년 내의 기간으로 분할하지 않을 것을 약정할 수 있습니다(「민법」 제268조제1항).
- 이러한 분할금지의 합의는 다시 5년에 한하여 갱신할 수 있습니다(「민법」 제268조제2항).

⑥ 상속재산의 분할에는 공동상속인 전원이 참여해야 합니다.

⑦ 재산분할을 청구할 수 있는 사람은 상속인, 포괄수유자, 공동상속인의 상속인, 상속분의 양수인 등이 있습니다.

- 상속인의 채권자도 채권자 대위의 방법으로 분할청구권을 행사할 수 있습니다(「민법」 제404조).

3-2-2. 상속재산분할의 대상

① 원칙적으로 모든 상속재산은 공동상속인이 분할할 수 있습니다.

② 상속으로 인해 상속인에게 상속재산이 포괄적으로 이전하지만, 모든 상속재산이 분할의 대상이 되는 것은 아닙니다.

③ 분할되는 상속재산의 평가는 분할시 또는 분할심판시를 기준으로 합니다.

④ 예외적으로 금전채권·금전채무는 상속재산분할의 대상이 되지 않습니다.

⑤ 금전채권·채무와 같이 가분채권(可分債權)과 가분채무(可分債務)는 상속재산에 해당하지만 상속개시와 동시에 법정상속분에 따라 공동상속인에게 분할되어 승계되므로 분할의 대상이 아닙니다(대법원 1997.6.24. 선고 97다8809 판결).

■ 공동상속인 중 한 사람이 법정상속분을 초과하여 채무를 부담하기로 하는 재산분할의 협의가 가능한가요?

Q 상속재산으로 1억원 상당의 부동산과 3000만원의 채무를 부담하고 있는 피상속인 A가 사망하자 상속인이 된 자녀 X, Y, Z는 장남 X가 위 부동산과 채무를 모두 상속하기로 하는 상속재산의 분할협의를 하였습니다. 그러나 Y, Z는 별도로 상속의 포기신고를 하지 않았습니다. 이러한 X, Y, Z의 상속재산의 협의분할은 효력이 있을까요?

A 공동상속인 중 한 사람이 법정상속분을 초과하여 채무를 부담하기로 하는 재산분할도 채권자의 승낙이 있으면 효력이 있습니다. 원래 금전채무와 같이 급부의 내용이 가분인 채무는 상속 개시와 동시에 당연히 법정상속분에 따라 공동상속인에게 분할되어 귀속되는 것이므로, 상속재산 분할의 대상이 될 여지가 없고, 이렇게 금전채무를 상속인 중 한 사람이 모두 부담하기로 하는 협의는 「민법」 제1013조에서 말하는 상속재산의 협의분할에 해당하는 것은 아닙니다. 그러나 위 분할의 협의에 따라 공동상속인 중의 1인이 법정상속분을 초과하여 채무를 부담하기로 하는 약정은 면책적 채무인수의 실질을 가진다고 할 것이어서, 채권자에 대한 관계에서 위 약정에 의하여 다른 공동상속인이 법정상속분에 따른 채무의 일부 또는 전부를 면하기 위하여는 「민법」 제454조의 규정에 따른

채권자의 승낙을 필요로 하고, 이러한 상속재산분할 협의는 협의한 때부터 효력이 있습니다(대법원 1997.6.24. 선고 97다8809 판결 참조).

■ 상속받은 금전채무에 대해서 협의로 분할할 수 있는지요?

Q 乙은 2009.2.1. F가 야기한 교통사고로 사망하였는데, 사망 당시 상속인으로는 배우자인 C와 망인의 父 D, 母 E가 있었고, 상속재산으로는 甲에 대한 1억 원의 의류대금채무 및 Z부동산(가액은 2억원), W동산(1,000만원 상당)과 F에 대한 5,000만원의 손해배상채권이 있었으며, C, D, E는 이러한 상속재산의 현황을 잘 알고 있었습니다. 그리고 D, E는 2009.6.1. C에게 'C가 망인의 채무를 포함한 재산 전부를 상속하는 것에 대해 이의를 제기하지 않겠다'는 취지의 각서를 작성해 주었습니다. 이러한 사실을 알게 된 甲은 2009.7.1. C를 상대로 의류대금 1억원 전액의 지급을 소를 제기하였는데, 승소가능성이 있는지요?

A 금전채무와 같이 급부의 내용이 가분인 채무가 공동상속된 경우, 이는 상속 개시와 동시에 당연히 법정상속분에 따라 공동상속인에게 분할되어 귀속되는 것이므로, 상속재산 분할의 대상이 될 여지가 없습니다(대법원 1997.06.24. 선고 97다8809 판결). 따라서 乙의 금전채무를 C가 단독으로 부담하기로 한 합의는 상속재산의 협의분할로서의 효력은 없습니다. 또한, 대법원은 "상속재산 분할의 대상이 될 수 없는 상속채무에 관하여 공동상속인들 사이에 분할의 협의가 있는 경우라면 이러한 협의는 민법 제1013조에서 말하는 상속재산의 협의분할에 해당하는 것은 아니지만, 위 분할의 협의에 따라 공동상속인 중의 1인이 법정상속분을 초과하여 채무를 부담하기로 하는 약정은 면책적 채무인수의 실질을 가진다고 할 것이어서, 채권자에 대한 관계에서 위 약정에 의하여 다른 공동상속인이 법정상속분에 따른 채무의 일부 또는 전부를 면하기 위하여는 민법 제454조의 규정에 따른 채권자의 승낙을 필요로 한다(대법원 1997.06.24.

선고 97다8809 판결)"고 하는 한편, "채무자와 인수인 사이의 계약에 의한 채무인수에 대하여 채권자는 명시적인 방법뿐만 아니라 묵시적인 방법으로도 승낙을 할 수 있는 것인데, 채권자가 직접 채무인수인에 대하여 인수채무금의 지급을 청구하였다면 그 지급청구로써 묵시적으로 채무인수를 승낙한 것으로 보아야 한다(대법원 1989.11.14. 선고 88다카 29962 판결)."고 판시한 바 있습니다. 따라서 채권자 甲이 면책적 채무인수인 C에 대해 인수채무금 전액의 지급을 청구하는 것은 묵시적으로 채무인수를 승낙한 것이므로 C는 금전채무 1억원 전액에 대해 채무자가 됩니다. 결국 甲의 C에 대한 청구는 전부 인용됩니다.

■ 공동상속인들은 상속받은 건물을 철거할 의무가 있나요?

Q A의 토지 위에 B가 무단으로 X건물을 건축하였는데, 그 후 교통사고로 인하여 B가 사망하였고, 상속인으로 甲, 乙, 丙이 있는 상황입니다. 이 경우 A는 甲을 상대로 X건물 전체를 철거할 것을 목적으로 하는 소송을 제기할 수 있는지요?

A 사안의 경우, 공동상속인들의 건물철거의무의 법적성질이 문제됩니다. 이와 관련하여 대법원은 "공동상속인들의 건물철거의무는 그 성질상 불가분채무라고 할 것이고 각자 그 지분의 한도내에서 건물 전체에 대한 철거의무를 지는 것이다(대법원 1980.06.24. 선고 80다756 판결)."라고 판시하여 그 법적성질은 불가분채무이고, 그 구체적 소송은 반드시 필수적 공동소송으로 할 필요는 없다는 입장입니다. 따라서 A는 甲을 상대로 그 지분의 한도내에서 건물 전체를 철거할 것을 청구할 수 있습니다. 다만, 철거의무의 집행을 하기 위하여는 공동상속인 전원에 대한 집행권원을 얻어야 하므로 이 점을 유의하시기 바랍니다.

3-3. 상속재산 분할의 방법

3-3-1. 지정분할

① "상속재산의 지정분할"이란 피상속인이 상속재산의 분할방법을 유언으로 정하거나 또는 유언으로 상속인 이외의 제3자에게 분할방법을 정할 것을 위탁하는 경우에 그에 따라 행해지는 분할을 말합니다(「민법」 제1012조).

② 지정분할을 할 때에는 다음과 같은 분할방법을 선택하여 분할합니다.

   1. 대금분할: 상속재산을 환가처분한 후에 그 가액을 상속인 사이에서 나누는 방법을 말합니다.

   2. 현물분할: 개개의 재산을 있는 그대로의 상태로 상속인 사이에서 나누는 방법을 말합니다.

   3. 가격분할: 상속인의 한사람이 다른 사람의 지분을 매수하여 그 가액을 지급하고 단독소유자가 되는 것을 말합니다.

3-3-2. 협의분할

① "상속재산의 협의분할"이란 피상속인의 분할금지의 유언이 없는 경우에 공동상속인이 협의로 분할하는 것을 말합니다(「민법」 제1013조제1항).

② 협의분할을 할 때에는 당사자 전원의 합의가 있으면 되고, 그에 관한 특별한 방식이 필요없습니다. 대금분할, 현물분할, 가격분할에 따를 수도 있고, 이를 절충하는 방법을 사용하여도 좋습니다.

③ 상속재산의 협의분할은 일종의 계약으로 상속인 사이에 구두로 할 수도 있지만, 분쟁을 피하기 위해 협의분할서를 작성하는 것이 좋습니다.

[서식] 특별대리인선임 심판청구서(상속재산 협의분할)

특별대리인선임 심판청구서(상속재산 협의분할)

청 구 인 성   명 :   (☎ :   )
　　　　　주민등록번호 :
　　　　　주   　　　소 :
　　　　　송 달 장 소 :
　　　　　등록 기준지 :

사건본인 성   명 :
　　　　　주민등록번호 :
　　　　　주   　　　소 :
　　　　　등록 기준지 :

청 구 취 지

　사건본인이 청구외 망   소유의 별지 목록기재 부동산을 협의분할함에 있어 사건본인의 특별대리인으로 [성명: , 주민등록번호 :   -   , 주소 :   ]를 선임한다.
라는 심판을 구함.

청 구 원 인

　청구외 망   의 사망으로 인하여 청구인과 사건본인은 공동상속인인 바 별지목록기재 부동산을 협의분할함에 있어 청구인과 사건본인은 이해가 상반되므로 사건본인을 위한 특별대리인으로 [성명: , 관계 :   ]를 선임 받고자 본 청구에 이른 것입니다.

첨 부 서 류

1. 청구인의 가족관계증명서, 주민등록표등(초)본　　　　　각 1통
1. 사건본인의 기본증명서, 가족관계증명서, 주민등록등(초)본

각 1통

1. 특별대리인의 가족관계증명서, 주민등록표등(초)본　　각 1통
1. 망자의 제적등본 또는 폐쇄가족관계등록부에 따른 기본증명서
1통
1. 부동산등기사항전부증명서　　　　　　　　　　　　1통
1. 부동산목록　　　　　　　　　　　　　　　　　　　2부
1. 사건본인이 13세 이상인 경우 - 동의서　　　　　　1부
1. 사건 본인과 특별대리인의 관계 소명자료(제적등본 등)　1부

20 .　 .　 .
청구인 :　　　　　　(서명 또는 날인)

서울○○법원 귀중

☞ 유의사항
1. 청구서에는 사건본인 1인당 수입인지 5,000원을 붙여야 합니다.
2. 송달료는 송달료취급은행에 납부하고 납부서를 첨부 하여야 합니다.
3. ☎ 란에는 연락 가능한 휴대전화번호(전화번호)를 기재하시기 바랍니다.

■ 상속재산은 어떻게 분할하나요?

Q 저희 아버지는 얼마 전 사망하셨는데, 상속재산으로 약간의 부동산과 주식 그리고 은행예금이 있습니다. 상속인으로는 어머니를 비롯하여 남동생과 여동생 등 총 6명입니다. 이 경우 상속재산의 분할은 어떻게 하는지요?

A 재산상속은 피상속인의 사망으로 개시되며, 재산상속인이 수인인 때에는 상속재산은 그 공동상속인의 공유로 됩니다(민법 제997조 및 제1006조). 상속재산의 분할이라 함은 상속개시로 인하여 생긴 공동상속인간에 상속재산의 공유관계를 종료시키고 각 상속인에게 그의 상속분을 확정·배분시키는 일종의 청산행위입니다. 상속재산을 분할하는 방법에는 세 가지가 있습니다.

첫째, 유언에 의한 분할입니다. 피상속인은 유언으로 상속재산의 분할방법을 정하거나 이를 정할 것을 제3자에게 위탁할 수 있고, 더 나아가 상속개시의 날로부터 5년을 초과하지 아니하는 기간 내에서 상속재산의 분할 자체를 금지할 수 있습니다(민법 제1012조).

둘째, 협의에 의한 분할입니다. 공동상속인은 유언에 의한 분할방법의 지정이나 분할금지가 없으면, 언제든지 그 협의에 의하여 상속재산을 분할할 수 있습니다(민법 제1013조 제1항). 협의는 공동상속인 전원의 동의가 있어야 합니다. 다만 협의가 반드시 한 자리에서 이루어질 필요는 없고 순차적으로 이루어질 수도 있으며, 상속인 중 한사람이 만든 분할 원안을 다른 상속인이 후에 돌아가며 승인하여도 무방합니다(대법원 2001.6.29. 선고 2001다28299 판결, 대법원 2004.10.28. 2003다65438, 65445), 또한 그 분할되는 몫은 반드시 각자의 법정상속분에 따르지 않아도 됩니다. 한편 상속인 중에 미성년자와 그 친권자가 있는 경우에는 친권자가 그 미성년자의 주소지를 관할하는 가정법원에 특별대리인선임신청을 하여 그 선임된 특별대리인과 분할의 협의를 하여야 합니다(민법 제921조, 대법원 2001.6.29. 2001다28299).

셋째, 법원에 의한 분할입니다. 공동상속인 사이에서 상속재산분할의 협의가 성립되지 아니한 때에는 각 공동상속인은 가정법원에 분할을 청구할 수 있습니다(민법 제1013조 제2항, 제269조 제1항). 여기에서 '협의가 성립되지 아니한 때'에는 분할방법에 관해서 뿐만 아니라 분할여부에 관하여 의견이 일치하지 않는 경우도 포함됩니다. 이런 경우에는 각 공동상속인은 먼저 가정법원에 조정을 신청하여야 하며(가사소송법 제2조 제1항 마류사건 제10호), 조정이 성립되지 않으면 심판을 청구할 수 있는데, 심판에 의한 분할방법은 현물분할을 원칙으로 하며, 가정법원은 현물로 분할할 수 없거나 분할로 인하여 현저히 그 가액이 감소될 염려가 있는 때에는 물건의 경매를 명하기도 합니다.

이상에서 살펴본 바와 같이 귀하의 경우에 상속재산의 분할에 관하여 부친이 특별히 유언을 남기지 않고 사망하였다면, 협의에 의한 분할를 하는 것이 타당하다고 사료됩니다.

■ 상속재산분할협의에 의하여 소유권이전등기가 이루어졌다면, 이 분할협의는 보호받을 수 있는지요?

Q 망인 A의 상속인으로 甲, 乙, 丙이 있고, 상속재산으로 X토지가 있습니다. 乙은 X토지에 대한 자기의 상속지분만큼 B에게 매도하였으나, 아직 등기는 경료하지 않은 상태입니다. 그런데 그 후 상속재산분할협의에 의하여 甲 명의로 X토지에 대한 소유권이전등기가 이루어졌다면, B는 보호받을 수 있는지요?

A 민법 제1015조는 "상속재산의 분할은 상속개시된 때에 소급하여 그 효력이 있다. 그러나 제삼자의 권리를 해하지 못한다."고 규정하고 있습니다. 이때 분할의 소급효에 불구하고 보호받는 제3자는 대항요건을 갖춘 특정승계인에 한합니다. 즉 제3자는 등기 등 대항력을 갖춘 제3자에 한합니다. 대법원 역시 "상속재산협의분할에 의하여 갑 명의의 소유권이전등기가 경료된 경우 협의분할 이전에 피상속인의 장남인 을로부터 토지를 매수하였을 뿐 소유권이전등기를 경료하지 아니한 자나 그 상속인들

은 민법 제1015조 단서에서 말하는 '제3자'에 해당하지 아니하여 을의 상속지분에 대한 협의분할을 무효로 주장할 수 없다(대법원 1992.11.24. 선고 92다31514 판결)."고 판시한 바 있습니다. 따라서 B는 민법 제1015조에 의하여 보호되는 제3자에 해당하지 않습니다.

■ 피상속인의 상속재산으로부터 저의 채권을 우선변제 받을 수 없는지요?

Q 저는 甲에게 사업관계로 4,000만원을 대여해주면서 지불각서를 받아 두었으나, 최근 甲이 사망하여 甲의 재산전부를 甲의 외아들이 상속하였습니다. 그런데 위 상속인은 낭비벽이 심하고 채무 또한 많아 甲의 상속재산과 상속인의 고유재산이 혼합될 경우 저의 채권을 변제받지 못할 것만 같습니다. 이 경우 피상속인의 상속재산으로부터 저의 채권을 우선변제 받을 수 없는지요?

A 상속에 의하여 상속받은 재산과 상속인의 고유재산의 혼합이 생긴 경우, 상속재산이 채무초과이면 상속인의 채권자가 불이익을 입게 되고, 상속인의 고유재산이 채무초과이면 피상속인의 채권자가 불이익을 입게 됩니다. 그러므로 피상속인 또는 상속인 각각의 고유재산을 믿고 거래한 채권자가 상속에 따른 양 재산의 혼합으로 인하여 불이익을 받지 않도록 하기 위해소는 양 재산을 별도로 구분하는 것이 필요합니다. 이에 「민법」은 상속채권자나 유증받은 자 또는 상속인의 채권자가 상속개시된 날로부터 3월내에 상속재산과 상속인의 고유재산의 분리를 법원에 청구할 수 있도록 규정하고 있습니다(민법 제1045조 제1항). 다만 상속인이 상속의 승인이나 포기를 하지 않는 동안은 위 3월의 기간이 경과한 후에도 재산분리청구가 허용됩니다(민법 제1045조 제2항). 이후 법원이 재산분리를 명하는 심판을 하면 분리청구자는 5일내에 일반상속채권자와 유증받은 자에 대하여 '재산분리명령이 있은 사실'과 '2개월 이상의 기간내에 채권 또는 유증 받은 사실을 신고할 것'을 공고하여야 하고(민법 제1046조 제1항), 분리청구자 자신이 알고 있는 상속채권자 또는 유증받은 자에 대

해서는 별도로 채권신고를 최고하여야 합니다(민법 제1046조 제2항, 제89조). 한편, 상속으로 인한 부동산에 관한 물권의 취득은 "부동산에 관한 법률행위로 인한 물권의 득실변경은 이를 등기하지 않으면 효력이 발생하지 않는다(민법 제186조)."는 원칙의 예외로서 그 등기를 필요로 하지 않으나(민법 제187조), 상속재산이 분리된 경우에는 이와 달리 상속재산에 대하여 권리를 취득한 제3자의 이익을 보호하고 거래의 안전을 도모할 필요가 있습니다. 이에 「민법」은 분리된 상속재산 중 부동산에 관하여는 상속재산분리를 등기하지 않으면 상속재산이 분리되었다는 사실로써 제3자에게 대항할 수 없도록 하였으며(민법 제1049조), 동산에 관하여는 선의취득의 법리에 의하여 선의의 제3자가 보호받을 수 있도록 하였습니다(민법 제249조). 여기서 제3자란 상속인의 채권자뿐만 아니라 모든 제3자를 포함합니다. 나아가 상속재산분리청구가 있는 경우 상속인은 그 청구기간(상속이 개시된 날로부터 3월내)과 채권 또는 유증 받은 사실에 대한 공고기간(2월 이상)이 만료하기 전에는 상속채권자와 유증받은 자에 대하여 변제를 거절할 수 있으며(민법 제1051조 제1항)., 위 기간이 만료한 후에는 상속재산으로써 재산의 분리를 청구하였거나 그 기간 내에 신고한 상속채권자, 유증받은 자에 대하여 각 채권액 또는 수증액의 비율로 변제하여야 합니다(민법 제1051조 제2항 본문). 특히 질권·저당권 등의 우선권이 있는 채권자에 대하여는 상속재산으로써 우선적으로 변제하여야 합니다(민법 제1051조 제2항 단서). 따라서 사안의 경우 귀하는 상속이 개시된 후 3개월 이내에 가정법원에 재산분리 청구를 함으로써 상속인의 재산과 구별되는 피상속인의 상속재산으로부터 채권을 변제받을 수 있을 것입니다.

■ 상속재산분할의 대상이던 상속재산이 처분되거나 멸실·훼손된 경우 상속분할의 대상이 되나요?

Q 공동상속인 甲, 乙, 丙이 X토지를 공동으로 상속하였습니다. 상속 재산을 분할하기 이전에 위 토지가 수용되어 보상금이 지급되었습니다. 이 경우 X토지가 상속분할의 대상이 되나요? 아니면 위 수용보상금이 상속분할의 대상이 되나요?

A 금전채권과 같이 급부의 내용이 가분인 채권은 공동상속되는 경우 상속 개시와 동시에 당연히 법정상속분에 따라 공동상속인들에게 분할되어 귀속되므로 상속재산분할의 대상이 될 수 없는 것이 원칙입니다(대법원 2006.7.24.자 2005스83결정 등 참조).

위와 유사한 사안에서 판례는 "상속개시 당시에는 상속재산을 구성하던 재산이 그 후 처분되거나 멸실·훼손되는 등으로 상속재산분할 당시 상속 재산을 구성하지 아니하게 되었다면 그 재산은 상속재산분할의 대상이 될 수 없다. 다만 상속인이 그 대가로 처분대금, 보험금, 보상금 등 대상 재산(代償財産)을 취득하게 된 경우에는, 대상재산은 종래의 상속재산이 동일성을 유지하면서 형태가 변경된 것에 불과할 뿐만 아니라 상속재산 분할의 본질이 상속재산이 가지는 경제적 가치를 포괄적·종합적으로 파 악하여 공동상속인에게 공평하고 합리적으로 배분하는 데에 있는 점에 비추어, 대상재산이 상속재산분할의 대상으로 될 수는 있다."라고 판시한 바 있습니다(대법원 2016.5.4. 자 2014스122 결정).

사안의 경우 위 판례에 의하면, 상속개시 후 수용된 X토지에 대하여 더 이상 상속재산분할을 할 수 없습니다. 다만, 수용 보상금이 상속재산분할의 대상이 될 수 있을 것입니다.

■ 금전채권과 같은 예금채권도 상속분할의 대상이 되나요?

Q 공동상속인 甲, 乙, 丙이 1억 원의 예금채권을 공동으로 상속하였습니다. 장남인 甲은 피상속인인 아버지가 사망하기 이전에 그로부터 총 2억 원을 증여 받았습니다. 乙, 丙은 위 예금채권이 甲, 乙, 丙에게 똑같은 비율로 분할 귀속되면 부당하다고 주장하고 있습니다. 위 예금채권은 상속분할의 대상이 되나요?

A 금전채권과 같이 급부의 내용이 가분인 채권은 공동상속되는 경우 상속개시와 동시에 당연히 법정상속분에 따라 공동상속인들에게 분할되어 귀속되므로 상속재산분할의 대상이 될 수 없는 것이 원칙입니다(대법원 2006.7.24.자 2005스83결정 등 참조). 그러나 가분채권을 일률적으로 상속재산분할의 대상에서 제외하면 부당한 결과가 발생할 수 있습니다. 예를 들어 공동상속인들 중에 초과특별수익자가 있는 경우 초과특별수익자는 초과분을 반환하지 아니하면서도 가분채권은 법정상속분대로 상속받게 되는 부당한 결과가 나타나게 됩니다. 그 외에도 특별수익이 존재하거나 기여분이 인정되어 구체적인 상속분이 법정상속분과 달라질 수 있는 상황에서 상속재산으로 가분채권만이 있는 경우에는 모든 상속재산이 법정상속분에 따라 승계되므로 수증재산과 기여분을 참작한 구체적 상속분에 따라 상속을 받도록 함으로써 공동상속인들 사이의 공평을 도모하려는 민법 제1008조, 제1008조의2의 취지에 어긋나게 됩니다. 따라서 이와 같은 특별한 사정이 있는 때는 상속재산분할을 통하여 공동상속인들 사이에 형평을 기할 필요가 있으므로 가분채권도 예외적으로 상속재산분할의 대상이 될 수 있다는 것이 판례의 입장입니다(대법원 2016.5.4.자 2014스122 결정). 사안의 경우 甲은 피상속인인 아버지가 사망하기 이전에 그로부터 막대한 재산을 증여받았으므로 특별수익자에 해당합니다. 그런데 예금채권이 甲, 乙, 丙에게 똑같은 비율로 분할 귀속된다고 보게 되면, 초과특별수익자인 甲은 그 초과분을 반환하지 않아도 되는 부당한 결과가 나타나게 됩니다. 그러므로 위 판례에 의하면, 가분채권인 예금채권도 예외적으로 상속재산분할의 대상이 될 수 있다 할 것입니다.

Q 저희 부친은 유산으로 몇 필지의 토지를 남기고 얼마 전 사망하셨습니다. 상속인으로는 저와 모친, 남동생 1명, 출가한 누이 3명으로 모두 6명이 있는데, 모친과 남동생은 제가 부모를 모시고 있었다는 이유로 자기들의 상속지분을 저에게 양보하겠다고 하지만, 누이 3명은 자기들의 법정상속지분보다도 더 요구하고 있어서 분할협의를 못하고 있습니다. 이 경우 모친과 남동생, 제 법정상속지분만이라도 상속등기를 할 수 없는지요?

A 상속재산의 협의분할은 공동상속인 전원이 참여하여야 하므로, 일부 상속인만으로 한 협의 분할은 무효가 됩니다(대법원 1995.4.7. 선고 93다54736 판결). 또한, 법원의 등기실무에서도 재산상속으로 인한 소유권이전등기신청 시 상속을 증명하는 서면의 일부로서 공동상속인 연명으로 작성한 상속재산분할협의서를 첨부서류로 요구하고 있습니다. 따라서 귀하의 경우에도 모친과 동생의 지분을 장남이 상속받으려면 나머지 상속인 전원이 함께 모여 이에 동의하는 협의분할서를 작성하여야 하고, 작성하지 못한다면 그 지분만의 등기를 할 수는 없고, 만약 귀하의 모친과 남동생 그리고 귀하의 법정상속지분만에 관하여 상속으로 인한 소유권이전등기신청을 한다면 이는 사건이 등기할 것이 아닌 때에 해당하므로 위 신청은 부동산등기법 제55조 제2호에 의하여 각하되게 됩니다(1984.7.24 등기선례 1-227, 307). 판례도 등기관의 결정에 대한 이의의 제기에서 "공동상속인 중 일부 상속인의 상속등기만은 경료할 수 없다."라고 결정한 바 있습니다(대법원 1995.2.22.자 94마2116 결정). 그러므로 공동상속인 간의 협의가 이루어지지 않을 때에는 공동상속인 중 1인이 법정상속지분으로 공동상속등기를 신청하시고, 이와 같이 법정상속분의 상속등기를 필한 후 모친과 동생의 소정 법정지분을 귀하에게 이전하는 절차(증여계약에 의한 소유권이전등기절차 등)를 밟아야 할 것입니다. 다만, 이 경우 이전 등에 따른 양도소득세 혹은 증여세 등이 부과될 수도 있습니다.

Q 甲이 사망하여 상속인으로 자녀인 乙, 丙, 丁, 戊가 있습니다. 그 후 戊가 사망하였는데 戊에게는 배우자 A 및 미성년의 자녀 B, C, D가 있습니다. 그 후 甲소유 X부동산에 대해 乙, 丙, 丁 그리고 A가 B, C, D의 법정대리인으로서 이들을 대리하여 합의를 통해 丁과 B, C, D에게 각 1/4씩 상속받기로 상속재산분할협의를 한 다음 그 협의에 따라 상속을 원인으로 丁과 B, C, D의 지분에 대하여 丁 앞으로 매매를 원인으로 소유권이전등기가 경료되었습니다. 이 때 A가 B, C, D의 법정대리인으로서 한 상속재산분할협의가 유효한지요?

A 사안의 경우, 공동상속재산 분할협의가 민법 제921조에서 정한 '이해상반행위'에 해당하는지 여부와 공동상속인인 친권자가 수인의 미성년자 법정대리인으로서 상속재산 분할협의를 한 경우, 그 상속재산 분할협의 전체가 무효인지 여부가 문제됩니다. 이와 관련하여 대법원은 "상속재산에 대하여 소유의 범위를 정하는 내용의 공동상속재산 분할협의는 그 행위의 객관적 성질상 상속인 상호간 이해의 대립이 생길 우려가 없다고 볼 만한 특별한 사정이 없는 한 민법 제921조의 이해상반되는 행위에 해당한다. 그리고 피상속인의 사망으로 인하여 1차 상속이 개시되고 그 1차 상속인 중 1인이 다시 사망하여 2차 상속이 개시된 후 1차 상속의 상속인들과 2차 상속의 상속인들이 1차 상속의 상속재산에 관하여 분할협의를 하는 경우에 2차 상속인 중에 수인의 미성년자가 있다면 이들 미성년자 각자마다 특별대리인을 선임하여 각 특별대리인이 각 미성년자를 대리하여 상속재산 분할협의를 하여야 하고, 만약 2차 상속의 공동상속인인 친권자가 수인의 미성년자 법정대리인으로서 상속재산 분할협의를 한다면 이는 민법 제921조에 위배되는 것이며, 이러한 대리행위에 의하여 성립된 상속재산 분할협의는 피대리자 전원에 의한 추인이 없는 한 전체가 무효이다(대법원 2011.03.10. 선고 2007다17482 판결)."고 판시한

바 있습니다. 따라서 A가 B, C, D의 법정대리인으로서 한 상속재산분할 협의는 무효입니다.

■ **상속재산분할협의 행위에 대하여 사해행위 취소를 할 수 있는지요?**

Q 망인 A의 상속인으로 甲, 乙, 丙이 있고, 상속재산으로 X토지(시가 3억)가 있습니다. 한편 甲은 B에 대한 채무자인데 이미 채무초 과상태에 있습니다. 그럼에도 불구하고 甲은 상속재산분할 과정에서 X토지의 소유권을 乙에게 귀속하기로 하면서 대신 소비하기 쉬운 금전으로 2천만원을 받기로 하였습니다. 이 경우 B는 甲의 상속재산분할협의 행위에 대하여 사해행위 취소를 할 수 있는지요?

A 사안의 경우, 甲은 정당한 상속분인 1억에 훨씬 못 미치는 2천만원만 상속을 받았는바, 甲의 채권자인 B가 위와 같은 상속재산분할협의 행위에 대하여 사해행위 취소를 구할 수 있는지가 문제됩니다.

이와 관련하여 대법원은 "상속재산의 분할협의는 상속이 개시되어 공동상속인 사이에 잠정적 공유가 된 상속재산에 대하여 그 전부 또는 일부를 각 상속인의 단독소유로 하거나 새로운 공유관계로 이행시킴으로써 상속재산의 귀속을 확정시키는 것으로 그 성질상 재산권을 목적으로 하는 법률행위이므로 사해행위취소권 행사의 대상이 될 수 있고(대법원 2001.2.9. 선고 2000다51797 판결 참조), 한편 채무자가 자기의 유일한 재산인 부동산을 매각하여 소비하기 쉬운 금전으로 바꾸거나 타인에게 무상으로 이전하여 주는 행위는 특별한 사정이 없는 한 채권자에 대하여 사해행위가 되는 것이므로(대법원 2001.4.24. 선고 2000다41875 판결, 대법원 2002.6.11. 선고 2002다17937 판결 등 참조), 이미 채무초과 상태에 있는 채무자가 상속재산의 분할협의를 하면서 유일한 상속재산인 부동산에 관하여는 자신의 상속분을 포기하고 대신 소비하기 쉬운 현금을 지급받기로 하였다면, 이러한 행위는 실질적으로 채무자가 자기의 유일한 재산인 부동산을 매각하여 소비하기 쉬운 금전으로 바꾸는 것과 다르지 아니하여 특별한 사정이 없는 한 채권자에 대하여 사해행위가 된다고 할 것이며, 이와 같은 금전의 성격에 비추어 상속재산 중에 위 부동산 외에 현금이 다소 있다 하여도 마찬가지로 보아야 할 것이다(대법원 2008.03.13. 선고 2007다73765 판결)."고 하여 이를 긍정한 바 있습니다. 따라서 B는 甲의 상속재산분할협의에 대하여 사해행위 취소의 소를 제기할 수 있습니다.

■ 상속재산분할 후 공동상속인은 담보책임을 지나요?

Q 2010년 5월 사망한 A에게 유족으로는 처 甲과 乙(당시 만 17세인 A의 子)이 있고, 상속재산으로는 A의 단독소유인 X주택(시가 3억원 상당), 저축은행 Y에 예금 1억 원이 남았습니다. A의 사망으로 甲과 乙이 공동상속인으로 되었습니다. 甲은 乙의 친권자로서 상속재산을 분할하였습니다. 그 결과 X주택은 甲의 단독명의로, 저축은행 Y에 예금해 둔 1억 원은 乙의 것으로(성년이 된 乙만이 인출할 수 있음) 하였습니다. 이 경우 乙이 성년이 되기 전에 저축은행 Y가 파산하여 1억 원의 예금 중 5천만 원을 받을 수 없게 되었다면 甲, 乙의 법률관계는 어떻게 되는지요?

A 민법 제1017조는 "① 공동상속인은 다른 상속인이 분할로 인하여 취득한 채권에 대하여 분할당시의 채무자의 자력을 담보한다. ② 변제기에 달하지 아니한 채권이나 정지조건 있는 채권에 대하여는 변제를 청구할 수 있는 때의 채무자의 자력을 담보한다."고 규정하고 있습니다. 이때 분할당시의 채무자의 자력을 담보한다는 것은 상속재산분할 당시의 채무자의 자력이 채권을 만족시키기 충분했으나, 그 후 무자력이 된 경우 공동상속인이 부족부분의 이행을 담보한다는 의미입니다. 따라서 사안의 경우 乙은 甲에게 민법 제1017조의 담보책임을 근거로 乙이 Y은행으로부터 지급받지 못하게 된 5천만 원 중 甲의 상속지분(3/5)에 해당하는 3천만 원의 반환을 청구할 수 있습니다.

Q 망인 A의 상속인으로 甲, 乙, 丙이 있고, 상속재산으로 X토지가 있습니다. 甲, 乙, 丙 사이에 상속재산인 X토지에 관한 협의가 이루어지지 않는 경우, 甲이 乙과 丙을 상대로 공유물분할청구의 소를 제기할 수 있는지요?

A 사안의 경우 쟁점은 공동상속인이 상속재산의 분할에 관하여 공동상속인 사이에 협의가 성립되지 아니하거나 협의할 수 없는 경우, 상속재산에 속하는 개별 재산에 관하여 민법 제268조의 규정에 따라 공유물분할청구의 소를 제기할 수 있는지 여부입니다. 이와 관련하여 대법원은 "공동상속인은 상속재산의 분할에 관하여 공동상속인 사이에 협의가 성립되지 아니하거나 협의할 수 없는 경우에 가사소송법이 정하는 바에 따라 가정법원에 상속재산분할심판을 청구할 수 있을 뿐이고, 상속재산에 속하는 개별 재산에 관하여 민법 제268조의 규정에 따라 공유물분할청구의 소를 제기하는 것은 허용되지 않는다(대법원 2015.08.13. 선고 2015다18367 판결)."고 판시한 바 있습니다. 따라서 甲의 공유물분할청구의 소는 허용되지 않습니다.

■ 아들이 대리하여 상속재산 분할협의를 하였을 경우 이 분할협의가 효력이 있나요?

Q 저의 남편이 사망하여 저와 미성년자인 저의 아들이 상속인이 되었는데, 제가 저의 아들을 대리하여 상속재산 분할협의를 하였습니다. 위 분할협의가 효력이 있나요?

A 남편분이 사망하여 모와 미성년자인 자가 공동상속인이 되었는데, 친권자인 모가 자를 대리하여 상속재산분할협의를 하였다면, 이 협의분할은 무효가 됩니다. 상속재산분할협의는 친권자인 모와 자 사이에 이해가 상반되는 경우에 해당하므로(민법 제921조), 친권자인 모는 법원에 특별대리

인의 선임을 청구하여야 하며, 법원에서 선임한 특별대리인이 자를 대리하여 분할협의를 하여야 합니다. 이 경우 대리권이 없는 모가 자를 대리하여 분할협의를 하였다면, 이는 실질적으로 자를 분할협의에 참가시키지 않은 것과 같은 결과가 되므로 그 협의분할은 무효가 되는 것입니다.

■ 상속재산분할협의가 한자리에서 상속인 전부가 모여서 이루어져야 유효한가요?

Q 상속재산분할협의가 한자리에서 상속인 전부가 모여서 이루어져야 유효한가요?

A 상속재산분할협의는 일종의 계약이므로 상속인 전원이 참여하여야 합니다. 그러나 반드시 한자리에서 이루어질 필요는 없고, 협의의 방법으로서 한 사람이 만든 원안을 가지고 다니면서 전원의 승낙을 얻거나, 일부 원거리에 있는 자의 서면에 의한 승인 등도 유효합니다.

■ 아버지가 사망하시고 상속재산 중 금전채권이 있는 경우 이 부분에 대하여도 상속인들간에 분할협의를 해야 하나요?

Q 아버지가 사망하시고 상속재산 중 금전채권이 있습니다. 이 부분에 대하여도 상속인들간에 분할협의를 해야 하나요?

A 공유설에 따르는 판례의 입장(대판 1980.11.25. 선고 80다카1847)에 의하면 금전채권과 같은 가분채권은 상속개시와 동시에 법정상속분에 따라 각 상속인에게 분할귀속되므로 분할협의의 대상이 되지 않습니다. 만약 공동상속인간의 협의에 의하여 어느 상속인이 자기의 법정상속분을 초과하는 채권을 취득한 때에는 상속인간에 채권양도가 이루어진것으로 보아 채무자에 대한 통지가 필요합니다.

Q 상속인 중 한명인 오빠가 상속을 승인한 후에 행방불명 되었습니다. 분할심판을 청구할 수 있나요?

A 상속인이 상속을 승인한 후에 행방불명이 된 경우에는, 상속재산의 협의 분할을 할 수 없으므로 분할 심판을 할 수 있습니다(대판 1982.12.28. 선고 81다452·453). 상속인이 상속개시시부터 행방불명인 경우에는 부재자의 재산관리인이 가정법원의 허가를 얻어서 분할심판청구를 할 수 있습니다(민법 제22조)

■ 부동산의 가격이 상속개시시와 분할시 사이에 급등을 하였을 경우 상속재산의 평가시점을 어디로 해야 할까요?

Q 상속재산을 구성하는 부동산의 가격이 상속개시시와 분할시 사이에 급등을 하였습니다. 상속재산의 평가시점을 어디로 해야 할까요?

A 분할에 의한 각 상속인의 구체적인 상속재산취득의 공평·평등을 꾀하기 위해서는 상속재산의 현실적 취득시점, 즉 분할시를 표준으로 하여 상속재산을 평가하는 것이 합리적이다(대결 19797.3.21. 선고 96스62)라는 것이 판례의 입장입니다. 따라서 분할시를 상속재산의 평가 기준시로 하는 것이 옳다고 할 것입니다.

상 속 재 산 분 할 협 의 서

20〇〇년 〇월 〇〇일 〇〇시 〇〇구 〇〇동 〇〇 망 □□□의 사망으로 인하여 개시된 상속에 있어 공동상속인 〇〇〇, 〇〇〇, 〇〇〇는 다음과 같이 상속재산을 분할하기로 협의한다.

1. 상속재산 중 〇〇시 〇〇구 〇〇동 〇〇 대 300㎡는 〇〇〇의 소유로 한다.
1. 상속재산 중 □□시 □□구 □□동 □□ 대 200㎡는 〇〇〇의 소유로 한다.
1. 상속재산 중 △△시 △△구 △△동 △△ 대 100㎡는 〇〇〇의 소유로 한다.

위 협의를 증명하기 위하여 이 협의서 3통을 작성하고 아래와 같이 서명날인하여 그 1통씩을 각자 보유한다.

20〇〇년 〇월 〇〇일

성 명 〇 〇 〇 ㉑

주소 〇〇시 〇〇구 〇〇길 〇〇

성 명 〇 〇 〇 ㉑

주소 〇〇시 〇〇구 〇〇길 〇〇

성 명 〇 〇 〇 ㉑

주소 〇〇시 〇〇구 〇〇길 〇〇

④ 분할협의에 참가한 상속인이 무자격자이거나, 상속인의 일부를 제외해서 분할의 협의를 한 경우에는 무효입니다(대법원 1987.3.13. 선고 85므80 결정).

⑤ 상속인 중 한 사람이 미성년자인 경우에는 미성년자의 보호를 위해 특별대리인이 선임되어야 합니다.

⑥ 분할협의의 의사표시에 착오나 사기·강박이 있었던 경우에는 분할협의의 의사표시를 한 사람은 이를 취소할 수 있습니다(「민법」 제109조 및 제110조).

3-3-3. 심판분할

① "상속재산의 심판분할"이란 공동상속인 사이에 분할의 협의가 이루어지지 않은 경우에 가정법원에 청구하는 분할방법을 말합니다(「민법」 제1013조제2항, 제269조 및 「가사소송법」 제2조제1항제2호나목 10).

② 상속재산의 심판분할을 위해 반드시 조정을 거쳐야 하며(「가사소송법」 제50조), 조정이 성립하지 않은 경우에만 가정법원의 심판분할절차가 진행됩니다(「민사조정법」 제36조).

③ 상속재산의 분할심판(「민법」 제1013조제2항)은 상속인 중 한 사람 또는 여러 사람이 나머지 상속인 전원을 상대방으로 하여 청구해야 합니다(「가사소송규칙」 제110조).

④ 상속재산분할청구는 그 성질이 공유물분할청구이므로 청구기한의 제한이 없이 언제든지 가능합니다.

⑤ 상속재산분할심판청구가 제기되면 가정법원은 재산분할에 관한 심판을 결정합니다.

⑥ 현물로 분할할 수 없거나 분할로 인하여 현저히 그 가액이 감손(減損)될 염려가 있는 때에는 법원은 물건의 경매를 명할 수 있습니다(「민법」 제1013조제2항 및 제269조제2항).

[서식] 상속재산의 분할 심판청구서

상속재산의 분할 심판청구서

청 구 인(상속인)   성   명 :   (☎   -   )
　　　　　　　　　주민등록번호 :
　　　　　　　　　주   소 :
　　　　　　　　　등 록 기 준 지 :

상 대 방　　　　성   명 :
　　　　　　　　　주민등록번호 :
　　　　　　　　　주   소 :

피상속인(사망자)　성   명 :
　　　　　　　　　주민등록번호 :
　　　　　　　　　등 록 기 준 지 :
　　　　　　　　　최후   주소지 :

청 구 취 지

피상속인 망   의 소유의 별지목록 기재 재산은 청구인에게 분
할한다.
라는 심판을 구합니다.

청 구 원 인

첨 부 서 류

1. 청구인의 가족관계증명서, 주민등록등본   각 1통
1. 피상속인의 제적등본 또는 폐쇄 기본증명서, 가족관계증명서
　　　　　　　　　　　　　　　　　　　　　　　　각 1통

1. 피상속인 말소된 주민등록등본
1. 특별연고 관계를 증명하는 서면
1. 상속재산관리인 선임심판등본
1. 상속인 수색공고문
1. 기타 소명자료

                        201 년   월   일
                    청구인   (서명 또는 날인)
서울○○법원 귀중

■ 상속재산에 대해 협의분할을 마쳤는데 새로운 상속재산이 나타난 경우 새롭게 상속재산을 협의할 수 있나요?

Q 상속재산에 대해 협의분할을 마쳤는데 새로운 상속재산이 나타난 경우 새롭게 상속재산을 협의할 수 있나요?

A 상속재산 분할협의는 공동상속인들 사이에 이루어지는 일종의 계약입니다. 따라서 공동상속인들은 이미 이루어진 상속재산 분할협의의 전부 또는 일부를 전원의 합의에 의하여 해제한 다음 다시 새로운 분할협의를 할 수 있습니다. 이 경우 협의의 해제 및 새로운 분할협의에는 상속인 전원의 합의가 있어야 합니다(대법원 2004.7.8. 선고 2002다73203 판결 참조). 한편, 상속재산 분할협의가 합의해제되면 그 협의에 따른 이행으로 변동이 생겼던 물권은 당연히 그 분할협의가 없었던 원상태로 복귀하지만, 「민법」 제548조제1항 단서의 규정상 이러한 합의해제를 가지고서는, 그 해제 전의 분할협의로부터 생긴 법률효과를 기초로 하여 새로운 이해관계를 가지게 되고 등기·인도 등으로 완전한 권리를 취득한 제3자의 권리를 해하지 못합니다(대법원 2004.7.8. 선고 2002다73203 판결 참조).

■ 상속재산분할협의의 합의해제가 허용되는지요?

Q 망인 A의 상속인으로 甲, 乙, 丙이 있고, 그 상속재산으로 X토지가 있습니다. 甲, 乙, 丙은 상속재산분할 과정에서 처음에는 X토지의 소유권을 丙에게 넘겨주기로 협의했으나, 그 후 공동상속인들 사이에 분쟁이 발생하여 최초의 협의를 해제하고 甲, 乙, 丙 각 1/3지분씩 공유지분등기를 하려고 합니다. 위와 같은 합의해제가 허용되는지요?

A 사안의 경우, 상속재산 분할협의의 전부 또는 일부를 합의해제한 후 다시 새로운 분할협의를 할 수 있는지 여부가 문제됩니다. 이와 관련하여 대법원은 "상속재산 분할협의는 공동상속인들 사이에 이루어지는 일종의

계약으로서, 공동상속인들은 이미 이루어진 상속재산 분할협의의 전부 또는 일부를 전원의 합의에 의하여 해제한 다음 다시 새로운 분할협의를 할 수 있다(대법원 2004.07.08. 선고 2002다73203 판결)."고 판시한 바 있습니다. 따라서 최초의 상속재산분할협의를 합의해제 할 수 있으나, 이 경우에도 민법 제548조 제1항 단서의 규정이 적용되므로(대법원 2004.07.08. 선고 2002다73203 판결) 이 부분을 유의하시기 바랍니다.

■ 아버지가 분할방법의 지정을 유언이 아닌, 생전행위로 하였을 경우 효력이 있을까요?

Q 돌아가신 아버지가 분할방법의 지정을 유언이 아닌, 생전행위로 하였습니다. 효력이 있을까요?

A 피상속인은 유언으로 상속재산의 분할방법을 정할 수는 있지만, 생전행위에 의한 분할방법의 지정은 그 효력이 없어 상속인들이 피상속인의 의사에 구속되지는 않는다(대법원 2001.6.29. 선고 2001다28299 판결)이 확립된 판례의 입장입니다. 따라서 분할방법의 지정은 유언으로 하여야 하므로, 생전행위로 한 것은 효력이 없습니다.

■ 아버지가 사망하시고 고려기간 중 일부 상속인들이 분합협의를 요구하는데 이에 응할 의무가 있나요?

Q 아버지가 사망하시고 고려기간 중 일부 상속인들이 분합협의를 요구하는데 이에 응할 의무가 있나요?

A 공동상속인은 언제든지 협의로 상속재산의 분할을 할 수 있습니다. 공동상속인의 전원이 참가하는 한, 이른바 고려기간 중에도(민법 제1019조), 협의에 의한 분할을 할 수 있습니다. 다만 그 결과 상속재산에 대한 처분행위를 한 때에(민법 제1026조 제1항)해당하여, 단순승인을 한 것으로 될 것입니다. 그래서 고려기간 중에 일부의 상속인이 분할의 협의를 요구하더라도, 다른 상속인은 이에 응할 의무는 없습니다.

■ 상속재산에 대해 협의분할을 마쳤는데 새로운 상속재산이 나타난 경우 새롭게 상속재산을 협의할 수 있나요?

Q 상속재산에 대해 협의분할을 마쳤는데 새로운 상속재산이 나타난 경우 새롭게 상속재산을 협의할 수 있나요?

A 상속재산 분할협의는 공동상속인들 사이에 이루어지는 일종의 계약입니다. 따라서 공동상속인들은 이미 이루어진 상속재산 분할협의의 전부 또는 일부를 전원의 합의에 의하여 해제한 다음 다시 새로운 분할협의를 할 수 있습니다. 이 경우 협의의 해제 및 새로운 분할협의에는 상속인 전원의 합의가 있어야 합니다(대법원 2004.7.8. 선고 2002다73203 판결 참조). 한편, 상속재산 분할협의가 합의해제되면 그 협의에 따른 이행으로 변동이 생겼던 물권은 당연히 그 분할협의가 없었던 원상태로 복귀하지만, 「민법」 제548조제1항 단서의 규정상 이러한 합의해제를 가지고서는, 그 해제 전의 분할협의로부터 생긴 법률효과를 기초로 하여 새로운 이해관계를 가지게 되고 등기·인도 등으로 완전한 권리를 취득한 제3자의 권리를 해하지 못합니다(대법원 2004.7.8. 선고 2002다73203 판결 참조)

■ 상속인이 미성년자인 경우 상속재산분할시 주의해야 할 점은 무엇인가요?

Q 상속인이 미성년자인 경우 상속재산분할시 주의해야 할 점은 무엇인가요?

A 공동상속재산 분할협의는 행위의 객관적 성질상 상속인 상호간에 이해(利害)의 대립이 생길 우려가 있는 행위라고 할 것이므로 공동상속인인 친권자와 미성년인 수인의 자 사이에 상속재산분할협의를 하게 되는 경우에는 미성년자 각자마다 특별대리인을 선임하여 각 특별대리인이 각 미성년자인 자를 대리하여 상속재산분할의 협의를 해야 합니다.
따라서 친권자가 수인의 미성년자의 법정대리인으로서 상속재산분할협의를 한 것이라면 이는 「민법」 제921조에 위반된 것으로서 이러한 대리행위에 의하여 성립된 상속재산분할협의는 피대리자 전원에 의한 추인(追認)이 없는 한 무효입니다(대법원 1993.4.13. 선고 92다54524판결 참조).

■ 아버지가 사망하시고 생전에 금전채무가 있는 경우 이 부분에 대하여도 상속인들간에 분할협의를 해야 하나요?

Q 아버지가 사망하시고 생전에 금전채무가 있습니다. 이 부분에 대하여도 상속인들간에 분할협의를 해야 하나요?

A 공유설에 따르는 판례의 입장(대판 1997.6.24. 선고 97다8809)에 의하면 금전채무와 같은 가분채무는 상속개시와 동시에 법정상속분에 따라 각 상속인에게 분할하여 귀속되므로, 상속재산분할협의의 대상이 될 여지가 없습니다. 만약 공동상속인간의 협의에 의하여 어느 상속인이 자기의 상속분을 초과하여 채무를 부담하기로 약정하였다면, 이는 상속재산분할협의가 아니라 면책적 채무인수(민법 제454조)의 실질을 가지는 것이므로 채권자의 승낙이 필요합니다. 즉 채권자는 이를 승낙할 수도 있고, 이를 거절하고 각 상속인에 대하여 법정상속분에 따른 채무의 이행을 청구할 수 있습니다.

■ 상속인이 미성년자인 경우 상속재산분할시 주의해야 할 점은 무엇인가요?

Q 상속인이 미성년자인 경우 상속재산분할시 주의해야 할 점은 무엇인가요?

A 공동상속재산 분할협의는 행위의 객관적 성질상 상속인 상호간에 이해(利害)의 대립이 생길 우려가 있는 행위라고 할 것이므로 공동상속인인 친권자와 미성년인 수인의 자 사이에 상속재산분할협의를 하게 되는 경우에는 미성년자 각자마다 특별대리인을 선임하여 각 특별대리인이 각 미성년자인 자를 대리하여 상속재산분할의 협의를 해야 합니다.

따라서 친권자가 수인의 미성년자의 법정대리인으로서 상속재산분할협의를 한 것이라면 이는 「민법」 제921조에 위반된 것으로서 이러한 대리행위에 의하여 성립된 상속재산분할협의는 피대리자 전원에 의한 추인(追認)이 없는 한 무효입니다(대법원 1993.4.13. 선고 92다54524 판결 참조).

3-4. 분할의 효과

3-4-1. 분할의 소급효

① 상속재산의 분할은 상속개시된 때에 소급하여 그 효력이 있습니다. 그러나 제3자의 권리를 해하지 못합니다(「민법」 제1015조). 즉, 상속재산분할로 인해 공동상속인은 분할로 취득한 상속재산을 상속이 개시된 때부터 소유하고 있는 것이 됩니다.

② 다만, 상속이 개시된 때부터 상속재산분할이 이루어진 사이에 상속재산에 대해 이미 권리를 취득(소유권, 저당권 등에 관한 등기)한 제3자의 권리 취득에는 영향이 없습니다.

■ 상속재산분할의 소급효는 제한되나요?

Q 망인 A의 상속인으로 甲, 乙, 丙이 있고, 상속재산으로 X토지가 있습니다. 乙은 X토지에 대한 자기의 상속지분만큼 B에게 매도하였으나, 아직 등기는 경료하지 않은 상태입니다. 그런데 그 후 상속재산분할협의에 의하여 甲 명의로 X토지에 대한 소유권이전등기가 이루어졌다면, B는 보호받을 수 있는지요?

A 민법 제1015조는 "상속재산의 분할은 상속개시된 때에 소급하여 그 효력이 있다. 그러나 제삼자의 권리를 해하지 못한다."고 규정하고 있습니다. 이때 분할의 소급효에 불구하고 보호받는 제3자는 대항요건을 갖춘 특정승계인에 한합니다. 즉 제3자는 등기 등 대항력을 갖춘 제3자에 한합니다. 대법원 역시 "상속재산협의분할에 의하여 갑 명의의 소유권이

전등기가 경료된 경우 협의분할 이전에 피상속인의 장남인 을로부터 토지를 매수하였을 뿐 소유권이전등기를 경료하지 아니한 자나 그 상속인들은 민법 제1015조 단서에서 말하는 '제3자'에 해당하지 아니하여 을의 상속지분에 대한 협의분할을 무효로 주장할 수 없다(대법원 1992.11.24. 선고 92다31514 판결)."고 판시한 바 있습니다. 따라서 B는 민법 제1015조에 의하여 보호되는 제3자에 해당하지 않습니다.

3-4-2. 공동상속인의 담보책임

① 공동상속인은 다른 공동상속인이 분할로 인하여 취득한 재산에 대하여 그 상속분에 응하여 매도인과 같은 담보책임이 있습니다(「민법」 제1016조).

② "매도인의 담보책임"이란 매매계약의 이행이 완료되어 매수인에게 소유권이 이전된 경우라도, 매매의 목적인 권리나 물건에 흠결(欠缺)이 있는 때에 매도인이 매수인에 대해 부담하는 책임을 말합니다(「민법」 제569조부터 제584조까지).

3-4-3. 상속채무자의 자력(資力)에 대한 담보책임

① 공동상속인은 다른 상속인이 분할로 인하여 취득한 채권에 대하여 분할 당시의 채무자의 자력을 담보합니다(「민법」 제1017조제1항).

② 변제기에 달하지 않은 채권이나 정지조건있는 채권에 대하여는 변제를 청구할 수 있는 때의 채무자의 자력을 담보합니다(「민법」 제1017조제2항).

③ "정지조건"이란 법률행위의 효력 발생이 장래의 불확실한 사실에 의존하게 하는 조건을 말합니다.

3-4-4. 무자력 공동상속인의 담보책임의 분담

담보책임 있는 공동상속인 중에 상환의 자력이 없는 사람이 있는 때에는 그 부담부분은 구상권자와 자력있는 다른 공동상속인이 그 상속분에 응하여 분담합니다. 그러나 구상권자의 과실로 인하여 상환을 받지 못한 때에는 다른 공동상속인에게 분담을 청구하지 못합니다(「민법」 제1018조).

3-4-5. 분할 후의 피인지자 등의 청구권

① 상속개시 후의 인지(認知) 또는 재판의 확정에 의하여 공동상속인이 된 사람이 상속재산의 분할을 청구할 경우에 다른 공동상속인이 이미 분할 그 밖의 처분을 한 때에는 그 상속분에 상당한 가액의 지급을 청구할 권리가 있습니다(「민법」 제1014조).

② 위 피인지자 등의 상속분 상당가액 지급청구권은 그 성질상 상속회복청구권의 일종이므로 3년의 제척기간이 적용됩니다. 그러므로 피인지자가 자신이 진정상속인인 사실과 자신이 상속에서 제외된 사실을 안 때(혼인 외의 사람이 법원의 인지판결 확정으로 공동상속인이 된 때)부터 3년 이내에 행사하여야 합니다(「민법」 제999조제2항, 대법원 2007.7.26. 선고 2006므2757,2764 판결 참조).

■ **상속재산의 분할이 완료된 후에 새롭게 상속인이 된 사람은 상속재산을 분할청구할 수 있을까요?**

Q A(남)은 부인 B와의 사이에 자녀 C를 두었습니다. A의 사망으로 상속재산이 B, C에게 귀속된 이후에 X(여)가 나타나 자신의 아들 Y가 A의 소생이라고 주장하면서 인지청구의 소를 제기하여 확정판결을 받았습니다. 이 경우 X는 Y를 대리하여 B와 C에게 Y의 상속분만큼의 상속재산을 돌려줄 것을 청구할 수 있을까요?

A A의 사망 이후에 인지된 Y는 B, C와 마찬가지로 상속인이 됩니다(「민

법」제860조). 그러나 B, C가 이미 상속재산을 분할한 경우에 Y는 단지 그 상속분에 상당한 가액의 지급을 청구할 수 있을 뿐이고, 특정한 상속재산을 주장할 수는 없습니다(「민법」제1014조).

■ 상속재산의 분할이 채권자에게 사해행위가 되나요?

Q 상속재산의 분할이 채권자에게 사해행위가 되나요?

A 채무초과 상태에 있는 채무자가 상속재산의 분할협의를 하면서 상속재산에 관한 권리를 포기함으로써 결과적으로 일반 채권자에 대한 공동담보가 감소되었다면 채권자의 채권을 해하는 사해행위가 되어 분할이 취소될 수 있습니다(「민법」제405조).

■ 남편의 아들이라고 주장하는 사람이 나타나서 상가건물 한 채는 자신의 상속재산이라고 주장하는 경우 어떻게 해야 하나요?

Q 남편이 사망한 후 저와 딸은 상가건물 3채를 각각 나누어 가졌습니다. 그런데 인지청구소송을 통해 남편의 아들이라고 주장하는 사람이 나타나서 상가건물 한 채는 자신의 상속재산이라고 주장합니다. 상가건물은 이미 팔아서 현금화했는데 그에게 상가건물을 주어야 하나요?

A 남편의 사망 이후에 인지청구소송을 통해서 인지된 남편의 아들은 상속인의 직계비속(상속 1순위)으로 아내, 딸과 함께 상속인이 됩니다. 따라서 인지된 아들은 상속재산을 받을 수 있습니다. 그러나 상속인인 아내와 딸이 이미 상속재산을 분할했다면 다른 상속인인 아들은 그 상속분에 상당한 가액의 지급을 청구할 수 있을 뿐이고, 특정한 상속재산(질문에서의 상가건물)을 주장할 수는 없습니다.

◇ 상속재산의 분할

공동상속인이 있는 경우 상속이 개시되면 상속재산은 공동상속인의 공유가 됩니다. 이 경우 상속재산을 상속인 각자의 재산으로 분할할 필요가 있는데, 이를 상속재산의 분할이라고 합니다.

■ 상속재산 협의분할을 상속등기 전에 하면 절세가 되는지요?

Q 모친이 돌아가신 후 상속재산 중 현재 살고 있는 아파트를 누님에게 물아주려고 하는데 절세하는 방법이 있는지요?

A 피상속인이 유언을 하지 않고 사망을 하면 민법의 규정에 의한 법정상속이 이루어지며, 법정상속은 지분으로 상속이 되기 때문에 상속인이 여러 명 있는 경우에는 상속재산을 공유하게 됩니다. 재산을 공유하게 되면 관리하거나 처분하는데 불편이 따르므로 공동상속인들이 협의하여 상속재산을 분할하는 경우가 있는데 이를 '협의분할'이라 합니다. 협의분할을 하게 되면 지분에 변동이 생기게 되는데, 협의분할이 각 상속인의 상속분이 확정되어 등기, 등록 전에 이루어졌느냐 후에 이루어졌느냐에 따라 증여세를 내고 안내고 하는 차이가 있습니다. 먼저, 상속등기 등을 하기 전에 협의분할을 한 경우에는 특정상속인이 법정상속분을 초과하여 상속재산을 취득하게 되더라도 이는 공동상속인으로부터 증여받은 것으로 보지 않고 피상속인으로부터 상속받은 것으로 보므로 증여세 문제가 발생하지 않습니다. 그러나 법정상속지분대로 상속등기 등을 하여 각 상속인의 상속지분이 확정된 후에 협의분할을 하여 특정상속인이 법정상속분을 초과하여 상속재산을 취득하는 경우 그 초과된 부분에 상당하는 재산가액은 공동상속인 중 지분이 감소된 상속인으로부터 증여받은 것으로 봅니다. 다만, 법정지분대로 상속등기 등을 하였다가 상속인간 협의에 의해 상속분을 재확정하여 상속세 신고기한 내에 경정등기를 하고 상속세를 신고한 경우에는 지분변동분에 대하여 증여세를 과세하지 않습니다. 그러므로 상속재산을 협의분할하고자 하는 경우에는 등기, 등록, 명의개서 등을 하기 전에 분할하되, 등기 등을 했다가 재분할을 하더라도 상속세 신고기한 내에 경정등기를 하고 변경된 내용대로 상속세를 신고해야 상속지분 변동분에 대해 증여재산에 포함되지 않는 것입니다.

〔관련판례〕

상속재산 분할의 대상이 되는 상속재산은 상속개시 당시 피상속인이 가지는 재산만에 국한되므로, 상속개시 후 발생한 상속주식의 배당금, 상속부동산의 차임, 예금의 이자 등 상속재산의 과실은 상속인들이 상속분에 따라 취득하는 그들의 공유재산으로서 그 성격상 상속재산 자체가 아니며, 따라서 공동상속인들 전원이 상속재산의 과실을 포함하여 분쟁을 일거에 해결하는 데 이의가 없고 또한 현실적으로 분쟁의 효율적인 해결이 기대될 수 있는 등의 특별한 사정이 없는 한 원칙적으로 상속재산분할의 대상이 되지 아니하고, 공동상속인들은 공유물분할 또는 부당이득반환 등 민사상 청구로써 자신의 상속분에 상응하는 부분을 지급받아야 한다(서울중앙지법 2005.6.14. 선고 2004가합98799 판결).

4. 상속인의 상속회복청구

4-1. 상속회복청구권

① "상속회복청구권"이란 상속권이 참칭상속권자로 인하여 침해된 경우 상속권자 또는 그 법정대리인이 그 침해의 회복을 위해 갖게 되는 청구권을 말합니다(「민법」 제999조제1항).

② '참칭상속권자'의 '참칭'은 분수에 넘치는 칭호를 멋대로 이르는 것으로서 참칭상속권자(또는 참칭상속인)는 스스로 상속인이라고 참칭하면서 상속재산의 전부나 일부를 점유하는 사람을 말합니다. 즉 법률상 상속권이 없음에도 불구하고 사실상 상속인으로서의 지위를 보유하는 사람으로서, 상속인이 아닌 사람이 고의로 상속재산을 점유하거나, 상속결격자가 상속인으로 되는 경우를 말합니다.

4-2. 상속회복청구권의 행사방법

4-2-1. 상속회복청구권 행사기간의 성질

① 상속회복청구권은 상속권의 침해를 안 날부터 3년, 상속권의 침해행위가 있은 날부터 10년의 제척기간을 정하고 있고, 이 기간은 제소기간으로 봅니다(대법원 1993.2.26. 선고, 92다3083 판결). 그러므로 제척기간의 불이익을 받지 않으려면 반드시 상속

회복청구의 소를 제기해야 합니다.

② '제척기간'이란 법률권리관계를 빨리 확정하기 위하여 어떤 종류의 권리에 대하여 법률이 정하고 있는 존속 기간을 말합니다. 이 기간이 지나면 권리가 소멸됩니다.

4-2-2. 재판상 행사

① 상속회복청구의 재판상 청구는 민사소송절차에 따릅니다.

② 재판상 청구가 있는 경우 소의 관할은 피상속인의 주소지의 법원에 속합니다(「민사소송법」 제22조).

③ 상속회복청구권이 재판상 청구로 행해지는 경우 상속회복청구권은 상속재산의 회복을 청구하기 위한 이행청구를 구하는 법원의 재판이고, 상속인이 상속재산에 대해 가지는 일체의 개별적 청구권과는 다른 특별한 포괄적 권리입니다(대법원 1991. 12. 24. 선고 90다5740 전원합의체판결).

4-3. 상속회복청구권자 및 상대방

4-3-1. 상속회복청구권자

① 상속인과 법정대리인은 상속회복청구를 할 수 있습니다.

② 포괄적 유증을 받은 수증자도 상속회복청구를 할 수 있습니다(대법원 2001.10.12. 선고 2000다22942 판결).

4-3-2. 상대방

① 상속회복청구의 상대방은 참칭상속인입니다.

② "참칭상속인"이란 상속권이나 상속분이 없음에도 불구하고 상속인으로 신뢰할 만한 외관을 갖추고 있거나 자기를 상속인이라고 주장하여 상속재산의 전부 또는 일부를 점유하고 있는 사람을 말합니다(대법원 1991.2.22. 선고 90다카19470 판결).

③ 참칭상속인이 될 수 있는 사람

　1. 공동상속인

　2. 후순위상속인

　3. 상속결격자

　4. 무효혼인의 배우자

　5. 허위의 기재로 호적(현. 가족관계등록부)상 자녀로 올라가 있
　　는 사람

　6. 무단으로 상속재산의 전부나 일부를 점유하고 있는 사람

　7. 참칭상속인으로부터 법률행위 그 밖에 계약에 따라 상속재산
　　을 취득한 사람

④ 참칭상속인이 될 수 없는 사람

　스스로 상속인이라고만 하고 달리 재산의 점유 등 상속침해행위
　를 하지 않는 사람

4-4. 상속회복청구권의 행사기간

① 상속회복청구권은 그 침해를 안 날부터 3년, 상속권의 침해행위
　가 있은 날부터 10년을 경과하면 소멸됩니다(「민법」 제999조제2항).

② "침해를 안 날부터 3년"은 단순히 상속개시의 사실을 알 뿐만 아
　니라 자기가 진정상속인임을 알고 상속에서 제외된 사실을 안 때
　로부터 그 기간을 기산(起算)합니다(대법원 1981.2.10. 선고 79다
　2052 판결).

4-5. 상속회복청구의 효과

　원고의 승소판결이 확정되면 피고(참칭상속인)는 그 판결대로 진정
　상속인에게 상속재산을 반환해야 합니다.

Q 미국에서 거주하던 기간 동안 부모님이 돌아가셨습니다. 유산상속과 관련된 일은 형이 해결해 준다고 해서 믿고 있었는데 귀국 후 확인해 보니 부모님이 남긴 부동산이 형 단독명의로 되어 있고 예금도 형이 다 찾아간 것으로 되어 있습니다. 제 몫의 유산을 되찾을 수 있을까요?

A 상속인이 그 상속권을 침해받은 경우에는 상속재산을 침해한 사람을 상대로 법원에 그 침해의 회복을 청구할 수 있습니다(이를 상속회복청구권이라 합니다). 상속회복청구권은 그 침해를 안 날로부터 3년, 침해행위가 있은 날로부터 10년 이내에 행사해야만 합니다. 따라서 질문자는 위의 청구기간 내에 형을 상대로 상속회복청구소송을 제기해서 자신의 상속분을 되찾을 수 있습니다.

【관련판례】

상속회복청구의 상대방이 되는 참칭상속인이라 함은 정당한 상속권이 없음에도 재산상속인임을 신뢰케 하는 외관을 갖추고 있는 자나 상속인이라고 참칭하여 상속재산의 전부 또는 일부를 점유하고 있는 자를 가리키는 것으로서, 상속재산인 부동산에 관하여 공동상속인 중 1인 명의로 소유권이전등기가 경료된 경우 그 등기가 상속을 원인으로 경료된 것이라면 등기명의인의 의사와 무관하게 경료된 것이라는 등의 특별한 사정이 없는 한 그 등기명의인은 재산상속인임을 신뢰케 하는 외관을 갖추고 있는 자로서 참칭상속인에 해당된다고 할 것이나, 소유권이전등기에 의하여 재산상속인임을 신뢰케 하는 외관을 갖추었는지의 여부는 권리관계를 외부에 공시하는 등기부의 기재에 의하여 판단하여야 하므로, 등기부상 등기원인이 매매나 증여로 기재된 이상 재산상속인임을 신뢰케 하는 외관을 갖추었다고 볼 수 없다(대법원 1997.1.21. 선고 96다4688 판결 참조)(대법원 2008.6.26. 선고 2007다7898 판결).

Q 저는 아버지가 돌아가시고 형제들과 공동으로 아버지 명의의 토지를 상속받았습니다. 그런데 이 토지는 묘토에 속하는 것으로 제사 주재자인 제가 상속하여야 한다고 생각하여 형제들을 상대로 진정 명의회복을 원인으로 한 소유권이전등기청구의 소를 제기하려고 합니다. 그런데 통상 상속권이 침해된 경우에는 소 제기기간에 제한이 있는 것으로 알고 있는데, 저의 경우처럼 제사용 재산을 승계하는 경우에도 이와 같은 소 제기기간의 제한이 적용되는지요?

A 민법 제999조에 따르면, 일반적으로 상속 재산에 대한 권리가 침해된 경우에 상속권자 또는 그 법정대리인은 상속회복의 소를 제기할 수 있습니다. 상속회복청구권은 그 침해를 안 날로부터 3년, 상속권의 침해행위가 있은 날부터 10년을 경과하면 소멸된다고 규정하고 있습니다. 따라서 통상적인 상속의 경우에는 위와 같은 규정에 따라 소제기기간에 제한이 있습니다. 그런데 위 사례와 같은 호주승계의 경우에도 상속회복청구권의 제척기간에 대한 규정이 그대로 적용될 것인지가 문제됩니다. 구「민법」제996조는 호주상속의 효력으로서 분묘에 속한 1정보 이내의 금양임야와 6백평 이내의 묘토인 농지 등(제사용 재산)의 소유권은 호주상속인이 승계한다고 규정하였고, 제982조, 제999조는 호주상속권·재산상속권이 침해된 경우 상속회복청구권의 제척기간을 규정하였습니다. 그런데 1990년 개정 민법은 호주상속제도를 호주승계제도로 변경하면서도 종전 제사용 재산의 승계제도를 상속의 일반적 효력에 관한 제1008조의3으로 위치를 옮겨 규정하면서 '제사주재자의 제사용 재산 승계'제도로 그 내용을 변경하였고, 위 규정은 호주제가 폐지된 현행 민법 하에서도 유지되고 있습니다. 종래 해석론 중에는 위 규정을 상속과 별도의 제도로 취급하는 견해들도 있었지만, 제사용 재산, 특히 금양임야(禁養林野)의 승계를 상속의 일종으로 본 듯한 입장의 판례가 계속되어 왔습니다(대법원 1994.10.14. 선고 94누4059 판결). 또한 2006.7.4. 대법원은 입장을

보다 명백히 하여, 위 규정에 의한 승계는 본질적으로 상속에 속하는 것으로서 일가의 제사를 계속할 수 있게 하기 위하여 상속에 있어서의 한 특례를 규정한 것으로 보는 것이 상당하고, 따라서 그에 관하여 일반상속재산과는 다소 다른 특별재산으로서의 취급을 할 부분이 있기는 할 것이나, 상속을 원인으로 한 권리의무관계를 조속히 확정시키고자 하는 상속회복청구권의 제척기간 제도는 적용되어야 한다고 판시하였습니다(대법원 2006.7.27. 선고 2005다45452 판결). 한편, 제기하고자 하는 소의 형식이 어떠하든지 간에 그 실질이 상속재산의 회복을 목적으로 하는 것이라면 상속회복청구권의 행사로 보아 제척기간이 적용된다고 하는 것이 대법원의 입장입니다.

■ 상속회복청구의 소를 제기하고자 하는데 승소할 수 있는지요?

Q A는 1964.3.3. 사망하였고, 甲, 乙, 丙은 A의 상속인입니다. 그리고 A의 상속재산으로는 X토지가 있습니다. 그런데 丙은 1975.4.4. 자기가 A의 호주상속인이라고 신고하여 호적에 등재한 후, 민법 제996조에 따라 이 사건 토지를 승계하였다고 보존등기신청을 하여 1979.2.19. 丙 단독 명의로 등기를 마쳤습니다. 이 때 甲은 丙을 상대로 소송을 제기하고자 하는데 승소할 수 있는지요?

A 민법 제999조는 "① 상속권이 참칭상속권자로 인하여 침해된 때에는 상속권자 또는 그 법정대리인은 상속회복의 소를 제기할 수 있다. ② 제1항의 상속회복청구권은 그 침해를 안 날부터 3년, 상속권의 침해행위가 있은 날부터 10년을 경과하면 소멸된다."고 규정하고 있습니다.
그리고 이와 관련하여 대법원은 "진정한 상속인임을 전제로 그 상속으로 인한 재산권의 귀속을 주장하고, 참칭상속인 또는 자기들만이 재산상속을 하였다는 일부 공동상속인들을 상대로 상속재산인 부동산에 관한 등기의 말소 등을 청구하는 경우에 그 청구원인 여하에 불구하고 민법(1990.1.13. 법률 제4199호로 개정되기 전의 것) 제999조 소정의 상속회복청구의 소라고 해석할 것이다(대법원 1991.12.24. 선고 90다5740 전원합의체 판결).”라고 판시한 바 있습니다. 따라서 甲이 丙에게 소송을 제기하는 경우, 이는 상속회복청구권의 행사라고 보아야 하고, 민법 제999조 제2항의 제척기간이 적용되어 승소할 수 없습니다.

■ '상속권의 침해를 안 날'의 의미와 판단기준은 어떻게 되는지요?

Q 망인 A의 공동상속인 甲, 乙, 丙 사이의 상속재산분할심판 사건에서 甲의 소송대리권이 흠결된 채 화해조서 또는 조정조서가 작성되고 그에 기하여 乙명의로 소유권이전등기가 경료되었습니다. 이에 甲은 乙을 상대로 상속회복청구를 하려고 하는데, 제척기간의 기산점이 언제인지 궁금합니다.

A 민법 제999조 제2항은 “상속회복청구권은 그 침해를 안 날부터 3년, 상속권의 침해행위가 있은 날부터 10년을 경과하면 소멸된다.”고 규정하고 있습니다. 이와 관련하여 대법원은 “상속회복청구권의 제척기간 기산점이 되는 민법 제999조 제2항 소정의 '상속권의 침해를 안 날'이라 함은 자기가 진정한 상속인임을 알고 또 자기가 상속에서 제외된 사실을 안 때를 가리키는 것으로서, 단순히 상속권 침해의 추정이나 의문만으로는 충분하지 않으며, 언제 상속권의 침해를 알았다고 볼 것인지는 개별적 사건에 있어서 여러 객관적 사정을 참작하고 상속회복청구가 사실상 가능하게 된 상황을 고려하여 합리적으로 인정하여야 한다(대법원 2007.10.25. 선고 2007다36223 판결).”고 판시한 바 있습니다.

따라서 사안의 경우, 공동상속인 중 1인의 소송대리권이 흠결되었으므로 위와 같은 화해나 조정은 무효라 할 것이나, 그 조서에 확정판결과 같은 효력이 있는 이상 그 조서가 준재심에 의해 취소되기 전에는 당사자들로서는 위 화해나 조정의 무효를 확신할 수 없는 상태에 있다고 할 것이고, 그 후 소송대리권의 흠결 여부가 다투어진 끝에 준재심에 의해 화해조서나 조정조서가 취소되었다면, 나머지 공동상속인들은 그 준재심의 재판이 확정된 때에 비로소 공동상속인 중 1인에 의해 자신들의 상속권이 침해된 사실을 알게 되었다고 봄이 상당하므로, 상속회복청구권의 제척기간은 그때부터 기산됩니다.

■ 혼인외의 출생자의 인지에 의한 가액지급청구를 한 경우에도 상속회복청구권의 제척기간이 적용되는지요?

Q 부(父) A의 사망 후, 혼인외의 출생자인 甲은 검사를 상대로 인지청구를 하여 인지를 받고, 민법 제1014조에 의하여 가액지급을 청구하려는 상황입니다. 이 경우에도 상속회복청구권의 제척기간이 적용되는지요?

A 민법 제1014조는 "상속개시후의 인지 또는 재판의 확정에 의하여 공동상속인이 된 자가 상속재산의 분할을 청구할 경우에 다른 공동상속인이 이미 분할 기타 처분을 한 때에는 그 상속분에 상당한 가액의 지급을 청구할 권리가 있다."고 규정하고 있습니다. 이와 관련하여 대법원은 "민법 제1014조에 의한 피인지자 등의 상속분상당가액지급청구권은 그 성질상 상속회복청구권의 일종이므로 같은 법 제999조 제2항에 정한 제척기간이 적용되고, 같은 항에서 3년의 제척기간의 기산일로 규정한 '그 침해를 안 날'이라 함은 피인지자가 자신이 진정상속인인 사실과 자신이 상속에서 제외된 사실을 안 때를 가리키는 것으로 혼인외의 자가 법원의 인지판결 확정으로 공동상속인이 된 때에는 그 인지판결이 확정된 날에 상속권이 침해되었음을 알았다고 할 것이다(대법원 2007.07.26. 선고 2006므2757 판결)."고 판시한 바 있습니다.

따라서 사안의 경우 민법 제999조 제2항의 제척기간이 적용되며, 그 기산점은 인지판결이 확정된 날입니다.

Q 망인 A의 상속인으로 甲, 乙, 丙이 있고, 상속재산으로 X토지, Y 건물이 있습니다. 그런데 乙은 甲의 상속권을 부정하고 자기만이 상속권이 있다고 주장하며 X토지를 점유하고 있고, 丙는 역시 같은 이유로 Y토지를 점유하고 있는 상황입니다. 이에 甲은 乙과 丙을 상대로 상속회복청구의 소를 제기하려고 하는데, 乙에 대한 관계에서만 제척기간을 준수하면 되는 것인지, 아니면 乙과 丙 모두에 대한 관계에서 제척기간을 준수해야 하는지요?

A 사안의 경우, 상속회복청구권의 상대방이 수인인 경우에 제척기간 준수 여부를 판단하는 기준이 문제됩니다. 이와 관련하여 대법원은 "민법 제999조 제2항의 제척기간 준수 여부는 상속회복청구의 상대방별로 각각 판단하여야 할 것이어서, 진정한 상속인이 참칭상속인으로부터 상속재산에 관한 권리를 취득한 제3자를 상대로 제척기간 내에 상속회복청구의 소를 제기한 이상 그 제3자에 대하여는 민법 제999조에서 정하는 상속회복청구권의 기간이 준수되었으므로, 참칭상속인에 대하여 그 기간 내에 상속회복청구권을 행사한 일이 없다고 하더라도 그것이 진정한 상속인의 제3자에 대한 권리행사에 장애가 될 수는 없다(대법원 2009.10.15. 선고 2009다42321 판결)."고 판시한 바 있습니다. 따라서 甲이 상속회복청구의 소를 제기하기 위하여는 乙과 丙 모두에 대한 관계에서 제척기간 준수 여부를 검토해야 합니다.

■ 상속재산 일부에 관하여만 제척기간을 준수한 경우 상속회복청구권을 행사할 수는 없는지요?

Q 망인 A의 상속인으로 甲, 乙이 있고, 상속재산으로 X토지와 Y건물이 있습니다. 그런데 乙은 甲의 상속권을 부정하고 자기만이 상속권이 있다고 주장하며 X토지와 Y토지를 점유하고 있는 상황입니다. 이에 甲은 乙을 상대로 상속회복청구권의 제척기간 내에 X토지에 관해서만 소를 제기하여 승소했으나, Y토지 부분에 대하여는 제척기간이 도과한 상황입니다. 그렇다면 X토지 부분에 대한 상속회복청구권이 인용되었음을 이유로, 향후 Y토지 부분에 대하여 상속회복청구권을 행사할 수는 없는지요?

A 사안의 경우, 상속재산 일부에 대하여만 상속회복청구의 소를 제기하여 제척기간을 준수한 경우에 나머지 상속재산의 경우에도 그 준수의 효력이 미치는지 여부가 문제됩니다.

이와 관련하여 대법원은 "상속회복청구권의 경우 상속재산의 일부에 대해서만 제소하여 제척기간을 준수하였을 때에는 청구의 목적물로 하지 않은 나머지 상속재산에 대해서는 제척기간을 준수한 것으로 볼 수 없다(대법원 2007.07.26. 선고 2006므2757 판결)."고 판시한 바 있습니다.

따라서 甲은 X토지에 관하여 제척기간을 준수했다 하더라도, Y토지에 관하여는 제척기간이 이미 도과한 경우이므로, 동일 목적물에 대하여 별도의 상속회복청구의 소를 제기할 수 없습니다.

■ 상속회복청구의 소는 민사법원과 가정법원 중 어느 법원에 소를 제기해야 하는지요?

Q 상속회복청구의 소를 제기하려고 합니다. 민사법원과 가정법원 중 어느 법원에 소를 제기해야 하는지요?

A 상속회복청구는 종전에 가정법원의 심판사건이었으나, 1990년 가사소송법 제정으로 가정법원의 관할사항에서 제외되었습니다(가사소송법 제2조 참조). 따라서 현재 상속회복청구의 소를 제기하는 경우, 이는 가사사건이 아니라 민사사건이므로 가정법원이 아닌 민사법원에 소를 제기하여야 합니다. 다만, 상속재산 분할 후에 인지 등 재판의 확정에 의해 공동상속인이 된 자의 가액지급청구권에 대하여, 대법원은 상속회복청구의 성질을 갖는다고 보나(대법원 1993.8.24. 선고 93다12 판결), 이는 가사사건으로 규정되어 있어(가사소송규칙 제2조 제1항 제2호) 가정법원의 관할이 됩니다.

■ 제3자에 대한 상속회복청구권의 제척기간 기산일은 언제부터 인가요?

Q 저희 아버지는 자식으로 아들 삼형제를 두시고 12년 전 돌아가셨습니다. 그런데 동생인 甲이 아버지 사망 직후 상속재산분할협의서를 위조하여 단독 명의로 아버지 소유 재산에 대하여 소유권이전등기를 마쳤습니다. 저와 다른 동생 乙은 외국에 거주하고 있던 터라 아버지가 아무런 재산을 남겨두지 않으신 걸로 알고 이에 대해 모르고 있다가 5년전 뒤늦게 이 사실을 알고 아버지 명의의 부동산에 대하여 상속회복청구의 소를 제기하였으며, 이후 승소판결이 확정되었습니다. 그런데 위 소송 계속 중 등기명의인인 甲이 丙은행에 위 부동산을 담보로 근저당권설정등기를 마쳐 버렸습니다. 제가 위 은행을 상대로 등기명의인인 甲의 상속지분을 초과하는 지분에 대해서 근저당권설정등기의 말소를 구하는 소를 제기할 수 있을까요?

A 상속회복청구권의 행사기간을 상속개시일로부터 10년으로 규정하였던 구

「민법」제999조 제2항의 해당부분이 헌법재판소에서 위헌결정을 받은 후 (2001.7.19. 선고 99헌바9 등 결정), 개정 「민법(2002.1.14. 법률 제 6591호)」은 상속회복청구권의 행사시간을 상속권의 침해행위가 있은 날 부터 10년으로 규정하고 있습니다. 한편, 진정상속인이 참칭(僭稱)상속인 으로부터 상속재산을 양수한 제3자를 상대로 등기말소 등 청구를 하는 경우 상속회복청구권의 행사기간이 적용되므로(대법원 1981.1.27. 선고 79다854 전원합의체 판결), 상속재산인 부동산에 대한 제3자명의 근저 당권 설정 행위와 같은 침해행위가 이루어진 경우에도 위 행사기간 규정 이 적용됩니다. 그렇다면 다음으로 제3자를 상대로 하는 상속회복청구권 행사기간의 기산일이 최초 침해행위일(=참칭상속인의 등기일)인지, 아니 면 후속 침해행위일(=제3자의 등기일)인지가 문제되는데, 이에 관하여 판례는 "진정상속인이 참칭상속인의 최초 침해행위가 있은 날로부터 10 년의 제척기간이 경과하기 전에 참칭상속인에 대한 상속회복청구 소송에 서 승소의 확정판결을 받았다고 하더라도 위 제척기간이 경과한 후에는 제3자를 상대로 상속회복청구 소송을 제기할 수 없다."라고 판시하였습 니다(대법원2006.9.8.선고2006다26694판결). 이처럼 상속회복청구권 행 사기간의 기산일을 최초 침해행위일로 보는 판례의 견해에 따르면, 참칭 상속인인 甲의 최초 침해행위일(상속재산분할협의를 이유로 한 소유권이 전등기 경료일)로부터 10년이 경과한 경우, 이미 행사기간이 도과되어 丙은행에 대한 귀하의 상속회복청구권 행사가 불가능하고, 설령 甲에 대 한 상속회복청구의 소가 행사기간 내에 적법하게 제기되었다고 할지라도 丙은행으로부터 상속재산을 회복할 수는 없게 됩니다. 따라서 위와 같은 사태를 막기 위해서는 최초 침해일로부터 10년이 경과하기 전에 丙은행 을 상대로 상속회복청구의 소를 제기하고 그와 동시에 침해된 상속재산 에 대하여 처분금지가처분을 신청하는 등의 방법을 강구하여야 할 것으 로 보입니다.

Q 乙남과 수년간 동거하였으나 혼인신고를 하지 않았는데, 乙은 사망하기 전에 그의 사망 후 재산 중 3분의 1을 甲에게 증여하겠다는 유언공증을 해둔 후 사망하였습니다. 그런데 乙의 전처 소생인 상속인 丙과 丁은 乙이 사망하자마자 甲을 배제한 채 乙의 유산을 그들만이 상속하였습니다. 甲은 그러한 사실을 알고서도 乙이 사망한 후 5년이 지나도록 위 유산에 대하여 다투지 않았으나, 지금이라도 위 유산 중 甲의 몫을 찾을 수 있는지요?

A 포괄적 유증'이란 상속재산의 전부 또는 일부를 유증하면서 그 상속재산에 관한 권리와 의무 전부를 포괄하여 같이 이전하는 것을 말하며, 보통 유언에 의하여 상속재산의 전부 또는 몇 분의 1을 특정인에게 증여하는 방식으로 이루어집니다. 한편 포괄적수증자의 권리의무에 관하여 「민법」제1078조는 "포괄적 유증을 받은 자는 상속인과 동일한 권리의무가 있다."라고 규정하고 있고, 상속인의 상속회복청구권에 관하여 「민법」제999조는 "①상속권이 참칭상속권자로 인하여 침해된 때에는 상속권자 또는 그 법정대리인은 상속회복의 소를 제기할 수 있다. ②제1항의 상속회복청구권은 그 침해를 안 날부터 3년, 상속권의 침해행위가 있은 날부터 10년을 경과하면 소멸된다."라고 규정하고 있습니다. 사안에서 甲은 乙이 사망한 후 5년이 경과된 시점에서 乙의 유언에 따른 3분의 1 지분을 회복하고자 하는바, 판례는 "상속인의 상속회복청구권 및 그 제척기간에 관하여 규정한 민법 제999조는 포괄적 유증의 경우에도 유추 적용된다."라고 하여(대법원 2001.10.12. 선고 2000다22942 판결) 이 경우에도 민법 제999조가 적용된다고 하였습니다. 결국 甲은 '乙의 상속인인 丙과 丁이 甲의 수증재산을 침해한 사실'을 알고서도 5년이 지나도록 그 회복을 청구하지 않았으므로 丙과 丁으로부터 자신의 몫을 반환받기 어려울 것으로 보입니다.

Q 甲과 乙은 1O년 전 사망한 아버지 丙의 공동상속인인데, 최근 乙이 아버지 丙명의로 남아있던 임야를 자기의 단독명의로 상속등기를 하였습니다. 그리하여 甲은 자기의 상속권을 침해받았다며 위 乙명의의 상속등기말소청구소송을 제기하려고 하는바, 이와 같이 상속권의 침해행위가 상속개시의 날로부터 1O년이 지난 시점에서 이루어진 경우에도 가능한지요?

A 「민법」제999조는 "①상속권이 참칭상속권자로 인하여 침해된 때에는 상속권자 또는 그 법정대리인은 상속회복의 소를 제기할 수 있다. ②제1항의 상속회복청구권은 그 침해를 안 날부터 3년, 상속권의 침해행위가 있은 날부터 10년을 경과하면 소멸된다."라고 규정하고 있습니다.

그러므로 상속권자는 자기의 상속권이 침해를 받은 경우 그 침해를 안 날부터 3년, 상속권의 침해행위가 있은 날부터 10년 내에 상속회복의 소를 제기할 수 있을 것입니다. 그런데 위 사안에서 乙이 단독으로 상속등기를 한 행위가 무효임을 주장하며 제기한 甲의 말소등기청구소송이 위 규정상의 상속회복청구에 해당되는지 문제됩니다. 만약 해당된다면 10년의 제척기간이 적용되기 때문입니다. 이에 관하여 판례는 "재산상속에 관하여 진정한 상속인임을 전제로 그 상속으로 인한 지분권 등 재산권의 귀속을 주장하고, 자기들만이 재산상속을 하였다는 일부 공동상속인을 상대로 상속재산인 부동산에 관한 등기의 말소 등을 청구하는 경우에 그 소유권 또는 지분권이 귀속되었다는 주장이 상속을 원인으로 하는 것인 이상 그 청구원인 여하에 불구하고 이는 구 민법(1990.1.13. 법률 제4199호로 개정되기 전의 것)제999조 소정의 상속회복청구의 소로 보아야 한다."라고 하였습니다(대법원 1991.12.24.선고 90다5740 판결, 대법원 1994.10.21. 선고 94다18249 판결, 대법원 2004.7.22. 선고 2003다49832 판결 등). 따라서 위 甲이 단독으로 상속등기한 乙을 상대로 甲의 상속지분에 상응하는 부분을 원인무효라고 주장하여 그 부분에 대한 乙의 등기를 말소하라는 청구도 상속회복청구라고 보아야 할 것입니다. 그리고 乙이 상속개시일로부터 10년이 지난 시점에서 甲의 상속권을 침해하였더라도 「민법」제999조 제2항은 상속권의 침해행위시를 제척기간의 기산일(시작일)로 삼고 있으므로 상속권의 침해행위가 있은 날(주어진 사안에서는 乙이 단독명의로 상속등기를 한 시점이 될 것입니다)로부터 10년이 지나지 않았고, 그 상속권 침해를 안 날로부터 3년이 지나지 않았다면, 상속회복청구에 근거하여 甲이 乙을 상대로 甲의 상속지분에 상응하는 만큼 乙의 등기를 말소하라는 청구를 할 수 있을 것입니다.

■ 북한주민의 상속회복청구권의 제척기간은 어떻게 계산하나요?

Q 북한에서 거주하다 2006년 12월 31일 사망한 망인 A의 딸 甲이 2009년경 남한에 입국하여 '망인의 모와 형제자매들이 1961년 망인의 부친 사망 당시 망인을 제외한 채 상속재산에 대하여 소유권 이전등기를 마침으로써 망인의 상속권을 침해하였다'고 주장하면서 2011년경 망인 A의 공동상속인들을 상대로 상속회복청구의 소를 제기하였는바, 이 사건 소 제기가 적법한지요?

A 안의 경우, 북한주민의 상속회복청구권에 관하여 규정한「남북 주민 사이의 가족관계와 상속 등에 관한 특례법」(이하 '남북가족특례법') 제11조 제1항의 해석과 관련하여, 민법 제999조 제2항에서 정한 "상속권의 침해행위가 있은 날부터 10년"이 경과한 경우 북한주민이 상속회복청구권을 행사할 수 있는지가 문제됩니다. 이와 관련하여 대법원은 "상속회복청구에 관한 제척기간의 취지, 남북가족특례법의 입법목적 및 관련 규정들의 내용, 가족관계와 재산적 법률관계의 차이, 법률해석의 한계 및 입법적 처리 필요성 등의 여러 사정을 종합하여 보면, 남북가족특례법 제11조 제1항은 피상속인인 남한주민으로부터 상속을 받지 못한 북한주민의 상속회복청구에 관한 법률관계에 관하여도 민법 제999조 제2항의 제척

기간이 적용됨을 전제로 한 규정이라 할 것이며, 따라서 남한주민과 마찬가지로 북한주민의 경우에도 다른 특별한 사정이 없는 한 상속권이 침해된 날부터 10년이 경과하면 민법 제999조 제2항에 따라 상속회복청구권이 소멸한다고 해석된다(대법원 2016.10.19. 선고 2014다46648 판결)."고 판시한 바 있습니다. 따라서 북한주민의 상속회복청구권에 대하여도 민법 제999조 제2항이 적용된다는 판례의 태도에 의하면, 이 사건 소는 망인의 상속권이 침해된 때로부터 10년이 경과한 후 제기되었으므로 부적법합니다.

■ 중혼이 취소된 경우 상속회복청구권이 인정되는지요?

Q 甲은 1970년 4월경 A와 혼인신고를 마치고 그와의 사이에서 1972년 12월 15일에 乙을 낳았습니다. 그런데 A는 2000년 1월경 丙과도 혼인신고를 하고 동거하던 중 2005년 7월 1일에 사망하였습니다. 甲은 A의 사망 후 중혼을 이유로 A와 丙 사이의 혼인취소청구를 하여 승소확정판결을 받았습니다. 이 경우 상속과 관련한 甲과 丙 사이의 법률관계는 어떻게 되는지요?

A 중혼상태에 있는 일방배우자가 전혼의 타방배우자의 상속인이 될 수 있는지 여부와 관련하여 판례는 "갑에 대한 실종선고가 내려짐으로써 사망 간주되기 이전에 그의 처인 을이 갑과의 혼인이 해소되지 않은 상태에서 다시 병과 혼인하여 중혼상태에 빠져 있었다 하더라도 갑과의 전혼이 취소되지 아니한 이상 전혼의 타방배우자인 갑의 재산을 상속할 자격이 상실된다고는 할 수 없다(춘천지방법원 1991.12.11. 선고 91가단486 판결)."고 판시하여 이를 긍정한 바 있습니다. 따라서 丙의 후혼은 중혼을 이유로 취소되기까지는 전혼과 동일한 보호를 받으므로, 중혼배우자 A가 사망할 당시 전혼의 생존 배우자 甲과 직계비속인 乙, 그리고 후혼의 생존 배우자 丙 모두가 상속권을 갖습니다. 한편, 혼인취소의 소급효는 인정되지 않는다는 점에 비추어 볼 때 중혼취소판결이 확정되었다고 하더

라도 丙의 공동상속인으로서의 지위는 여전히 유지됩니다. 따라서 중혼의 경우 생존 배우자들인 甲과 丙의 상속비율에 대해서 실무는 각 배우자가 1.5의 1/2씩의 상속지분을 갖는다고 판단하므로, 각 상속인들의 상속분은 甲(0.75), 乙(1), 丙(0.75)가 됩니다.

제4장

상속의 승인·포기는 어떤방법으로 하나요?

제4장
상속의 승인·포기는 어떤방법으로 하나요?

1. 상속의 승인 · 포기 결정

1-1. 상속재산의 조사

① 상속인은 승인 또는 포기를 하기 전에 상속재산을 조사할 수 있습니다(「민법」 제1019조제2항).

② 피상속인 명의의 예금, 대출, 보증, 증권계좌, 보험계약, 신용카드 관련 채무가 있는지의 여부는 금융감독원 본원 1층 금융민원센터 및 각 지원 또는 다음의 각 금융협회에서 [상속인 등에 대한 금융거래조회(클릭)]를 통해 파악할 수 있습니다.

③ 또한, 상속인은 금융거래내역, 국세 및 지방세 체납액·미납액·환급액, 국민연금·공무원연금·사립학교교직원연금 가입여부, 자동차 소유여부, 토지 소유내역 등 사망자 재산을 시·구, 읍·면·동에서 한 번에 통합 신청할 수 있습니다.

④ 신청은 시·구청 및 읍·면·동 주민센터에 직접 방문하거나 정부24(위 '사망자 등 재산조회 통합처리 신청')에 접속하여 할 수 있습니다.

1-2. 상속의 승인·포기의 결정

① 상속인이 상속재산을 조사한 뒤 상속으로 인하여 물려받을 재산과 채무를 비교하여 다음과 같이 상속의 승인·포기 등을 결정하는 것이 좋습니다.

상속재산의 조사 결과	상속의 승인·포기의 결정
재산 > 채무	상속의 단순승인
재산 ? 채무	상속의 한정승인
재산 < 채무	상속의 포기

② "상속의 단순승인"이란 상속의 효과를 거부하지 않는다는 의사표시를 말합니다. 상속인이 상속의 단순승인을 한 때에는 제한 없이 피상속인의 권리의무를 승계합니다(「민법」 제1025조).

③ "상속의 한정승인"이란 상속인이 상속으로 취득하게 될 재산의 한도에서 피상속인의 채무와 유증을 변제할 것을 조건으로 상속을 승인하려는 의사표시를 말합니다. 상속인이 상속의 한정승인을 한 때에는 상속채무가 상속으로 얻게 되는 적극재산을 초과하는 경우에도 상속인 본인의 재산으로 이를 변제할 의무가 없습니다.

④ "상속의 포기"란 상속개시에 따라 피상속인에게 속하던 재산상의 권리·의무의 일체가 상속인에게 당연히 이전되는 상속의 효과를 거부하는 행위를 말합니다. 상속인이 상속의 포기를 한 때에는 그는 처음부터 상속인이 아니었던 것이 됩니다.

■ 상속은 언제까지 포기해야 하나요?

Q 상속포기신고 당시 미성년자인 후순위상속인들 A, B의 법정대리인인 제가 상속제도에 관한 법률의 부지 및 법무사의 잘못된 조언 등으로 인하여 저를 포함한 선순위상속인 C, D들만 상속포기신고를 하고 후순위상속인들인 A, B의 상속포기신고를 하지 않았습니다. 이 경우 불쌍한 A, B는 상속포기의 기간이 경과되었나요?

A 민법 제1019조 제1항에 따라 상속인은 상속개시있음을 안날로부터 3개월 내에 포기를 할 수 있습니다. 한편 판례는 "후순위상속인들은 선순위

상속인들의 상속포기신고로 자신들이 상속인이 된 사실을 알았다고 할 수 없고, 나중에 피상속인의 채권자가 제기한 소송의 관련 서류를 송달받고나서야 비로소 자신들이 상속인이 된 사실을 알았다고 봄이 상당하다"(서울고등법원 2005.7.15. 선고 2005나7971 판결)고 하고 있습니다. 따라서 귀하가 상속포기신고한 때로부터 기산되지 않으니 안심하시기 바랍니다.

■ 상속의 한정승인과 상속의 포기의 차이는 무엇인가요?

Q 상속의 한정승인과 상속의 포기의 차이는 무엇인가요?

A 상속의 한정승인이 되면 상속재산의 한도에서 상속채무 또는 유증을 변제하면 되지만, 상속인은 여전히 상속인으로 남습니다. 따라서 한정승인자도 단순승인을 한 상속인과 마찬가지로 상속세를 부담합니다. 그러나 한정승인자가 상속재산의 한도에서 상속채무 또는 유증을 변제하고 나면 변제하지 못한 채무가 있다 하더라도 그 청산절차의 종료로 한정승인자는 상속채무에 대해서 더 이상 책임지지 않아도 됩니다.

반면에 상속을 포기하면 그 상속인은 더 이상 상속인이 되지 않습니다. 그러나 상속재산은 다음 순위의 상속인에게 넘어가게 됩니다. 따라서 자신이 상속을 포기했다고 해서 피상속인의 채무가 모두 소멸하는 것은 아니고, 후순위의 상속인이 되는 자신의 어린 자녀가 이를 상속받을 수 있음을 주의해야 합니다. 즉, 상속을 포기할 때에는 후순위 상속인까지 모두 상속을 포기하는 것이 좋습니다.

Q 부친의 사망으로 상속문제가 발생하였는데 상속재산보다 부채가 다 많은 것 같습니다. 이런 경우 상속포기를 하면 된다고 하더군요. 상속포기는 어떤 절차가 필요한가요?

A 상속이 개시되면 피상속인의 재산상의 모든 권리와 의무는 상속인의 의사와는 관계없이 법률상 모두 상속인이 물려받게 됩니다. 상속재산이 부채보다 많다면 별 문제가 없으나, 부채가 상속 재산보다 많은 경우에도 상속인의 의사를 무시하고 자산과 부채를 모두 상속인에게 승계시킨다면 이는 매우 가혹한 일입니다. 왜냐하면 상속재산으로 피상속인의 채무를 전부 갚지 못하므로 상속인 자기의 고유재산을 가지고 갚아야 하기 때문입니다. 따라서 민법에서는 상속포기제도를 두어 상속인을 보호하고 있습니다.

◎ 상속포기

상속을 포기하고자 하는 경우에는 상속개시가 있음을 안 날로부터 3개월 내에 가정법원에 상속포기 신고를 해야 합니다. 그러나 이 기간은 이해관계인 또는 검사의 청구에 의하여 가정법원이 이를 연장할 수 있습니다. 공동상속의 경우에도 각 상속인은 단독으로 상속을 포기할 수 있습니다. 상속을 포기하면 처음부터 상속인이 아니었던 것으로 봅니다. 즉, 피상속인의 재산상의 모든 권리와 의무는 상속을 포기한 자에게는 승계되지 아니합니다.

◎ 한정승인

상속재산으로 자산이 많은지 부채가 많은지 불분명한 때에는 상속으로 인하여 취득할 재산의 한도 내에서 피상속인의 채무를 변제할 것을 조건으로 상속을 승인할 수 있는데 이를 '한정승인'이라 합니다. 따라서 한정승인을 하게 되면 상속재산보다 부채가 많다 하더라도 상속인 고유재산을 처분하면서까지 피상속인의 채무를 변제하지 않아도 됩니다.

상속인이 한정승인을 하고자 하는 경우에도 상속개시가 있음을 안 날로부터 3개월 이내에 상속재산의 목록을 첨부하여 상속개시지의 가정법원에 한정승인의 신고를 하여야 합니다. 다만, 상속인에게 중대한 과실이 없이 상속채무가 상속재산을 초과하는 사실을 상속개시일로부터 3개월 이내에 알지 못한 경우에는 그 사실을 안 날로부터 3개월 이내에 한정승인을 할 수 있습니다. 상속포기나 한정승인은 직접적으로 상속세를 절세하는 방법은 아니나, 상속재산보다 부채가 많은 경우에는 상속포기나 한정승인 제도를 이용하면 상속인의 재산을 보호할 수 있습닙니다.

■ 상속재산보다 부채가 많은 경우에도 상속을 받아야 하나요?

Q 상속세와 관련하여 한 가지 문의를 드립니다. 상속재산보다 부채가 많은 경우에도 상속을 받아야 하나요?

A 일단 상속이 개시되면 피상속인의 재산상의 모든 권리와 의무는 상속인의 의사와는 관계없이 법률상 모두 상속인이 물려받게 됩니다. 상속재산이 부채보다 많다면 별 문제가 없으나, 부채가 상속 재산보다 많은 경우에도 상속인의 의사를 무시하고 자산과 부채를 모두 상속인에게 승계시킨다면 매우 가혹한 처사일 것입니다. 왜냐하면 상속재산으로 피상속인의 채무를 전부 갚지 못하므로 상속인 자기의 고유재산을 가지고 갚아야 하기 때문입니다. 따라서 민법에서는 상속포기제도를 두어 상속인을 보호하고 있습니다.

첫째는 상속포기제도입니다. 상속을 포기하고자 하는 경우에는 상속개시가 있음을 안 날로부터 3개월 내에 가정법원에 상속포기 신고를 해야합니다. 그러나 이 기간은 이해관계인 또는 검사의 청구에 의하여 가정법원이 이를 연정할 수 있습니다. 공동상속의 경우에도 각 상속인은 단독으로 상속을 포기할 수 있습니다. 상속을 포기하면 처음부터 상속인이 아니었던 것으로 됩니다. 즉, 피상속인의 재산상의 모든 권리와 의무는 상속을 포기한 자에게는 승계되지 아니합니다.

둘째는 한정승인입니다. 상속재산으로 자산이 많은지 부채가 많은지 불분명한 때에는 상속으로 인하여 취득할 재산의 한도 내에서 피상속인의 채무를 변제할 것을 조건으로 상속을 승인할 수 있는데 이를 한정승인이라고 합니다. 따라서 한정승인을 하게 되면 상속재산보다 부채가 많다 하더라도 상속인 고유재산을 처분하면서까지 피상속인의 채무를 변제하지 않아도 됩니다. 상속인이 한정승인을 하고자 하는 경우에도 상속개시가 있음을 안 날로부터 3개월 이내에 상속재산의 목록을 첨부하여 상속개시지의 가정법원에 한정승인의 신고를 하여야 합니다. 다만, 상속인에게 중대한 과실이 없이 상속채무가 상속재산을 초과하는 사실을 상속개시일로부터 3개월 이내에 알지 못한 경우에는 그 사실을 안 날로부터 3개월 이내에 한정승인을 할 수 있습니다. 상속포기나 한정승인은 직접적으로 상속세를 절세하는 방법은 아니나 상속재산보다 부채가 많은 경우에는 상속포기나 한정승인 제도를 이용하면 상속인의 재산을 보호할 수 있습니다.

■ 상속재산보다 채무가 많은 경우 어떻게 해야 하나요?

Q 상속재산보다 채무가 많은 경우 어떻게 해야 하나요?

A 상속이 개시되면 피상속인의 재산상의 모든 권리·의무는 일신 종속적인 것을 제외하고는 상속인의 의사와는 관계없이 법률상 당연히 포괄적으로 상속인에게 승계되는 것이지만, 상속재산의 구성이 적극적재산보다 소극적재산(채무)이 많은 경우 상속인의 의사를 무시하고 법률상 당연히 상속인에게 포괄적으로 승계시키는 것은 상속인에게 부담이 되므로, 민법은 이러한 경우에 상속인을 보호하기 위하여 상속포기 또는 한정승인 등의 제도를 두고 있으므로 이러한 제도를 이용할 수 있습니다.

① 단순승인 : 피상속인의 권리·의무를 무제한·무조건으로 승계하는 상

속형태로서 민법에서는 상속인이 의사표시 없이 3개월간의 고려기간
이 경과하면, 단순승인한 것으로 봅니다

② 한정승인: 상속인이 상속받은 재산의 한도내에서 피상속인의 채무와
유증을 변제할 조건으로 상속을 승인하는 것을 말하는 것이며, 이는
상속개시를 안 날로부터 3월 이내에 상속재산의 목록을 첨부하여 상
속개시지의 가정법원에 한정승인 신고를 하여야 합니다.

③ 상속의 포기: 상속인으로서의 효력인 피상속인의 재산에 대한 모든 권
리·의무의 승계를 부인하고, 상속개시 당시부터 상속인이 아니었던
것과 같은 효력을 발생하려는 단독의 의사표시로서, 이는 상속개시
가 있음을 안 날로부터 3월 이내에 가정법원에 상속포기 신고를 하여
야 합니다.

④ 승인, 포기의 취소금지: 일단 상속의 승인이나 포기를 한 경우에는 3
월의 기간 내에도 이를 취소할 수 없습니다.

■ 사망자의 생명보험금이 상속포기의 대상이 되는지요?

Q 저희 부친은 사업을 하시다가 실패하여 많은 채무를 지고 채권자들
로부터 독촉을 받아 오던 중 얼마 전 돌아가셨습니다. 저희 능력으
로는 부친이 남긴 채무를 갚을 길이 없어 상속포기신고를 하였습니
다. 하지만 부친께서 생전에 보험수익자를 저로 하여 생명보험을
들어 놓은 것이 있는데 제가 보험금을 수령할 수 있는지요?

A 피상속인이 남긴 상속재산 중 적극적 재산보다 소극적 재산, 즉 채무가
많아 자식들이 이와 같은 권리·의무를 승계하지 않으려면 상속인은 상속
개시 있음을 안 날로부터 3월내에 피상속인의 최후 주소지 관할 법원에
상속포기신고를 할 수 있습니다(민법 제1019조 제1항). 상속포기를 하면
피상속인의 사망으로 일단 발생한 상속의 효력, 즉 권리·의무의 승계는
부인되고 처음부터 상속인이 아니었던 것과 같이 되며, 일단 상속을 포
기한 후에는 이를 다시 취소하지 못합니다(민법 제1024조 제1항, 제

1042조). 피상속인의 생명보험금이 상속재산에 속하는지에 관하여 판례는 "보험계약자가 피보험자의 상속인을 보험수익자로 하여 맺은 생명보험계약에 있어서 피보험자의 상속인은 피보험자의 사망이라는 보험사고가 발생한 때에는 보험수익자의 지위에서 보험자에 대하여 보험금 지급을 청구할 수 있고, 이 권리는 보험계약의 효력으로 당연히 생기는 것으로서 상속재산이 아니라 상속인의 고유재산이라고 할 것이다."라고 하여 (대법원 2004.7.9. 선고 2003다29463 판결), 상속인의 보험금청구권은 상속재산이 아니라 상속인의 고유재산으로 보고 있습니다. 또한, 위 판례는 "생명보험의 보험계약자가 보험수익자의 지정권을 행사하기 전에 보험사고가 발생하여 상법 제733조에 의하여 피보험자의 상속인이 보험수익자가 되는 경우에도 마찬가지이다."라고 하여 보험계약자가 보험수익자를 지정하지 않은 경우에도 상속인의 보험금청구권을 상속재산이 아니라 상속인의 고유재산으로 보고 있습니다. 따라서 귀하는 상속포기신고를 하였더라도 생명보험금을 수령할 수 있을 것으로 보입니다.

■ 상속포기서 목록에 상속재산이 누락된 경우 상속포기의 효력이 미치지 않는지요?

Q 저는 부친이 빚을 많이 남긴 채 사망하여 가정법원에 상속포기신고를 하였고 이는 수리되었습니다. 그런데 상속포기서에 첨부된 재산목록에서 누락된 부동산이 있는바, 그 부동산에는 상속포기의 효력이 미치지 않는지요?

A 상속인이 상속포기를 할 경우 상속개시시점부터 상속인이 아니었던 것으로 됩니다(민법 제1042조). 따라서 피상속인의 적극재산 뿐만 아니라 소극재산까지 포괄적으로 상속을 포기한 것으로 됩니다. 한편 판례는 상속포기서에 첨부된 재산목록에서 누락된 상속재산에도 상속포기의 효력이 미치는지 여부와 관련하여 "상속의 포기는 상속인이 법원에 대하여 하는 단독의 의사표시로서 포괄적 무조건적으로 하여야 하므로 상속포기는 재산목록을 첨부하거나 특정할 필요가 없다고 할 것이고, 상속포기서에 상

속재산의 목록을 첨부하였다고 하더라도 그 목록에 기재된 부동산 및 누락된 부동산의 수효 등과 제반 사정에 비추어 상속재산을 참고자료로 예시한 것에 불과하다고 보여지는 이상, 포기 당시 첨부된 재산목록에 포함되어 있지 않은 재산의 경우에도 상속포기의 효력은 미친다."라고 하였습니다(대법원 1995.11.14. 선고 95다27554 판결). 따라서 위 사안의 경우처럼 설령 상속포기신고서에 첨부된 재산목록에서 제외된 부동산이 존재한다고 하더라도 이 역시 상속포기효력이 미친다고 보아야 할 것입니다.

[서식] 상속재산포기 심판청구서

상속재산포기 심판청구서

청 구 인(상속인)

  1. 성   명 :   주민등록번호 :   -
     주   소 :
     송달장소 :   (전화번호:)

  2. 성   명 :   주민등록번호 :   -
     주   소 :
     송달장소 :   (전화번호:)

  3. 성   명 :   주민등록번호 :   -
     주   소 :
     송달장소 :   (전화번호:)

청구인   은(는) 미성년자이므로 법정대리인 부 ○ ○ ○
                                      모 ○ ○ ○
                               (전화번호:)

사건본인(피상속인)

    성   명 :   주민등록번호 :   -
    사 망 일 자 :
    최 후 주 소 :

청 구 취 지

청구인들이 피상속인 망   의 재산상속을 포기하는 신고는 이를
수리한다.
라는 심판을 구합니다.

청 구 원 인

[1순위 상속인인 경우]

청구인들은 피상속인 망   의 재산상속인으로서 20 . . . 상속개시가 있음을 알았는바, 민법 제1019조에 따라 재산상속을 포기하고자 이 심판청구에 이른 것입니다.

[차순위 상속인인 경우]

청구인들은 피상속인 망   의 차순위 재산상속인으로서 선순위 상속인들이 모두 상속을 포기함으로써 20 . . . 상속개시가 있음을 알았는바, 민법 제1019조에 따라 재산상속을 포기하고자 이 심판청구에 이른 것입니다.

첨 부 서 류

1. 청구인들의 가족관계증명서, 주민등록등본   각 1통
2. 청구인들의 인감증명서(또는 본인서명사실확인서)   각 1통
 ※ 청구인이 미성년자인 경우 법정대리인(부모)의 인감증명서를 첨부함
3. 피상속인의 폐쇄가족관계등록부에 따른 기본증명서, 가족관계증명서   각 1통
4. 피상속인의 말소된 주민등록등본   1통
5. 가계도(직계비속이 아닌 경우)   1부

20 . . .

위 청구인   1.   ㊞ (인감 날인)
              2.   ㊞ (인감 날인)
              3.   ㊞ (인감 날인)

      청구인   은(는) 미성년자이므로

법정대리인   부   ㊞ (인감 날인)
              모   ㊞ (인감 날인)

○○법원 귀중

상속포기신고의 취소 심판청구서

사건번호 20느단   상속포기(취소심판의 대상이 되는 재판)
청 구 인(상속인)   (☎ :   )

  성   명 :   주민등록번호 :
  주   소 :
  송달 장소 :
사건본인(피상속인)

  성   명 :   주민등록번호 :
  사망 일자 :
  최후 주소 :

청 구 취 지

  청구인이 20 년 월 일 이 법원에 신고하여서 한 피상속인 망 에 대한 상속포기의 취소신고는 이를 수리한다.
라는 심판을 구합니다.

청 구 원 인

1. 청구인은 피상속인 장녀이고 상속인은 피상속인의 자 ○○○ 외 2명입니다. ○○○은 청구인에게 상속포기를 하면 청구인의 상속지분을 금액으로 평가하여 현금으로 지급하겠다고 말하므로 청구인은 이를 믿고____년__월__일 귀원 20느단 제 호로 상속포기신고를 하여 귀원에서 이를 수리하였습니다.

2. 그러나 ○○○는 상속재산을 단독으로 상속받은 후 청구인의 상속지분액에 해당하는 현금을 지급하지 않아 금전지급을 독촉 하였으나 ○○○은 이를 거절하면서 위 금전지급을 약속한 사실조차 부인하고 있습니다. 청구인은 그때서야 기망당한 사실을 알게 되었고,

3. 따라서 청구인의 상속포기신고는 ○○○의 기망에 의하여 착 오로한 의사표시이므로 이를 취소하고자 청구취지와 같이 심판 을 구하게 되었습니다.

첨 부 서 류

1. 청구인의 가족관계증명서, 주민등록표등(초)본 각   1통
1. 피상속인의 폐쇄가족관계등록부에 따른 기본증명서, 가족관계증명서   각 1통
1. 피상속인의 말소된 주민등록표등(초)본   1통
1. 상속포기심판정(등)본   1통

20 . . .
청구인   (서명 또는 인감날인)

(※ 주의 : 서명할 경우 본인서명사실확인서에 등록한 서명과 같은 글씨체로 서명을 하여야 하며, 날인할 경우 반드시 인감도장을 날인하여야 합니다.)

서울○○법원   귀중

☞ 유의사항
 1. 관할법원은 사건본인(피상속인)의 최후주소지 가정법원입니다.
 2. 피상속인이라 함은 사망자를 뜻합니다.
 3. 청구서에는 청구인 각 5,000원의 수입인지를 붙여야 합니다.
 4. 송달료는 송달료취급은행에 납부하고 납부서를 첨부합니다.
 5. ☎ 란에는 연락 가능한 휴대전화번호(전화번호)를 기재하시기 바랍니다.

2. 상속의 단순승인

2-1. 상속의 단순승인의 개념

① "상속의 단순승인"이란 상속의 효과를 거부하지 않는다는 의사표시를 말합니다.

② 상속인이 상속의 단순승인을 한 때에는 제한 없이 피상속인의 권리의무를 승계합니다(「민법」제1025조).

2-2. 법정단순승인

① 다음의 사유가 있는 경우에는 상속인이 단순승인을 한 것으로 봅니다(「민법」제1026조).

　　1. 상속인이 상속재산에 대한 처분행위(處分行爲)를 한 때(예를 들어, 상속재산인 부동산을 다른 사람에게 팔고 등기를 넘겨준 경우, 상속재산인 주식을 매각한 경우, 상속재산인 예금채권으로 자신의 빚을 갚은 경우 등)

　　2. 상속인이 상속 승인 등의 고려기간(「민법」제1019조제1항) 내에 한정승인 또는 포기를 하지 않은 때

　　3. 상속인이 한정승인 또는 포기를 한 후에 상속재산을 은닉(隱匿)하거나 부정소비(不正消費)하거나 고의로 재산목록에 기입하지 않은 때

② 법정단순승인의 예외

　　상속인이 상속을 포기함으로써 다음 순위 상속인이 상속을 승인한 때에는 상속을 포기한 사람이 상속재산을 부정소비(不正消費)하여도 상속의 승인이 되지 않습니다(「민법」제1027조).

2-3. 상속의 단순승인 기간

① 상속인은 상속개시 있음을 안 날로부터 3개월 내에 단순승인을 할 수 있습니다. 그러나 그 기간은 이해관계인 또는 검사의 청구

에 의하여 가정법원이 이를 연장할 수 있습니다(「민법」 제1019조
제1항).

② 참고적으로 단순승인은 한정승인이나 상속포기를 이 기간 내에
하지 않은 경우에도 한 것으로 보기 때문에(「민법」 제1026조제2
호) 조기에 단순승인을 해야 할 특별한 이유가 없다면 이 기간
내에 하지 않아도 무방합니다.

③ '상속개시 있음을 안 날'이란 상속개시의 원인이 되는 사실의 발
생을 알고 이로써 상속인이 되었음을 안 날을 말합니다(대법원
2006.2.10. 선고 2004다33865,33872 판결).

④ 상속의 단순승인을 위한 기간연장허가
청구권자는 상속채권자 등 이해관계인 또는 검사입니다(「민법」
제1019조제1항 단서). 청구기간은 상속개시 있음을 안 때부터 3
개월 이내입니다. 관할법원은 상속개시지의 가정법원입니다(「가사
소송법」 제44조제1항제6호).

상속승인기간연장허가청구

청 구 인   ○ ○ ○
              19○○년 ○월 ○일생
              등록기준지   ○○시 ○○구 ○○길 ○○
              주소   ○○시 ○○구 ○○길 ○○(우편번호)
              전화   ○○○ - ○○○○

피상속인   △ △ △
              19○○년 ○월 ○일생
              등록기준지   ○○시 ○○구 ○○길 ○○
              주소   ○○시 ○○구 ○○길 ○○(우편번호)
              전화   ○○○ - ○○○○

청 구 취 지

청구인의 재산상속승인기간을 20○○년 ○○월 ○○일까지 2개월 연장한다.
라는 심판을 구합니다.

청 구 원 인

청구인은 피상속인의 자이고 피상속인은 20○○년 ○월 ○일 사망으로 상속이 개시되었으나 상속재산이 여러 곳에 산재되어 있을 뿐만 아니라 승계할 채무액도 접수 중에 있으므로 3개월 내에 승인여부를 판단할 수 없어 청구취지와 같은 심판을 구합니다.

첨 부 서 류

1. 기본증명서(망△△△)   각 1통

         1. 가족관계증명서(청구인)   각 1통
         1. 주민등록말소자초본(망△△△)   1통
         1. 주민등록등본(청구인)   1통
         1. 인감증명서(청구인)   1통

              20○○년 ○월 ○일
                 위 청구인   ○ ○ ○ (인감도장)

○ ○ 가 정 법 원 귀중

■ 상속포기신고를 수리하는 심판이 고지되기 전 상속재산을 처분한 경
우 단순승인이 되는지요?

Q 甲은 남편이 사망하자 가정법원에 상속포기 신고를 하였습니다. 그
런데 갑은 상속포기신고를 수리하는 심판이 고지되기 전에 남편 소
유였던 오토바이를 처분하였습니다. 1년 후 남편의 채권자 乙이
나타나 남편이 빌려간 1,000만 원을 갚으라고 주장하였습니다. 甲
은 상속포기신고를 하였는데도 乙에게 위 금원을 지급할 의무가 있
나요?

A 상속의 포기는 상속이 개시된 때에 소급하여 그 효력이 있습니다(민법
제1042조). 따라서 상속을 포기한 자는 처음부터 재산상속인에서 제외됩
니다. 그리고 상속인이 상속을 포기할 때에는 상속개시 있음을 안 날로
부터 3월내에 가정법원에 포기의 신고를 하여야 합니다(동법 제1041조).
상속인이 가정법원에 상속포기의 신고를 하였으나 이를 수리하는 심판이
고지되기 전에 그가 상속재산을 처분한 경우와 관련하여 판례는 "민법
제1026조 제1호 는 상속인이 상속재산에 대한 처분행위를 한 때에는 단
순승인을 한 것으로 본다고 규정하고 있다. 그런데 상속의 한정승인이나
포기의 효력이 생긴 이후에는 더 이상 단순승인으로 간주할 여지가 없
으므로, 이 규정은 한정승인이나 포기의 효력이 생기기 전에 상속재산을
처분한 경우에만 적용된다. 한편 상속의 한정승인이나 포기는 상속인의
의사표시만으로 효력이 발생하는 것이 아니라 가정법원에 신고를 하여
가정법원의 심판을 받아야 하며, 심판은 당사자가 이를 고지받음으로써
효력이 발생한다. 이는 한정승인이나 포기의 의사표시의 존재를 명확히
하여 상속으로 인한 법률관계가 획일적으로 처리되도록 함으로써, 상속재
산에 이해관계를 가지는 공동상속인이나 차순위 상속인, 상속채권자, 상
속재산의 처분 상대방 등 제3자의 신뢰를 보호하고 법적 안정성을 도모
하고자 하는 것이다. 따라서 상속인이 가정법원에 상속포기의 신고를 하
였더라도 이를 수리하는 가정법원의 심판이 고지되기 이전에 상속재산을

처분하였다면, 이는 상속포기의 효력 발생 전에 처분행위를 한 것이므로 민법 제1026조 제1호 에 따라 상속의 단순승인을 한 것으로 보아야 한다."라고 판시한 바 있습니다(대법원 2016.12.29. 선고 2013다73520 판결). 사안의 경우 위 판례에 의하면, 갑이 상속포기신고를 수리하는 심판이 고지되기 전에 남편 소유였던 오토바이를 처분하였는바, 이는 상속포기의 효력 발생 전에 처분행위를 한 것이므로 민법 제1026조 제1호에 따라 상속의 단순승인을 한 것으로 보아야 할 것입니다. 따라서 남편의 채무를 상속한 甲은 乙에게 1,000만 원을 지급할 의무가 있습니다.

■ 상속포기신고를 한 공동상속인이 다른 상속인에게 지분이전등기를 한 경우 단순승인으로 간주되는지요?

Q 공동상속인 甲, 乙, 丙 중 甲, 乙이 상속포기신고를 하였습니다. 그 신고가 수리되기 전에 피상속인 소유의 미등기부동산에 관하여 상속인들 전원 명의로 법정상속분에 따른 소유권보존등기가 경료되었습니다. 甲, 乙은 상속포기의 취지에 따라 그들의 지분에 관하여 丙에게 지분이전등기를 하였습니다. 그 후 상속포기신고가 수리되었는데 甲, 乙의 위 행위로 인해 단순승인이 간주되나요?

A 판례는 "민법 제1026조 제1호는 상속인이 상속재산에 대한 처분행위를 한 때에는 단순승인을 한 것으로 본다고 정하고 있으므로, 그 후에 상속포기 신고를 하여 그 신고가 수리되었다고 하더라도 상속포기로서의 효력은 없다. 그러나 위 규정의 입법취지가 상속재산 처분을 행하는 상속인은 통상 상속을 단순승인하는 의사를 가진다고 추인할 수 있는 점, 그 처분 후 한정승인이나 포기를 허용하면서 상속채권자나 공동 내지 차순위 상속인에게 불의의 손해를 미칠 우려가 있다는 점, 상속인의 처분행위를 믿은 제3자의 신뢰도 보호될 필요가 있다는 점 등에 있음을 고려하여 볼 때, 수인의 상속인 중 1인을 제외한 나머지 상속인 모두가 상속을 포기하기로 하였으나 그 상속포기 신고가 수리되기 전에 피상속인 소유의 미등기 부동산에 관하여 상속인들 전원 명의로 법정상속분에 따른 소

유권보존등기가 경료되자 위와 같은 상속인들의 상속포기의 취지에 따라 상속을 포기하는 상속인들의 지분에 관하여 상속을 포기하지 아니한 상속인 앞으로 지분이전등기를 한 것이고 그 후 상속포기 신고가 수리되었다면, 이를 상속의 단순승인으로 간주되는 민법 제1026조 제1호 소정의 '상속재산에 대한 처분행위'가 있는 경우라고 할 수 없다."라고 판시한 바 있습니다(대법원 2012.4.16. 자 2011스191 결정).

사안의 경우 위 판례에 의하면, 甲, 乙이 상속포기의 취지에 따라 그들의 지분에 관하여 丙에게 지분이전등기를 한 것을 두고, 상속의 단순승인으로 간주되는 민법 제1026조 제1호 소정의 '상속재산에 대한 처분행위'가 있는 경우로 볼 수 없을 것입니다.

■ 상속재산의 처분이 법정단순승인에 해당하나요?

Q 상속인 甲은 피상속인 A의 재산을 임의로 처분한 제3자 B를 상대로 형사고소를 한 후 손해배상금을 지급받았습니다. 그 후에 상속인 甲은 상속포기를 하였는데, 이 경우 상속포기가 유효한지요?

A 민법 제1026조 제1호는 "상속인이 상속재산에 대한 처분행위를 한 때에는 상속인이 단순승인을 한 것으로 본다."고 규정하고 있습니다.

이 때 처분행위와 관련하여 대법원은 "상속인이 피상속인의 갑에 대한 손해배상채권을 추심하여 변제받은 행위는 상속재산의 처분행위에 해당하고, 그것으로써 단순승인을 한 것으로 간주되었다고 할 것이므로, 그 이후에 한 상속포기는 효력이 없다(대법원 2010.04.29. 선고 2009다84936 판결)."고 판시한 바 있습니다. 따라서 상속인 甲은 B로부터 손해배상금을 지급받았으므로 이는 법정단순승인사유에 해당하고, 그 이후에 한 상속포기는 무효입니다.

Q 망인 A의 상속인으로 甲, 乙이 있고, 甲은 상속포기, 乙은 한정승인을 하였습니다. 그 후 피상속인 A에 대해 매매대금채무를 부담하고 있던 채무자 B가 그 대금의 일부인 1천만원을 이미 상속포기를 한 甲의 예금계좌로 입금을 하자 甲이 그 1천만원을 한정승인을 한 乙의 예금계좌로 입금을 하였습니다. 이 경우 甲의 행위가 법정단순승인에 해당하는지요?

A 민법 제1026조 제3호는 "상속인이 한정승인 또는 포기를 한 후에 상속재산을 은닉하거나 부정소비하거나 고의로 재산목록에 기입하지 아니한 때에는 상속인이 단순승인을 한 것으로 본다."고 규정하고 있습니다.
이와 관련하여 대법원은 "법정단순승인에 관한 민법 제1026조 제3호의 '상속재산의 은닉'이라 함은 상속재산의 존재를 쉽게 알 수 없게 만드는 것을 뜻하고, '상속재산의 부정소비'라 함은 정당한 사유 없이 상속재산을 써서 없앰으로써 그 재산적 가치를 상실시키는 것을 의미한다(대법원 2010.04.29. 선고 2009다84936 판결)."고 판시한 바 있습니다. 따라서 甲의 행위는 상속재산을 관리한 것일 뿐 이것이 상속재산의 가치를 상실시켰거나 고의로 상속재산을 은닉한 경우에 해당한다고 볼 수 없으므로, 법정단순승인에 해당하지 않습니다.

■ 상속재산의 부정소비가 법정단순승인이 되는지요?

Q 망인 A의 상속인으로 甲, 乙, 丙이 있고, 상속재산으로 X토지가 있습니다. 그런데 X토지는 이미 상당한 금액의 근저당권이 설정되어 있어서 일반 상속채권자들에게는 강제집행을 통하여 배당될 금액이 전혀 없는 것입니다. 그런데 甲, 乙, 丙은 한정승인의 신고 후에 그 중 1인인 甲에게 X토지에 대하여 협의분할에 의한 소유권이전등기를 하였습니다. 이 경우 법정단순승인이 되는지요?

A 민법 제1026조 제3호는 "상속인이 한정승인 또는 포기를 한 후에 상속 재산을 은닉하거나 부정소비하거나 고의로 재산목록에 기입하지 아니한 때에는 상속인이 단순승인을 한 것으로 본다."고 규정하고 있습니다.

그리고 이와 관련하여 대법원은 "민법 제1026조 제3호 소정의 '상속재 산의 부정소비'라 함은 정당한 이유 없이 상속재산을 써서 없앰으로써 그 재산적 가치를 상실시키는 행위를 의미한다. 그러므로 상속부동산에 대하여 이미 상당한 금액의 근저당권이 설정되어 있어서 일반 상속채권 자들에게는 강제집행을 통하여 배당될 금액이 전혀 없거나 그 지목이 하 천 및 제방이어서 강제집행의 실익이 없는 것이라면, 상속인들이 한정승 인의 신고 후에 그 중 1인에게만 상속부동산에 대하여 협의분할에 의한 소유권이전등기를 하였다고 하더라도, 이를 상속재산의 부정소비에 해당 한다고 할 수 없다(대법원 2004.12.09. 선고 2004다52095 판결)."고 판시한 바 있습니다. 따라서 책임재산의 가치가 없는 재산에 대하여 상 속재산협의분할을 한 경우이므로 위 사안은 부정소비가 아니어서 법정단 순승인에 해당하지 않습니다.

2-4. 특별한정승인 기간

상속인이 상속의 승인 또는 포기 전에 상속재산을 조사했음에도 불구하고 상속인은 상속채무가 상속재산을 초과하는 사실을 중대 한 과실 없이 상속개시 있음을 안 날로부터 3개월 내에 알지 못하 고 단순승인(「민법」 제1026조제1호 및 제2호의 규정에 의하여 단 순승인한 것으로 보는 경우를 포함)을 한 경우에는 그 사실을 안 날부터 3개월 내에 한정승인을 할 수 있습니다(「민법」 제1019조제 3항).

2-5. 제한능력자의 상속승인 기간

상속인이 제한능력자인 때에는 상속개시 있음을 안 날로부터 3개 월 내의 기간은 그의 친권자 또는 후견인이 상속이 개시된 것을 안 날로부터 기산합니다(「민법」제1020조).

2-6. 승인기간의 계산에 관한 특칙

상속인이 승인하지 않고 상속개시 있음을 안 날로부터 3개월 내에 사망한 때에는 그의 상속인이 그 자기의 상속개시 있음을 안 날로부터 그 기간을 기산합니다(「민법」제1021조).

2-7. 상속승인의 취소

① 취소의 원칙적 금지

상속의 승인은 상속개시 있음을 안 날로부터 3개월 내의 기간에도 이를 취소하지 못합니다(「민법」제1024조제1항).

② 취소의 예외적 허용

ⓐ 다만, 이러한 경우에도 상속인이 착오·사기·강박을 이유로 상속의 승인을 한 경우에는 이를 이유로 상속의 승인을 취소할 수 있습니다. 그러나 그 취소권은 추인할 수 있는 날로부터 3개월, 승인 또는 포기한 날로부터 1년 내에 행사하지 않으면 시효로 인해 소멸됩니다(「민법」제1024조제2항).

ⓑ 상속승인의 취소신고서에는 다음의 사항을 기재해야 합니다(「가사소송규칙」제76조제2항, 제75조제1항제1호 및 제2호).

1. 피상속인의 성명과 최후주소
2. 피상속인과의 관계
3. 상속의 한정승인 또는 포기신고가 수리된 일자
4. 상속의 승인을 취소하는 원인
5. 추인할 수 있게 된 날
6. 상속의 승인을 취소한다는 뜻

③ 상속승인의 취소신고서에는 신고인 또는 대리인의 인감증명서를 첨부해야 합니다(「가사소송규칙」제76조제3항 및 제75조제2항).

■ 상속승인도 신고기간 내에 신고해야 하나요?

Q 상속승인도 신고기간 내에 신고해야 하나요?

A 상속이 개시된 후 상속의 효과를 거부하고 싶지 않을 때에는 가만히 있어도 상속이 승인됩니다. 즉, 상속인이 상속 승인 등의 고려기간(「민법」제1019조제1항) 내에 한정승인 또는 포기를 하지 않은 때에는 상속이 단순승인 되므로, 따로 상속승인신고가 필요하지 않습니다(「민법」제1026조).

■ 상속승인의 효과를 되돌릴 수 있나요?

Q 2008년12월1일 부(父)의 사망으로 단독 상속인이 된 A는 장례를 치르고 2009년 1월 15일에 자신의 빚을 갚기 위해 상속받은 예금 1천만원을 찾아 모두 소비하였습니다. 그런데 2009.3.5에 A가 몰랐던 부(父)의 채권자 B가 찾아와 차용증을 보여주며 1천 500만원을 변제하라고 하고 있습니다. A는 상속개시 당시 채무의 존재를 몰랐음을 이유로 이 변제를 거절하고, 이때라도 상속의 포기를 할 수 있을까요?

A 상속인이 상속재산에 대한 처분행위를 한 때, 상속인이 상속 승인의 고려기간(「민법」제1019조제1항) 내에 한정승인 또는 포기를 하지 않은 때 및 상속인이 한정승인 또는 포기를 한 후에 상속재산을 은닉(隱匿)하거나 부정소비(不正消費)하거나 고의로 재산목록에 기입하지 않은 때에는 상속인이 단순승인을 한 것으로 봅니다(「민법」제1026조). A는 2009년 1월15일에 상속재산을 처분하였으므로 상속이 단순승인되었습니다. A는 이후에 별도의 채무가 있음을 알았더라도 상속포기를 할 수 없지만, 상속인이 착오·사기·강박을 원인으로 상속의 승인을 한 경우에는 이를 이유로 상속의 승인을 취소할 수 있습니다. 그러나 그 취소권은 추인할 수

있는 날로부터 3개월, 승인 또는 포기한 날로부터 1년 내에 행사하지 않으면 시효로 인해 소멸됩니다(「민법」 제1024조제2항). 한편, 상속인이 상속의 승인 전에 상속재산을 조사했음에도 불구하고 상속채무가 상속재산을 초과한다는 사실을 중대한 과실 없이 상속개시 있음을 안 날로부터 3개월 내에 알지 못하고 단순승인 한 경우에는 그 사실을 안 날부터 3개월 내에 한정승인을 할 수 있습니다(「민법」 제1019조제3항). 이때 "중대한 과실"이란 상속인의 나이, 직업, 피상속인과의 관계, 친밀도, 동거여부, 상속개시 후 생활 양상, 생활의 근거지 등 개별 상속인의 개인적 사정에 비추어 상속재산에 대한 관리의무를 현저히 결여한 것을 말합니다(서울가법 2006.3.30. 자 2005브85 결정).

A는 상속승인고려기간에 예금채권을 찾아 소비하였으므로 상속을 단순승인하였으며, 이후에 채무가 있음을 알았더라도 상속의 포기를 할 수 없습니다. 다만 상속인이 예금채권을 소비할 당시 상속채무가 상속재산을 초과한다는 사실을 중대한 과실 없이 모른 경우에는 그 사실을 안 날부터 3개월 내에 특별한정승인을 할 수 있습니다.

■ **부모님의 재산을 상속하려고 하는데, 상속승인신고를 따로 해야 하나요?**

Q 부모님의 재산을 상속하려고 하는데, 상속승인신고를 따로 해야 하나요?

A 상속이 개시된 후 상속의 효과를 거부하고 싶지 않을 때에는 가만히 있어도 상속이 승인됩니다. 즉, 상속인이 상속승인 등의 고려기간(상속 개시가 있음을 안 날로부터 3개월) 내에 한정승인 또는 상속포기를 하지 않은 때에는 상속이 단순승인되므로, 따로 상속승인신고를 할 필요는 없습니다.

◇ **상속승인의 취소**

일단 상속승인을 하고 나면 상속 개시가 있음을 안 날로부터 3개월이 아직 지나지 않았더라도 이미 한 상속승인을 취소하지 못합니다. 다만,

상속인이 착오·사기·강박을 이유로 상속의 승인을 한 경우에는 이를 이유로 상속의 승인을 취소할 수 있습니다. 그러나 그 취소권은 추인할 수 있는 날로부터 3개월, 상속승인 또는 상속포기를 한 날로부터 1년 이내에 행사해야 합니다.

〔관련판례〕

상속인은 상속개시 있음을 안 날로부터 3월 내에 상속의 포기를 할 수 있고(민법 제1019조 제1항), 상속인이 무능력자인 때에는 위 기간은 그 법정대리인이 상속개시 있음을 안 날로부터 기산되는 바(같은 법 제1020조), 여기서 상속개시 있음을 안 날이라 함은 상속개시의 원인이 되는 사실의 발생을 알고 이로써 상속인이 되었음을 안 날을 말한다(대법원 2006.2.10. 선고 2004다33865,33872 판결).

3. 상속의 한정승인

3-1. 상속의 한정승인

① 상속의 한정승인의 개념

"상속의 한정승인"이란 상속인이 상속으로 취득하게 될 재산의 한도에서 피상속인의 채무와 유증을 변제할 것을 조건으로 상속을 승인하려는 의사표시를 말합니다.

② 상속의 특별한정승인

ⓐ "특별한정승인"이란 상속인이 상속채무가 상속재산을 초과하는 사실을 중대한 과실 없이 상속개시가 있음을 안 날로부터 3개월 이내에 알지 못하고 단순승인을 한 상속인이 그 사실을 안 날부터 3개월 내에 하는 한정승인을 말합니다(「민법」 제1019조제3항).

ⓑ 이때 "중대한 과실"이란 상속인이 조금만 주의를 기울였다면 상속채무가 상속재산을 초과한다는 사실을 알 수 있었음에도 이를 게을리 함으로써 그러한 사실을 알지 못한 것을 말합니다(대법원 2010.6.10. 선고, 2010다7904 판결).

③ 공동상속인의 한정승인

상속인이 여러 명인 때에는 각 상속인은 그 상속분에 따라 취득할 재산의 한도에서 그 상속분에 의한 피상속인의 채무와 유증을 변제할 것을 조건으로 상속을 승인할 수 있습니다(「민법」 제1029조).

3-2. 한정승인신고

3-2-1. 한정승인의 방식

① 상속인이 한정승인을 할 때에는 상속개시가 있음을 안 날로부터 3개월 이내에(「민법」 제1019조제1항) 상속재산의 목록을 첨부하여 상속개시지의 가정법원에 한정승인의 신고를 해야 합니다(「민법」 제1030조제1항 및 「가사소송법」 제44조제1항제6호).

② 특별한정승인을 하는 경우에는 상속인이 상속채무가 상속재산을 초과하는 사실을 중대한 과실 없이 상속개시가 있음을 안 날로부터 3개월 이내에 알지 못하고 단순승인을 하였다는 사실을 안 날부터 3개월 내에 가정법원에 특별한정승인의 신고를 해야 합니다(「민법」 제1030조제1항 및 「가사소송법」 제44조제1항제6호).

3-2-2. 한정승인신고서의 제출

① 상속의 한정승인 또는 포기의 신고를 하려면 다음의 사항을 기재하고, 신고인 또는 대리인이 기명날인 또는 서명한 서면을 제출해야 합니다(「가사소송규칙」 제75조제1항 및 「가사소송법」 제36조제3항).

1. 당사자의 등록기준지·주소·성명·생년월일, 대리인이 청구할 때에는 대리인의 주소와 성명
2. 청구의 취지와 원인
3. 청구의 연월일
4. 가정법원의 표시
5. 피상속인의 성명과 최후주소
6. 피상속인과의 관계
7. 상속개시 있음을 안 날
8. 상속의 한정승인 또는 포기를 하는 뜻

② 특별한정승인을 하는 경우에는 상속재산 중 이미 처분한 재산이 있는 때에는 그 목록과 가액을 함께 제출해야 합니다(「민법」 제1030조제2항).

③ 한정승인신고서에는 신고인 또는 대리인의 인감증명서를 첨부해야 합니다(「가사소송규칙」 제75조제2항).

3-2-3. 신고의 수리

① 가정법원은 위의 신고서의 기재에 잘못이 없으면 이를 수리합니다.

② 가정법원이 한정승인신고를 수리할 때에는 상속인에게 상속재산
   이 없거나 그 상속재산이 상속채무의 변제에 부족하더라도 상속
   채무전부에 대한 이행판결이 선고됩니다.
③ 다만, 그 채무가 상속인의 고유재산에 대해서는 강제집행을 할
   수 없는 성질을 가지고 있으므로 집행력을 제한하기 위해 이행판
   결의 주문에 상속재산의 한도에서만 집행할 수 있다는 취지가 명
   시됩니다.
④ 가정법원이 한정승인신고를 수리할 때에는, 그 신고의 일자 및
   대리인에 의한 신고인 경우에는 그 대리인의 주소와 성명을 기재
   한 심판서가 작성됩니다(「가사소송규칙」 제75조제3항).

3-3. 한정승인기간

3-3-1. 한정승인의 기간

① 상속인은 상속개시 있음을 안 날로부터 3개월 내에 한정승인을
   할 수 있습니다. 그러나 이해관계인 또는 검사의 청구에 의하여
   가정법원이 그 기간을 연장할 수 있습니다(「민법」 제1019조제1항).
② 상속의 한정승인을 위한 기간연장허가
   청구권자는 이해관계인 또는 검사입니다(「민법」 제1019조제1항
   단서). 청구기간은 상속개시 있음을 안 때부터 3개월 이내입니다.
   관할법원은 상속개시지의 가정법원입니다(「가사소송법」 제44조제6호).

3-3-2. 특별한정승인 기간

상속인이 상속의 승인 또는 포기 전에 상속재산을 조사했음에도
불구하고 상속인은 상속채무가 상속재산을 초과하는 사실을 중대
한 과실 없이 상속개시 있음을 안 날로부터 3개월 내에 알지 못하
고 단순승인(「민법」 제1026조제1호 및 제2호의 규정에 의하여 단
순승인한 것으로 보는 경우를 포함)을 한 경우에는 그 사실을 안
날부터 3개월 내에 한정승인을 할 수 있습니다(「민법」 제1019조제3항).

상 속 한 정 승 인 심 판 청 구

청구인(상속인)　　○　○　○(주민등록번호)
　　　　　　　　　주소　　○○시 ○○구 ○○길 ○○(우편번호)
　　　　　　　　　전화　　○○○ - ○○○○
　　　　　　　　　□　□　□(주민등록번호)
　　　　　　　　　주소　　○○시 ○○구 ○○길 ○○(우편번호)
　　　　　　　　　전화　　○○○ - ○○○○
사건본인(사망자)　　　△　△　△(주민등록번호)
　　　　　　　　　사망일자　20○○. ○. ○.
　　　　　　　　　등록기준지　　○○시 ○○구 ○○길 ○○
　　　　　　　　　최후주소　　○○시 ○○구 ○○길 ○○

청 구 취 지

　청구인들이 피상속인 망 △△△의 재산상속을 함에 있어 별지 상속재산목록을 첨부하여서 한 한정승인신고는 이를 수락한다. 라는 심판을 구합니다.

청 구 원 인

[일반한정승인 - 3개월 이내]
　청구인들은 피상속인의 재산상속인으로서 20___.___.___. 피상속인의 사망으로 개시된 재산상속에 있어서 청구인들이 상속으로 얻은 별지목록 표시 상속재산의 한도에서 피상속인의 채무를 변제할 조건으로 상속을 승인하고자 이 심판청구에 이른 것입니다.

[특별한정승인 - 3개월 이후]

　청구인들은 20__.__.__. 사망한 피상속인의 재산상속인으로서 처음에는 청구인들의 과실 없이 상속채무가 상속재산을 초과하는 사실을 알지 못하였으나, 20__.__.__.에 채권자의 변제청구(채무승계 안내문 등)를 받고서야 이를 알게 되어, 청구인들이 상속으로 인하여 얻은 별지목록 표시 상속재산의 한도에서 피상속인의 채무를 변제할 것을 조건으로 상속을 승인하고자 이 심판청구에 이른 것입니다.

첨 부 서 류

1. 가족관계증명서(청구인들)　　　　　　　　　　　각 1통
1.주민등록등본(청구인들)　　　　　　　　　　　　각 1통
1. 인감증명서(청구인들)　　　　　　　　　　　　　각 1통
　　(청구인이 미성년자인 경우 법정대리인(부모)의 인감증명서)
1. 기본증명서(망인)　　　　　　　　　　　　　　　1통
　　　　　(단, 2008.1.1. 전에 사망한 경우에는 제적등본)
1. 상속관계를 확인할 수 있는 피상속인(망인)의 가족관계증명서(기타가족관계등록사항별증명서) 또는 제적등본　　1통
1. 말소된 주민등록등본(망인)　　　　　　　　　　1통
1. 가계도(직계비속이 아닌 경우)　　　　　　　　　1통
1. 상속재산목록(청구인 수+1통)　　　　　　　　　1통

　　　　　　　20○○년　○월　○일
　　　　　　　　청 구 인　○　○　○　(인감도장)
　　　　　　　　　　　　　□　□　□　(인감도장)

○ ○ 가 정 법 원　귀중

상 속 재 산 목 록

1. 적극재산(피상속인 소유 재산)

❑ **부동산** : ☑ 아래와 같이 있음 ☐ 없음(찾지 못함)

> 1. 서울 서초구 강남대로 100 대지 500㎡(지분일 경우 예: 1/3지분)
> 2. 위 지상 2층 건물 이상 시가 : 10억원
> 3. 서울 서초구 강남대로 200 ○○아파트 12동 1002호 (전용면적 84
> ㎡) 시가 3억원

❑ 금전채권(예금 등) : ☑아래와 같이 있음 ☐없음(찾지 못함)

금융기관 등 (은행, 임대인 등)	채권의 종류 (예금, 대여금등)	채권액	비고
나라은행	보통예금	12,345원	
김 영 숙	대여금	1,000,000원	
		원	

❑ 자동차·중기 등 : ☑ 아래와 같이 있음 ☐ 없음(찾지 못함)

> 등록번호 : 서울 12너0000 차종(종류) : 그레이스(2010 년식)
> 시가 500만원

❑ 유체동산 등 : ☐ 아래와 같이 있음 ☑ 없음(찾지 못함)

>

2. 소극재산(피상속인의 채무)

☑ 아래와 같이 있음 ☐ 모름(현재까지 파악되지 않음)

채권자 (은행, 카드사,세무서 등)	채무의 종류 (대출금, 카드대금 등)	채무액	비 고
나라카드	신용카드이용대금	3,000,000원	
나라은행	대출금	10,000,230원	
서초세무서	부가가치세	6,123,450원	
서초구청	재산세 및 주민세	1,230,000원	

3. 기타

>

Q 상속인 甲은 특별한정승인 기간 내에 신고를 하지 못하였는데, 자신이 책임질 수 없는 사유로 인하여 기간을 놓쳤음을 주장하여 다툴 수 있는지요?

A 민법 제1019조 제3항은 "제1항의 규정에 불구하고 상속인은 상속채무가 상속재산을 초과하는 사실을 중대한 과실없이 제1항의 기간내에 알지 못하고 단순승인(제1026조 제1호 및 제2호의 규정에 의하여 단순승인한 것으로 보는 경우를 포함한다)을 한 경우에는 그 사실을 안 날부터 3월 내에 한정승인을 할 수 있다."고 규정하고 있습니다. 사안의 경우, 특별한정승인 기간의 법적성질이 문제되는바, 이와 관련하여 대법원은 "민법 제1019조 제3항의 기간은 한정승인신고의 가능성을 언제까지나 남겨둠으로써 당사자 사이에 일어나는 법적 불안상태를 막기 위하여 마련한 제척기간이고, 경과규정인 개정 민법(2002.1.14. 법률 제6591호) 부칙 제3항 소정의 기간도 제척기간이라 할 것이며, 한편 제척기간은 불변기간이 아니어서 그 기간을 지난 후에는 당사자가 책임질 수 없는 사유로 그 기간을 준수하지 못하였더라도 추후에 보완될 수 없다(대법원 2003.08.11.자 2003스32 결정)."고 판시한 바 있습니다. 따라서 상속인 甲은 자신이 책임질 수 없는 사유가 있었다는 이유로 특별한정승인 기간의 미준수를 다툴 수 없습니다.

■ 상속재산을 처분한 이후에도 특별한정승인이 가능한지요?

Q 상속인들이 상속재산 협의분할을 통하여 이미 상속재산을 처분하였습니다. 그 이후에도 특별한정승인이 가능한지요?

A 사안의 경우, 일반적인 단순승인을 한 경우 외에, 승인·포기 기간 3월이 경과함으로써 법정단순승인이 되거나 또는 상속재산을 처분함으로써 법

정단순승인이 된 경우에도 특별한정승인을 할 수 있는지가 문제됩니다. 이와 관련하여 대법원은 "민법 제1019조 제3항은 상속채무 초과사실을 중대한 과실 없이 민법 제1019조 제1항의 기간 내에 알지 못하고 단순 승인을 한 경우뿐만 아니라 민법 제1026조 제1호 및 제2호의 규정에 의하여 단순승인을 한 것으로 간주되는 경우에도 상속채무 초과사실을 안 날로부터 3월 내에 한정승인을 할 수 있다고 규정하고 있으므로, 설사 상속인들이 상속재산 협의분할을 통해 이미 상속재산을 처분한 바 있다고 하더라도 상속인들은 여전히 민법 제1019조 제3항의 규정에 의하여 한정승인을 할 수 있다고 할 것이고, 따라서 위 협의분할 때문에 이 사건 심판이 한정승인으로서 효력이 없다고 할 수는 없다(대법원 2006.01.26. 선고 2003다29562 판결)."고 판시한 바 있습니다. 따라서 상속재산을 처분함으로써 법정단순승인이 된 경우에도 특별한정승인을 할 수 있습니다.

■ 어머니의 빚이 얼마인지 모를 경우 한정승인을 받아야 될까요?

Q 어머니가 2천만원을 유산으로 남겼는데, 대출 금액이 1천5백만원 있는 것으로 확인되었습니다. 주변 사람에게도 돈을 빌린 것으로 알고 있는데 정확히 얼만지는 알지 못합니다. 상속하면 빚까지 떠안는다는데 정확한 금액도 모르는 상태에서 상속받아야 하는 건지 불안합니다.

A 상속인이 사망한 사람의 채무를 조사한 뒤 상속재산이 상속받을 채무와 비슷하지만, 채무가 좀 더 많을 가능성이 있는 경우에는 상속의 한정승인을 하는 것을 고려해 볼 수 있습니다. 상속의 한정승인이란 상속인이 상속으로 취득하게 될 재산의 한도에서 피상속인의 채무와 유증을 변제할 것으로 조건으로 상속을 승인하려는 의사표시입니다. 상속인이 상속의 한정승인을 한 때에는 상속채무가 상속으로 얻게 되는 적극재산을 초과하는 경우에도 상속인 본인의 재산으로 이를 변제할 의무가 없습니다. 상속인이 한정승인을 하려면 상속 개시가 있음을 안 날로부터 3개월 이

내에 상속 개시지의 가정법원에 한정승인의 신고를 해야 합니다. 이와함께 상속인이 상속의 승인 전에 상속재산을 조사했음에도 불구하고 상속채무가 상속재산을 초과한다는 사실을 중대한 과실 없이 상속 개시 있음을 안 날로부터 3개월 이내에 알지 못하고 단순승인을 한 경우에는 그 새로운 채무를 알게 된 날로부터 3개월 이내에 한정승인을 할 수 있습니다.

■ 한정승인과 포기를 하여야 할 기간은 언제까지 입니까?

Q 아버지와 차를 함께 자동차를 타고 가다가 사고를 당하여 아버지는 사망하시고 저는 의식불명상태에 있다가 3개월 후에 깨어났습니다. 제가 의식을 회복한 후 아버지의 사망사실을 알게 되고 제가 상속인이 되었음을 알게 되었습니다. 이 경우 제가 한정승인을 할 수 있을까요?

A '상속개시를 안날'이란 상속개시의 사실과 자기가 상속인이 된 사실을 안 날이란 뜻입니다(대판 1969.4.22. 69다232). 따라서 사실의 오인 또는 법률의 부지로 인하여 자기가 상속인이 된 사실을 인식하지 못하였을 경우 3개월의 기간은 진행하지 않습니다. 따라서 상담자와 같은 경우 한정승인을 할 수 있습니다.

3-3-3. 제한능력자의 승인의 기간

상속인이 제한능력자인 때에는 상속개시 있음을 안 날로부터 3개월 내의 기간은 그의 친권자 또는 후견인이 상속이 개시된 것을 안 날로부터 기산합니다(「민법」 제1020조).

3-3-4. 승인기간의 계산에 관한 특칙

상속인이 승인이나 포기를 하지 않고 상속개시 있음을 안 날로부터 3개월 내에 사망한 때에는 그의 상속인이 그 자기의 상속개시 있음을 안 날로부터 그 기간을 기산합니다(「민법」 제1021조).

3-4. 한정승인의 효과
3-4-1. 한정승인의 효과

① 한정승인신고가 수리되더라도 피상속인의 채무는 여전히 유효합니다.

② 따라서 가정법원이 한정승인신고를 수리할 때에는 상속인에게 상속재산이 없거나 그 상속재산이 상속채무의 변제에 부족하더라도 상속채무전부에 대한 이행판결을 선고되며, 임의로 상속인이 채무를 변제하면 그 변제는 유효한 것이 됩니다.

③ 다만, 상속의 한정승인으로 인해 상속인은 상속으로 인하여 물려받은 재산의 한도에서 피상속인의 채무와 유증을 변제할 수 있게 됩니다(「민법」 제1028조).

④ 즉 피상속인의 채무는 상속인의 고유재산에 대해서는 강제집행을 할 수 없는 성질을 가지고 있으므로 집행력을 제한하기 위해 이행판결의 주문에 상속재산의 한도에서만 집행할 수 있다는 취지가 명시됩니다.

3-4-2. 한정승인과 재산상권리의무의 불소멸(不消滅)

① 상속인이 한정승인을 한 때에는 피상속인에 대한 상속인의 재산

상 권리의무는 소멸하지 않습니다(「민법」제1031조).

② 이와 반대로 상속인이 단순승인을 하면, 피상속인이 상속인에게 포괄적으로 이전되므로, 피상속인과 상속인의 재산이 서로 혼동(混同)되어 상속인은 피상속인의 채무를 자신의 재산으로 갚아야 합니다.

3-5. 한정승인 후 상속재산의 청산

3-5-1. 채권자에 대한 공고·최고

① 한정승인자는 한정승인을 한 날로부터 5일 내에 일반상속채권자와 유증받은 사람에 대하여 한정승인의 사실과 일정한 기간 내에 그 채권 또는 수증을 신고할 것을 공고해야 합니다. 그 기간은 2개월 이상이어야 합니다(「민법」제1032조제1항).

② 채권신고의 공고에는 채권자가 기간 내에 신고하지 않으면 청산으로부터 제외될 것이 표시됩니다(「민법」제1032조제2항 및 제88조제2항).

③ 채권신고의 공고는 법원의 등기사항의 공고와 동일한 방법으로 해야 하는데, 일간신문에 1회 이상 공고됩니다(「민법」제1032조제2항, 제88조제3항 및 「비송사건절차법」제65조의2).

④ 한정승인자는 알고 있는 채권자에게 대해서 각각 그 채권신고를 최고해야 합니다. 알고 있는 채권자는 청산으로부터 제외하지 못합니다(「민법」제1032조제2항 및 제89조).

⑤ 한정승인자는 한정승인을 한 날로부터 채권의 신고·공고기간(「민법」제1032조제1항)이 만료하기 전에는 상속채권의 변제를 거절할 수 있습니다(「민법」제1033조).

3-5-2. 배당변제

① 한정승인자는 한정승인을 한 날로부터 채권의 신고·공고기간(「민법」 제1032조제1항)의 만료 후 상속재산으로 그 기간 내에 신고한 채권자와 한정승인자가 알고 있는 채권자에 대하여 각 채권액의 비율로 변제해야 합니다. 그러나 우선권 있는 채권자의 권리를 해하지 못합니다(「민법」 제1034조제1항).

② "우선권 있는 채권자"란 다른 채권보다 우선적으로 변제받을 수 있는 채권을 가진 사람을 말하며, 우선권 있는 채권에는 저당권부 채권, 질권부 채권 등이 있습니다.

③ 특별한정승인(「민법」 제1019조제3항)을 하는 경우에는 그 상속인은 상속재산 중에서 남아있는 상속재산과 함께 이미 처분한 재산의 가액을 합하여 위의 변제를 해야 합니다. 다만, 한정승인을 하기 전에 상속채권자나 유증받은 사람에 대해 변제한 가액은 이미 처분한 재산의 가액에서 제외됩니다.

④ 한정승인자는 변제기에 이르지 않은 채권에 대해서도 한정승인을 한 날부터 채권의 신고·공고기간(「민법」 제1032조제1항)의 만료 후 상속재산으로서 그 기간 내에 신고한 채권자와 한정승인자가 알고 있는 채권자에 대하여 각 채권액의 비율로 변제해야 합니다(「민법」 제1035조제1항 및 제1034조제1항).

⑤ 조건있는 채권이나 존속기간의 불확정한 채권은 법원의 선임한 감정인의 평가에 의하여 변제해야 합니다(「민법」 제1035조제2항).

▶ **수증자에 대한 변제**

한정승인자는 「민법」 제1034조 및 제1035조에 따라 상속채권자에 대한 변제를 완료한 후가 아니면 유증받은 사람에게 변제하지 못합니다(「민법」 제1036조).

▶ **상속재산의 경매**

한정승인을 위한 배당변제(「민법」 제1034조부터 제1036조까지)에 의한 변제를 하기 위하여 상속재산의 전부나 일부를 매각할 필요가 있는 때에는 「민사집행법」에 따른 경매를 해야 합니다(「민법」 제1037조).

▶ **부당변제 등으로 인한 책임**

① 한정승인자가 채권자에 대한 공고·최고(「민법」 제1032조)를 게을리하거나 채무의 배당변제(「민법」 제1033조부터 제1036조까지)의 규정에 위반하여 어느 상속채권자나 유증 받은 사람에게 변제함으로 인하여 다른 상속채권자나 유증 받은 사람에 대하여 변제할 수 없게 된 때에는 한정승인자는 그 손해를 배상해야 합니다. 특별한정승인(「민법」 제1019조제3항)을 한 경우 그 이전에 상속채무가 상속재산을 초과함을 알지 못한 데 과실이 있는 상속인이 상속채권자나 유증받은 사람에게 변제한 때에도 또한 같습니다(「민법」 제1038조제1항).

② 부당변제가 이루어진 경우(「민법」 제1038조제1항 전단)에 변제를 받지 못한 상속채권자나 유증 받은 사람은 그 사정을 알고 변제를 받은 상속채권자나 유증받은 사람에 대하여 구상권(求償權)을 행사할 수 있습니다. 특별한정승인(「민법」 제1019조제3항)을 한 경우 그 이전에 상속채무가 상속재산을 초과함을 알고 변제받은 상속채권자나 유증받은 사람이 있는 때에도 또한 같습니다(「민법」 제1038조제2항).

③ 부당변제로 인한 손해배상청구권과 구상권 행사의 소멸시효는 구상권자 또는 그 법정대리인이 그 손해를 안 날로부터 3년간 이를 행사하지 않으면 시효로 소멸하고, 부당변제가 이루어진 날부터 10년이 경과되면 시효로 소멸됩니다(「민법」 제1038조제3항 및 제766조).

▶ **신고하지 않은 채권자의 변제**

한정승인을 한 날로부터 채권자에 대한 공고·최고(「민법」제1032조) 내에 신고하지 않은 상속채권자 및 유증받은 사람으로서 한정승인자가 알지 못한 사람은 상속재산의 잔여가 있는 경우에 한하여 그 변제를 받을 수 있습니다. 그러나 상속재산에 대하여 특별담보권이 있는 때에는 그러하지 않습니다(「민법」 제1039조).

Q 피상속인 A가 사망하자 상속인인 자녀 B와 C는 상속재산을 조사했습니다. A는 생전에 식당을 운영하고 있었고, 이에 관한 채권관계가 복잡해보이자 자녀 B와 C는 모두 상속의 한정승인을 하기로 하고 가정법원에 한정승인신고를 하여 그 심판이 결정되었습니다. A의 적극재산은 주거하고 있던 시가 1억원 상당의 부동산 X와 시가 2억원 상당의 상가 부동산 Y가 있고, 부동산 Y에는 3000만원의 채무로 인해 저당권이 설정되어 있습니다. 이와 별도로 얼마가 될지 모르는 식당 관련 채무가 있습니다. 한편, A가 자신의 모교에 1000만원을 유증하기로 하는 유언증서가 발견되었습니다. 상속인 B와 C는 상속재산의 청산을 어떻게 할 수 있나요?

A A의 상속재산은 대략 1억원(X 부동산) 및 2억원(Y 부동산)이고, 채무로는 저당권이 설정된 채무(3000만원), 그리고 얼마가 될지 확실치 않는 식당운영 관련 채무가 있으며, A의 모교에 유증하기로 한 1000만원이 있습니다. 상속인으로는 한정승인을 한 B와 C가 있습니다. 한정승인자인 B와 C는 한정승인을 한 날로부터 5일 내에 일반상속채권자와 유증받은 사람에 대하여 한정승인의 사실과 일정한 기간 내에 그 채권 또는 수증을 신고할 것을 2개월 이상의 기간으로 공고해야 합니다(「민법」 제1032조제1항). 통상 일간신문에 1회 이상 실리는 것으로 상속채권의 신고 등이 공고됩니다. 공고기간 동안 채권이 신고가 되면, 한정승인자는 공고기간의 만료 후 상속재산으로서 그 기간 내에 신고한 채권자와 한정승인자가 알고 있는 채권자에 대하여 각 채권액의 비율로 변제됩니다(「민법」 제1035조제1항 및 「민법」 제1034조제1항). 다만, 이때 우선권이 있는 채권으로서 저당권을 설정한 채권자는 그 채권액 전액(3000만원)을 변제받을 수 있습니다. 이러한 변제가 완료된 후에야 1000만원의 유증이 이행될 수 있습니다(「민법」 제1036조). 이렇게 청산이 완료되고 남은 재산을 B와 C가 1/2씩 나누어 상속받습니다. 이를 계산해 보면 다음과 같습니다. [(1억원 + 2억원)-(3000만원의 우선채권은 그 전액)-(신고된

일반채권은 그 비율만큼의 액수)] × (상속인의 법정상속분: 1/2) = 각 상속인이 상속받는 상속액

■ 한정승인으로 인하여 물상보증인의 책임에 영향이 있는지요?

Q 채무자 A는 채권자 B로부터 1천만원을 빌렸고, 甲은 물상보증인입니다. 변제기 도래 후 채무자 A가 사망하였고, 그 상속인 C는 한정승인을 하였습니다. 이 경우 한정승인으로 인하여 물상보증인 甲의 책임에 영향이 있는지요?

A 한정승인의 효과에 관하여 대법원은 "상속의 한정승인은 채무의 존재를 한정하는 것이 아니라 단순히 그 책임의 범위를 한정하는 것에 불과하기 때문에, 상속의 한정승인이 인정되는 경우에도 상속채무가 존재하는 것으로 인정되는 이상, 법원으로서는 상속재산이 없거나 그 상속재산이 상속채무의 변제에 부족하다고 하더라도 상속채무 전부에 대한 이행판결을 선고하여야 하고, 다만, 그 채무가 상속인의 고유재산에 대해서는 강제집행을 할 수 없는 성질을 가지고 있으므로, 집행력을 제한하기 위하여 이행판결의 주문에 상속재산의 한도에서만 집행할 수 있다는 취지를 명시하여야 한다(대법원 2003.11.14. 선고 2003다30968 판결)."고 판시하고 있습니다. 따라서 채무자가 한정승인을 하더라도 채무에는 변함이 없고, 한정승인을 한 채무자에 대하여만 책임이 제한되는 것에 불과하므로, 물상보증인의 책임에는 영향이 없습니다.

■ 공동상속인 혼자 한정승인을 한 경우의 법률관계는 어떻게 되는지요?

Q 甲이 재산 9백만원과 A에 대한 금전채무 3천만원(보증인 B가 있다)을 남기고 사망한 경우, 자녀 乙, 丙, 丁 중에서 乙이 혼자 한정승인을 한 경우의 법률관계는 어떻게 되는지요?

A 금전채무와 같이 급부의 내용이 가분인 채무가 공동상속된 경우, 이는

상속 개시와 동시에 당연히 법정상속분에 따라 공동상속인에게 분할되어 귀속되는 것이어서, 상속재산 분할의 대상이 될 여지가 없으므로(대법원 1997.06.24. 선고 97다8809 판결), 청산절차를 거쳐 상속채권자 A가 상속재산에서 9백만원을 변제받으면, 나머지 변제되지 않은 2천1백만원은 별도의 합의 없이도 당연히 乙, 丙, 丁이 7백만원씩의 분할채무를 부담합니다. 그리고 일부상속인만이 한정승인하는 것도 가능합니다. 따라서 채권자 A는 丙, 丁에게 각각 7백만원씩 청구 및 집행할 수도 있고, 보증인 B에게 2천 1백만원을 전액 청구할 수 있으나, 한정승인을 한 乙은 채무는 있으나 책임이 없으므로 乙이 스스로 변제하지 않는 한 A가 乙의 고유재산에 대해 소구는 가능하지만 강제집행을 할 수는 없습니다.

한편, 보증인 B는 채무 2천 1백만원에 대해 책임이 있으며, B가 변제하면 丙, 丁에게는 각각 7백만원씩 구상하며 강제집행도 가능하나, 乙에게는 7백만원의 구상권에 대해 소구는 가능하나 강제집행을 할 수 없습니다.

■ **소송에서 한정승인의 항변을 전혀 하지 않았을 경우 강제경매신청의 집행을 저지할 수 있는지요?**

Q A는 B에 대하여 금전채권(손해배상채권 1억원)을 가지고 있다. B가 사망하자, 상속인 C는 한정승인을 하였고, 제1부동산을 상속받아, 소유권이전등기를 마쳤습니다. C는 B 사망 전에 이미 제2부동산을 소유하고 있었습니다. 그 후 A는 C에 대하여 1억원에 대한 금전청구 소송을 제기하여 그 판결은 원고 승소로 확정되었는데 소송에서 C는 한정승인의 항변을 전혀 하지 않았습니다. A는 C의 제2부동산에 대하여 강제경매신청을 하였는바, 이 경우 C가 A의 집행을 저지할 수 있는지요?

A 민사집행법 제44조는 "① 채무자가 판결에 따라 확정된 청구에 관하여 이의하려면 제1심 판결법원에 청구에 관한 이의의 소를 제기하여야 한다. ② 제1항의 이의는 그 이유가 변론이 종결된 뒤(변론 없이 한 판결

의 경우에는 판결이 선고된 뒤)에 생긴 것이어야 한다."고 규정하고 있습니다. 이와 관련하여 사실심 변론종결 단계까지 주장하지 않은 한정승인 항변을 집행단계에서 청구이의사유로 주장할 수 있는지가 문제되는바, 대법원은 "채권자가 피상속인의 금전채무를 상속한 상속인을 상대로 그 상속채무의 이행을 구하여 제기한 소송에서 채무자가 한정승인 사실을 주장하지 않으면 책임의 범위는 현실적인 심판대상으로 등장하지 아니하여 주문에서는 물론 이유에서도 판단되지 않으므로 그에 관하여 기판력이 미치지 않는다. 그러므로 채무자가 한정승인을 하고도 채권자가 제기한 소송의 사실심 변론종결시까지 그 사실을 주장하지 아니하여 책임의 범위에 관한 유보가 없는 판결이 선고되어 확정되었다고 하더라도, 채무자는 그 후 위 한정승인 사실을 내세워 청구에 관한 이의의 소를 제기할 수 있다(대법원 2006.10.13. 선고 2006다23138 판결)."고 하여 이를 긍정하는 입장입니다. 따라서 C는 청구이의의 소를 제기하여 A의 집행을 저지할 수 있습니다.

■ 한정승인을 할 경우 상속채권자가 상속재산에 관해 우선변제권이 있는지요?

Q X는 Y에 대하여 채무(금 3억원)를 부담하고 있습니다. 한편 X에게는 A, B, C 3인의 상속인들이 있었고, B에게는 B-1, C에게는 C-1이란 자식이 있습니다. X는 H부동산을 소유하고 있었습니다. X가 사망하자, B, C는 각 상속을 포기하였으나, B-1, C-1은 각 상속을 포기하지 않았습니다. A는 한정승인을 한 뒤, H부동산에 관해 상속을 원인으로 한 소유권이전등기를 경료하였습니다.

한편, A는 X 사망전부터 D에 대하여 채무를 부담하고 있었습니다. A가 H부동산에 관해서 등기를 경료한 직후, A는 D에 대하여 H부동산 위에 근저당권(채무액 2억원)을 설정하였습니다. 그 후 Y는 A를 상대로 금 3억원을 지급하라는 청구소송을 제기하여, 승소하였습니다. 그 후 Y는 H부동산에 관해 강제경매신청을 제기하였고, 경매절차가 진행되어, Z가 경락대금 3억 5천만원을 완납했습니다. 경매법원은 Y(상속채권자)가 경락대금에 관해 우선변제권이 있다고 판단하여, Y에게 금 3억원을, D에게 금 5천만원을 배당하는 조치를 취하였습니다. 이에 D는 Y를 피고로 하여 배당이의의 소를 제기하였는바, 승소할 수 있는지요?

A 사안의 경우, 한정승인이 이루어진 경우에 상속채권자가 상속재산에 관하여 한정승인자로부터 담보권을 취득한 고유채권자에 대하여 우선적 지위를 주장할 수 있는지가 쟁점입니다. 이와 관련하여 대법원은 "법원이 한정승인신고를 수리하게 되면 피상속인의 채무에 대한 상속인의 책임은 상속재산으로 한정되고, 그 결과 상속채권자는 특별한 사정이 없는 한 상속인의 고유재산에 대하여 강제집행을 할 수 없다. 그런데 민법은 한정승인을 한 상속인(이하 '한정승인자'라 한다)에 관하여 그가 상속재산을 은닉하거나 부정소비한 경우 단순승인을 한 것으로 간주하는 것(제 1026조 제3호) 외에는 상속재산의 처분행위 자체를 직접적으로 제한하는 규정을 두고 있지 않기 때문에, 한정승인으로 발생하는 위와 같은 책임제한 효과로 인하여 한정승인자의 상속재산 처분행위가 당연히 제한된다고 할 수는 없다. 또한 민법은 한정승인자가 상속재산으로 상속채권자 등에게 변제하는 절차는 규정하고 있으나(제1032조 이하), 한정승인만으로 상속채권자에게 상속재산에 관하여 한정승인자로부터 물권을 취득한 제3자에 대하여 우선적 지위를 부여하는 규정은 두고 있지 않으며, 민법 제1045조 이하의 재산분리 제도와 달리 한정승인이 이루어진 상속재산임을 등기하여 제3자에 대항할 수 있게 하는 규정도 마련하고 있지 않다. 따라서 한정승인자로부터 상속재산에 관하여 저당권 등의 담보권을 취득한 사람과 상속채권자 사이의 우열관계는 민법상의 일반원칙에 따라야 하고, 상속채권자가 한정승인의 사유만으로 우선적 지위를 주장할 수는 없다. 그리고 이러한 이치는 한정승인자가 그 저당권 등의 피담보채무를 상속개시 전부터 부담하고 있었다고 하여 달리 볼 것이 아니다(대법원 2010.03.18. 선고 2007다77781 전원합의체 판결)."고 판시하고

있습니다. 따라서 상속채권자가 상속재산에서 우선변제권을 가지는 것은 아니고, 일반원칙에 따라 근저당권자가 일반채권자보다 우선하여 배당받을 수 있습니다. 즉 D는 Y에 대하여 우선배당받을 수 있어, D가 금 2억원을 모두 배당받고, Y는 1억 5천만원을 배당받아야 하므로, 결국 배당이의의 소에서 원고인 D가 승소할 것입니다.

■ 남편 빚이 많은데 보험금을 수령해도 될까요?

Q 남편이 생명보험계약에서 배우자인 저를 보험금수령인으로 지정하였습니다. 하지만 남편 빚이 많은데 보험금을 수령해도 될까요?

A 보험금청구권 그 자체는 이미 일단 보험계약자의 생존 중에도 그 재산으로부터 이탈되어 있었던 것이므로, 그것은 수령인인 상속인의 고유재산입니다. 따라서 한정승인을 한 경우에는 보험금수령인인 상속인은 그 보험금을 가지고 상속채권자에게 변제할 필요가 없습니다.

■ 한정승인을 하였음에도 고유재산에 대하여 강제집행을 하였을 경우 구제방안이 있을까요?

Q 한정승인을 하였음에도 제 고유재산에 대하여 강제집행을 하였습니다. 이 경우 구제방안이 있을까요?

A 채권자가 상속인의 고유재산에 대하여 집행을 하였을 때에는 상속인은 민사집행법 제44조에 의한 청구이의소송을 통하여 강제집행의 배제를 청구할 수 있습니다.(대판 2006.10.13. 선고 2006다23138)

■ 가정법원에서 경미하여 보정이 가능한 한정승인 신고서를 각하하였을 경우 구제방안이 있나요?

Q 가정법원에서 경미하여 보정이 가능한 한정승인 신고서를 각하하였 습니다. 구제방안이 있나요?

A 가정법원은 신고가 요건을 구비하고 있으면 수리하고 요건을 갖추지 않으면 이를 각하합니다(대결 2006.2.13. 선고 2004스74). 그러나 경미하여 보정이 가능한 신고서의 하자에 대해서는 이를 각하할 것이 아니라, 보완을 명하여야 합니다(대결 1978.1.31. 선고 76스3). 한정승인의 신고가 각하되었을 때에는, 상속인은 즉시항고를 할 수 있습니다(가사소송규칙 27조)

3-6. 한정승인의 취소

3-6-1. 취소의 원칙적 금지

상속의 승인이나 포기는 상속개시 있음을 안 날로부터 3개월 내의 기간에도 이를 취소하지 못합니다(「민법」 제1024조제1항).

3-6-2. 취소의 예외적 허용

① 다만, 이러한 경우에도 상속인이 착오·사기·강박을 이유로 상속의 승인과 포기를 한 경우에는 이를 이유로 상속의 승인·포기를 취소할 수 있습니다.

② 그러나 그 취소권은 추인(追認)할 수 있는 날부터 3개월, 승인 또는 포기한 날부터 1년 내에 행사하지 않으면 시효로 인해 소멸됩니다(「민법」 제1024조제2항).

③ 이때 추인할 수 있는 날이란 취소권이 소멸된 시점을 말하며, 착오·사기·강박을 벗어난 시점을 말합니다.

④ 상속의 한정승인 또는 포기의 취소를 하려면 상속의 한정승인·포기심판을 한 가정법원에 신고인 또는 대리인이 기명날인 또는 서

명한 서면으로 신고해야 합니다(「가사소송규칙」 제76조제1항).

⑤ 상속한정승인취소신고서에는 다음의 사항을 기재해야 합니다(「가사소송규칙」 제76조제2항, 제75조제1항제1호 및 제2호).

1. 피상속인의 성명과 최후주소
2. 피상속인과의 관계
3. 상속의 한정승인 또는 포기신고가 수리된 일자
4. 상속의 한정승인을 취소하는 원인
5. 추인할 수 있게 된 날
6. 상속의 한정승인의 취소를 하는 뜻

⑥ 상속한정승인취소신고서에는 신고인 또는 대리인의 인감증명서를 첨부해야 합니다(「가사소송규칙」 제76조제3항 및 제75조제2항).

■ 상속승인기간이 지난 후에도 한정승인을 할 수 있나요?

Q 상속승인기간이 지난 후에도 한정승인을 할 수 있나요?

A 상속인이 상속의 승인 전에 상속재산을 조사했음에도 불구하고 상속채무가 상속재산을 초과한다는 사실을 중대한 과실 없이 상속개시 있음을 안 날로부터 3개월 내에 알지 못하고 단순승인을 한 경우에는 그 사실을 안 날부터 3개월 내에 특별한정승인을 할 수 있습니다(「민법」 제1019조제3항).

■ 한정승인자도 상속세와 취득세를 내야 하나요?

Q 한정승인자도 상속세와 취득세를 내야 하나요?

A 1. 한정승인자도 상속세를 부담합니다.
   한정승인자도 상속인이므로 여전히 상속세를 부담합니다. 상속세를 산정할 때에는 상속채무가 공제되고, 각종 인적 공제 등이 인정되어 불합리한 상속세를 부담하는 것을 피하게 해줍니다.

2. 한정승인자도 부동산을 상속받으면 취득세를 부담합니다.

상속재산에 부동산이 있다면 부동산의 취득세를 부담합니다(「지방세법」 제7조). 취득세는 재화의 이전이라는 사실 자체를 포착하여 거기에 담세력을 인정하고 부과하는 유통세의 일종으로 부동산의 취득자가 그 부동산을 사용·수익·처분함으로써 얻어질 이익을 포착하여 부과하는 것이 아니어서, 취득세 납부의무를 규정한 「지방세법」에서의 부동산 취득은 부동산의 취득자가 실질적으로 완전한 내용의 소유권을 취득하는지와 관계없이 소유권이전의 형식에 따른 부동산 취득의 모든 경우를 포함하기 때문입니다(대법원 2002.6.28. 선고 2000두7896 판결 참조).

■ **모두 상속포기 신고를 했는데, 며칠 전에 사망자의 손자 앞으로 아버지의 빚을 갚으라고 소장이 왔을 경우 제 아들이 거액의 빚을 떠안아야만 하는 건가요?**

Q 아버지가 큰 빚을 남긴 채 돌아가셨습니다. 장례식이 끝난 후 어머니와 저와 동생 모두 상속포기 신고를 했는데, 며칠 전에 제 아들(사망자의 손자) 앞으로 아버지의 빚을 갚으라고 채무자들이 제기한 소장이 왔습니다. 제 아들이 거액의 빚을 떠안아야만 하는 건가요?

A 선(先)순위 상속인이 상속포기를 하면 다음의 상속순위에 있는 사람에게 상속인의 지위가 넘어갑니다. 즉, 상속 1순위인 사람(피상속인의 직계비속 및 법률상의 배우자)이 상속포기를 하면 상속 2순위인 사람(피상속인의 직계존속 및 법률상의 배우자)이 상속인이 됩니다. 그러나 후순위의 상속인들이 모두 상속포기를 하면 상속인의 부존재로 인한 상속재산의 청산절차가 진행됩니다. 질문과 같이 상속 1순위인 피상속인의 자녀와 배우자가 상속포기를 하면 그 다음 순위인 손자녀가 상속인이 되므로 손자녀도 상속포기를 해야 채무를 떠안지 않습니다. 판례는 이와 같이 선(先)순위자가 상속을 포기함에 따라 후(後)순위자가 상속인이 된 경우에는 그 후순위자는 본인이 상속인이 됐음을 안 날로부터 3개월 이내에 상

속의 한정승인 또는 상속 포기를 함으로써 상속채무에서 벗어날 수 있습니다. 따라서 질문자가 아들을 대리해서 위의 소장을 받은 날부터 3개월 이내에 가정법원에 상속한정승인신고나 상속 포기를 한다면 아들은 할아버지의 빚을 갚지 않을 수 있습니다.

■ 상속하면 빚까지 떠안는다는데 정확한 금액도 모르는 상태에서 상속받아야 하는 건지요?

Q 어머니가 2천만원을 유산으로 남겼는데, 대출 금액이 1천5백만원 있는 것으로 확인되었습니다. 주변 사람에게도 돈을 빌린 것으로 알고 있는데 정확히 얼만지는 알지 못합니다. 상속하면 빚까지 떠안는다는데 정확한 금액도 모르는 상태에서 상속받아야 하는 건지 불안합니다.

A 상속인이 사망한 사람의 채무를 조사한 뒤 상속재산이 상속받을 채무와 비슷하지만, 채무가 좀 더 많을 가능성이 있는 경우에는 상속의 한정승인을 하는 것을 고려해 볼 수 있습니다. 상속의 한정승인이란 상속인이 상속으로 취득하게 될 재산의 한도에서 피상속인의 채무와 유증을 변제할 것으로 조건으로 상속을 승인하려는 의사표시입니다. 상속인이 상속의 한정승인을 한 때에는 상속채무가 상속으로 얻게 되는 적극재산을 초과하는 경우에도 상속인 본인의 재산으로 이를 변제할 의무가 없습니다. 상속인이 한정승인을 하려면 상속 개시가 있음을 안 날로부터 3개월 이내에 상속 개시지의 가정법원에 한정승인의 신고를 해야 합니다. ◇ 상속 승인기간이 지난 후에도 한정승인을 할 수 있는지 여부(특별한정승인) 상속인이 상속의 승인 전에 상속재산을 조사했음에도 불구하고 상속채무가 상속재산을 초과한다는 사실을 중대한 과실 없이 상속 개시 있음을 안 날로부터 3개월 이내에 알지 못하고 단순승인을 한 경우에는 그 새로운 채무를 알게 된 날로부터 3개월 이내에 한정승인을 할 수 있습니다.

4. 상속의 포기

4-1. 상속의 포기의 개념

① "상속의 포기"란 상속인이 상속의 효력을 소멸하게 할 목적으로 하는 의사표시를 말하며, 상속의 포기를 하려면 가정법원에 상속포기의 신고를 해야 합니다(「민법」 제1041조).

② 상속의 포기는 상속인으로서의 자격을 포기하는 것으로 상속재산 전부의 포기만이 인정됩니다. 따라서 일부 또는 조건부 포기는 허용되지 않습니다.

4-2. 포기신고

① 상속포기의 방식

상속인이 상속을 포기할 때에는 상속개시 있음을 안 날로부터 3개월 이내에 상속개시지의 가정법원에 포기의 신고를 해야 합니다(「민법」 제1041조, 제1019조제1항 및 「가사소송법」 제44조제1항제6호).

② 상속포기신고서의 제출

상속포기의 신고를 하려면 다음의 사항을 기재하고, 신고인 또는 대리인이 기명날인 또는 서명한 서면을 제출해야 합니다(「가사소송규칙」 제75조제1항 및 「가사소송법」 제36조제3항).

1. 당사자의 등록기준지·주소·성명·생년월일, 대리인이 청구할 때에는 대리인의 주소와 성명
2. 청구의 취지와 원인
3. 청구의 연월일
4. 가정법원의 표시
5. 피상속인의 성명과 최후주소
6. 피상속인과의 관계
7. 상속개시 있음을 안 날
8. 상속의 포기를 하는 뜻

③ 신고의 수리

가정법원은 위의 신고서의 기재에 잘못이 없으면 이를 수리합니다.

4-3. 상속포기의 기간

4-3-1. 상속포기의 기간

① 상속인은 상속개시 있음을 안 날부터 3개월 내에 포기를 할 수 있습니다. 그러나 그 기간은 이해관계인 또는 검사의 청구에 의하여 가정법원이 이를 연장할 수 있습니다(「민법」 제1019조제1항).

② 상속의 포기를 위한 기간연장허가

청구권자는 이해관계인 또는 검사입니다(「민법」 제1019조제1항 단서). 청구기간은 상속개시 있음을 안 때부터 3개월 이내입니다. 관할법원은 상속개시지의 가정법원입니다(「가사소송법」 제44조제6호).

4-3-2. 특별한정승인 기간

상속인이 상속재산을 조사했음에도 불구하고 상속인은 상속채무가 상속재산을 초과하는 사실을 중대한 과실 없이 상속개시 있음을 안 날로부터 3개월 내에 알지 못하고 상속을 포기하지 않아서 단순승인으로 의제되는 경우에는 그 사실을 안 날부터 3개월 내에 한정승인을 할 수 있습니다(「민법」 제1019조제3항).

4-3-3. 제한능력자의 상속승인·포기의 기간

상속인이 제한능력자인 때에는 상속개시 있음을 안 날로부터 3개월 내의 기간은 그의 친권자 또는 후견인이 상속이 개시된 것을 안 날로부터 기산합니다(「민법」 제1020조).

4-3-4. 상속포기기간의 계산에 관한 특칙

상속인이 포기를 하지 않고 상속개시 있음을 안 날로부터 3개월 내에 사망한 때에는 그의 상속인이 그 자기의 상속개시 있음을 안 날로부터 그 기간을 기산합니다(「민법」 제1021조).

4-4. 상속포기의 효과

① 상속포기의 소급효

상속의 포기는 상속이 개시된 때에 소급(遡及)하여 그 효력이 있습니다(「민법」 제1042조).

② 포기한 상속재산의 귀속

상속인이 여러 명인 경우 어느 상속인이 상속을 포기한 때에는 그 상속분은 다른 상속인의 상속분의 비율로 그 상속인에게 귀속됩니다(「민법」 제1043조).

③ 포기한 상속재산의 관리

상속인이 상속을 포기한 후에는 그 포기로 인하여 상속인이 된 사람이 상속재산을 관리할 수 있을 때까지만 그 재산의 관리를 계속하면 됩니다(「민법」 제1044조제1항).

▶ 상속재산보존을 위한 처분

이해관계인 또는 검사가 가정법원에 상속재산의 보존에 필요한 처분을 청구하면 가정법원은 이를 명할 수 있습니다(「민법」 제1044조제2항 및 제1023조제1항).

▶ 상속재산관리인이 선임된 경우

① 가정법원이 선임한 재산관리인은 관리할 재산목록을 작성해야 합니다(「민법」 제1044조제2항, 제1023조제2항 및 제24조제1항).

- 가정법원은 그 선임한 재산관리인에 대하여 상속재산을 보존 하기 위하여 필요한 처분을 명할 수 있습니다(「민법」 제1044조 제2항, 제1023조제2항 및 제24조제2항).
- 상속인의 생사가 분명하지 않은 경우에 이해관계인이나 검사의 청구

가 있는 때에는 법원은 상속인의 재산관리인에게 재산 목록의 작성 및 상속재산을 보존하기 위해 필요한 처분을 명할 수 있습니다(「민법」 제1044조제2항, 제1023조제2항 및 제24조 제3항).

- 상속재산관리인이 상속재산관리를 위해 사용한 비용은 상속재산에서 지급됩니다(「민법」 제1044조제2항, 제1023조제2항 및 제24조제4항).

② 가정법원이 선임한 재산관리인이 보존행위, 대리의 목적인 물건이나 권리의 성질을 변하지 않는 범위에서 그 이용 또는 개량하는 행위(「민법」 제118조)를 할 때에는 법원의 허가를 얻어야 합니다. 상속인의 생사가 분명하지 않은 경우에 상속인이 정한 재산관리인이 권한을 넘는 행위를 할 때에도 법원의 허가를 얻어야 합니다(「민법」 제1044조제2항, 제1023조제2항 및 제25조).

③ 가정법원은 선임한 상속재산관리인에게 재산의 관리 및 반환에 관하여 상당한 담보를 제공하도록 할 수 있습니다(「민법」 제1044조제2항, 제1023조제2항 및 제26조제1항).

4-5. 상속포기의 취소

4-5-1. 취소의 원칙적 금지

상속의 포기는 상속개시 있음을 안 날로부터 3개월 내의 기간에도 이를 취소하지 못합니다(「민법」 제1024조제1항 및 제1019조제1항).

4-5-2. 취소의 예외적 허용

① 다만, 이러한 경우에도 상속인이 착오·사기·강박을 이유로 상속의 승인과 포기를 한 경우에는 이를 이유로 상속의 포기를 취소할 수 있습니다. 그러나 그 취소권은 추인할 수 있는 날로부터 3개월, 승인 또는 포기한 날로부터 1년 내에 행사하지 않으면 시효로 인해 소멸됩니다(「민법」 제1024조제2항).

② 상속포기의 취소를 하려면 상속의 포기심판을 한 가정법원에 신고인 또는 대리인이 기명날인 또는 서명한 서면으로 신고해야 합니다(「가사소송규칙」 제76조제1항).

③ 상속포기의 취소신고서에는 다음의 사항을 기재해야 합니다(「가

사소송규칙」제76조제2항, 제75조제1항제1호·제2호).

1. 피상속인의 성명과 최후주소
2. 피상속인과의 관계
3. 상속의 한정승인 또는 포기신고가 수리된 일자
4. 상속의 포기를 취소하는 원인
5. 추인할 수 있게 된 날
6. 상속의 포기의 취소를 하는 뜻

④ 상속포기의 취소신고서에는 신고인 또는 대리인의 인감증명서를 첨부해야 합니다(「가사소송규칙」제76조제3항 및 제75조제2항).

■ 피상속인이 사망하기 전에 한 상속포기약정은 효력이 있나요?

Q 피상속인이 사망하기 전에 한 상속포기약정은 효력이 있나요?

A 상속의 포기는 상속이 개시된 후 일정기간 내에만 가능하고 가정법원에 신고하는 등 일정한 절차와 방식에 따라야만 그 효력이 있는 것이므로(대법원 1994.10.14. 선고 94다8334 판결), 피상속인이 사망하기 전에, 즉 상속이 개시되기 전에 공동상속인 간에 또는 피상속인과의 사이에 상속포기약정을 하더라도 그 포기약정은 효력이 없습니다.

(관련판례)

유류분을 포함한 상속의 포기는 상속이 개시된 후 일정한 기간 내에만 가능하고 가정법원에 신고하는 등 일정한 절차와 방식에 따라야만 그 효력이 있으므로, 상속개시 전에 이루어진 상속포기약정은 그와 같은 절차와 방식에 따르지 아니한 것으로 그 효력이 없다(대법원 1994.10.14. 선고 94다8334 판결).

■ 공동상속인 중 한 사람 만 상속포기를 할 수 있나요?

Q 공동상속인 중 한 사람 만 상속포기를 할 수 있나요?

A 공동상속인이 상속받은 경우 상속의 승인·포기는 상속인의 자유로운 의사에 따라 결정되어야 하며, 공동상속인 중 한 사람만이 상속을 포기할 수 있습니다. 또한 공동상속인 한 사람은 상속을 포기하되, 다른 사람은 상속의 한정승인을 하는 것도 허용됩니다.

■ 상속채무만 포기할 수 있나요?

Q 상속채무만 포기할 수 있나요?

A 상속재산은 크게 상속인에게 이익이 되는 적극재산과 상속인에게 부담이 되는 채무로 나뉩니다. 많은 사람들이 적극재산만을 상속받고 싶어 하지만, 상속인이 되면 상속재산은 적극재산·채무를 가리지 않고 모두 포괄적으로 상속인에게 승계가 되고, 상속인이 이들 재산의 일부분을 상속포기할 수는 없습니다. 즉, 상속채무만 포기하는 것은 불가능합니다.

■ 상속인이 상속을 포기하면 어떻게 되나요?

Q 상속인이 상속을 포기하면 어떻게 되나요?

A 상속인이 상속을 포기하면 그는 처음부터 상속인이 아니었던 것이 됩니다. 따라서 단독상속인인 경우에는 다음 순위의 사람이 상속인이 되고(대법원 2005.7.22. 선고 2003다43681 판결), 공동상속인 중 어느 상속인이 상속을 포기한 경우에는 그 상속분은 다른 상속인의 상속분의 비율로 그 상속인에게 귀속됩니다(「민법」 제1043조). 만약 상속인이 없다면 상속인의 부존재로 상속재산의 청산절차가 진행됩니다(「민법」 제1053조제1항).

■ 공동상속인 모두가 상속을 포기하면 상속재산은 누가 상속받게 되나요?

Q 공동상속인 모두가 상속을 포기하면 상속재산은 누가 상속받게 되나요?

A 선순위 상속인으로서 피상속인의 처와 자녀들이 모두 적법하게 상속을 포기한 경우에는 피상속인의 손(孫) 등 그 다음의 상속순위에 있는 사람이 상속인이 됩니다(대법원 2005.7.22. 선고 2003다43681 판결).

(관련판례)

상속인인 채무자가 상속포기를 한 경우 채무자는 애당초 상속재산을 취득한 바 없으므로 소극적으로 총 재산의 증가를 방해한 것에 불과하고, 또한 상속포기나 승인과 같은 신분법상의 법률행위는 그 성질상 일신전속적 권리로서 타인의 의사에 의하여 강요할 수 없는데, 만일 상속포기가 채권자취소권의 대상이 된다면 이는 상속인에게 상속승인을 강요하는 것과 같은 부당한 결과가 되므로 상속포기는 사해행위취소의 대상이 되지 않는다(서울중앙지법 2008.10.10. 선고 2007가단433075 판결).

■ 사망한 부모의 빚을 물려받지 않을 수 있는지요?

Q 저희 부친은 사업을 하다가 실패하여 많은 채무를 지고 채권자들로부터 독촉을 받아 오던 중 얼마 전 돌아가셨습니다. 저희 능력으로는 부친이 남긴 채무를 갚을 길이 없는데, 어떻게 하면 되는지요?

A 상속에 관하여 「민법」 제997조는 "상속은 사망으로 인하여 개시된다."라고 규정하고 있고, 같은 법 제1005조는 "상속인은 상속 개시된 때로부터 피상속인의 재산에 관한 포괄적 권리의무를 승계한다. 그러나 피상속인의 일신에 전속한 것은 그러하지 아니하다."라고 규정하고 있습니다.
그러므로 일반적으로 부모의 사망과 동시에 자식들은 상속인이 되어 부모명의의 토지나 집과 같은 부동산이나 은행예금 등의 적극적 재산은 물론, 부모가 다른 사람에 대하여 부담하고 있는 대여금채무, 보증채무 등의 소극적 재산도 상속받게 되는 것입니다. 즉, 일신전속적인 권리를 제외하고는 부모가 가지고 있던 모든 권리·의무를 포괄적으로 물려받게 됩니다. 그러나 부모가 남긴 상속재산 중 적극적 재산보다 소극적 재산이 더 많아 자식들이 이와 같은 권리·의무의 승계, 즉 상속을 받지 않으려면 상속개시 있음을 안 날로부터 3월내에 피상속인의 최후 주소지 관할법원에 상속포기신고를 하면 됩니다(민법 제1019조 제1항).

상속포기를 하면 피상속인의 사망으로 일단 발생한 상속의 효력, 즉 권리·의무의 승계는 부인되고 처음부터 상속인이 아니었던 것과 같이 되며, 일단 상속을 포기한 후에는 이를 다시 취소하지 못합니다(민법 제1024조 제1항, 제1042조). 또한 부모가 남겨놓은 적극적 재산의 한도 내에서 부모의 채무를 변제할 것을 조건으로 상속을 승인하는 한정승인신청을 할 수도 있습니다. 이 신청도 역시 상속개시 있음을 안 날로부터 3월내에 상속재산의 목록을 첨부하여 법원에 한정승인의 신고를 하여야 효력이 발생합니다(민법 제1028조, 제1030조). 다만 상속개시 있음을 안 날로부터 3개월을 초과한 경우에도 예외적으로 상속인은 상속채무가 상속재산을 초과하는 사실을 중대한 과실 없이 상속개시 있음을 안 날로부터 3월내에 알지 못하고 단순승인(제1026조 제1호 및 제2호의 규정에 의하여 단순승인한 것으로 보는 경우를 포함한다)을 한 경우에는 그 사실을 안 날부터 3월내에 한정승인을 할 수 있습니다(민법 제1019조 제3항).

따라서 귀하의 경우와 같이 부친이 빚만 남겨두고 돌아가셨고, 상속포기 신고기간 등이 아직 경과하지 않았다면 조속히 관할 법원에 상속포기신고 또는 한정승인신고를 함으로써 상속채무에 대한 면책을 주장할 수 있을 것입니다. 다만, 주의할 것은 상속포기나 한정승인의 신청을 한 경우에도 상속인이 그 신청 후 상속재산을 은닉 또는 부정소비 하거나 고의로 재산목록에 기입하지 아니하는 등의 행위를 한 때에는 상속인이 단순승인을 한 것으로 간주될 수 있습니다(민법 제1026조 제3호).

Q 저는 이혼하면서 당시 아들 乙의 양육은 전남편 甲이 돌보기로 하여 따로 살고 있었습니다. 그런데 6개월 전 甲은 사망하였고, 그의 채권자들이 아직 미성년인 아들 乙에게 채무변제를 독촉하고 있다는 사실을 알게 되었습니다. 이 경우 乙이 상속책임을 면할 수 있는 방법이 없는지요?

A 상속은 피상속인의 사망으로 인하여 개시되고(민법 제997조), 상속재산에는 적극적 재산은 물론 소극적 재산(채무)도 모두 포함됩니다. 그러므로 상속인은 상속재산 중 적극재산보다 소극재산인 채무가 과다할 경우 가정법원에 상속포기 또는 한정승인을 신청하여 그 책임을 면해야 합니다. 상속포기 또는 한정승인에 관하여 「민법」제1019조는 "① 상속인은 상속개시 있음을 안 날로부터 3월내에 단순승인이나 한정승인 또는 포기를 할 수 있다. … ③ 제1항의 규정에 불구하고 상속인은 상속채무가 상속재산을 초과하는 사실을 중대한 과실 없이 제1항의 기간 내에 알지 못하고 단순승인(제1026조 제1호 및 제2호의 규정에 의하여 단순승인 한 것으로 보는 경우를 포함)을 한 경우에는 그 사실을 안 날부터 3월내에 한정승인을 할 수 있다."라고 규정하고 있고, 같은 법 제1020조는 "상속인이 무능력자인 때에는 전조(前條) 제1항의 기간은 그 법정대리인이 상속개시 있음을 안 날로부터 기산한다."라고 규정하고 있습니다. 상속개시 있음을 안 날과 관련하여 판례는 상속개시의 원인 되는 사실의 발생을 앎으로써 자기가 상속인이 되었음을 안 날을 말하는 것이므로, 상속재산 또는 상속채무의 존재를 알아야만 위와 같은 기간이 진행되는 것은 아니라고 판시 하였습니다(대법원 1991.6.11.자 91스1 결정). 위 사안의 경우 먼저 현재 乙의 법정대리인이 누구인지 여부가 중요한 것 같습니다. 귀하께서 甲과 이혼할 당시 친권을 공동으로 행사하기로 정하였다면, 甲의 사망으로 인하여 귀하께서 단독 친권자로 되는바, 乙의 법정대리인이

될 것이지만(민법 제909조 제3항, 제911조), 이혼할 당시 甲이 단독으로 친권을 행사하기로 정하였다면, 甲의 사망을 안날로부터 1개월, 사망한 날로부터 6개월 내에 가정법원에 귀하를 친권자로 지정할 것을 청구하셔서 친권자가 되어야 乙의 법정대리인이 될 것입니다(민법 제909조의 2 제1항). 따라서 귀하께서 현재 乙의 친권자라면 乙이 甲의 상속인이 되었음을 안 날(사망사실을 안 날)로부터 3개월 이내에 乙의 친권자로서 乙을 대리하여 가정법원에 상속포기 또는 한정승인을 하여 수리(심판)됨으로써 乙이 상속책임을 면할 수 있을 것이고, 현재 乙의 친권자가 아니라면 가정법원에 친권자지정 청구를 하셔서 친권자가 되신 후, 그 때부터 3개월 이내에 乙의 친권자로서 乙을 대리하여 가정법원에 상속포기 또는 한정승인을 하여 수리(심판)됨으로써 乙이 상속책임을 면할 수 있을 것 입니다. 다만 상속개시 있음을 안 날로부터 3개월을 초과한 경우에도 예외적으로 상속인은 상속채무가 상속재산을 초과하는 사실을 중대한 과실 없이 상속개시 있음을 안 날로부터 3월내에 알지 못한 경우에는 그 사실을 안 날부터 3월내에 한정승인신고를 할 수 있습니다.

■ 상속개시 전 상속을 포기할 수 있나요?

Q 저는 형이 서울에 살고 있어 혼자가 된 아버지를 모시고 살아 왔는데 최근 아버지께서 논 3,000평을 남기고 돌아가셨습니다. 제가 아버지를 모시고 있었으므로 형은 아버지 생전에 매달 저에게 아버지의 생활비로 50만원을 보내 주면서 아버지 재산에 대한 상속권을 모두 포기했었습니다. 그런데 아버지가 돌아가시자 형이 자신의 상속권을 주장합니다. 형의 상속권주장이 타당한지요?

A 상속의 포기는 상속이 개시된 후(아버지가 사망한 후) 일정기간 내에 가능하고, 가정법원에 신고하는 등 일정한 절차와 방식을 따라야만 그 효력이 있으므로, 상속개시 전에 한 상속포기의 약정은 그와 같은 절차와 방식에 따르지 아니한 것으로 법적 효력이 없습니다(민법 제1041조, 제

1019조 제1항). 또한, 상속인인 귀하의 형이 피상속인인 아버지의 생존 시에 상속을 포기하기로 약정하였다고 하더라도 상속개시 후 민법이 정하는 절차와 방식에 따라 상속포기를 하지 아니한 이상 상속개시 후에 다시 자신의 상속권을 주장하는 것은 정당한 권리행사로서 권리남용에 해당하거나 신의성실의 원칙에 반하는 권리의 행사라고 할 수도 없습니다. 판례도 "유류분을 포함한 상속의 포기는 상속이 개시된 후 일정한 기간 내에만 가능하고 가정법원에 신고하는 등 일정한 절차와 방식을 따라야만 그 효력이 있으므로, 상속개시 전에 한 상속포기약정은 그와 같은 절차와 방식에 따르지 아니한 것으로 효력이 없고, 상속인 중의 1인이 피상속인의 생존시에 피상속인에 대하여 상속을 포기하기로 약정하였다고 하더라도, 상속개시 후 민법이 정하는 절차와 방식에 따라 상속포기를 하지 아니한 이상, 상속개시 후에 자신의 상속권을 주장하는 것은 정당한 권리행사로서 권리남용에 해당하거나 또는 신의칙(信義則)에 반하는 권리의 행사라고 할 수 없다."라고 판시 하였습니다(대법원 1998.7.24. 선고 98다9021 판결). 따라서 귀하의 형의 상속권 주장은 타당하다 하겠습니다.

■ 검사를 당사자로 하여 상속포기신고 무효확인청구의 소를 제기할 수 있을까요?

Q 검사를 당사자로 하여 상속포기신고 무효확인청구의 소를 제기할 수 있을까요?

A 검사를 당사자로 하는 소송은 본법, 구 민사소송법(발)등 법률에 특별히 규정된 경우에만 허용되는 것이므로 검사를 상대로 하는 재산상속포기신고무효확인청구는 부적법하다(대법원 1966.12.27. 선고 66므26 판결)는 것이 판례의 입장입니다.

Q 상속인 甲이 상속포기 신고를 하였는데, 나머지 공동상속인들이 위 신고가 수리되면 甲은 처음부터 상속인에 해당하지 않는다고 생각 하여, 상속포기 신고를 한 날 甲을 제외한 채 상속재산분할협의를 하였습니다. 이 경우 상속인 甲의 상속포기가 그 채권자 A의 입장 에서 사해행위 취소의 대상이 될 수 있는지요?

A 사안의 경우, 상속포기가 사해행위취소의 대상인지 여부가 문제됩니다.
이와 관련하여 대법원은 "상속의 포기는 비록 포기자의 재산에 영향을 미치는 바가 없지 아니하나(그러한 측면과 관련하여서는 '채무자 회생 및 파산에 관한 법률' 제386조도 참조) 상속인으로서의 지위 자체를 소멸하 게 하는 행위로서 순전한 재산법적 행위와 같이 볼 것이 아니다. 오히려 상속의 포기는 1차적으로 피상속인 또는 후순위상속인을 포함하여 다른 상속인 등과의 인격적 관계를 전체적으로 판단하여 행하여지는 '인적 결 단'으로서의 성질을 가진다. 그러한 행위에 대하여 비록 상속인인 채무자 가 무자력상태에 있다고 하여서 그로 하여금 상속포기를 하지 못하게 하 는 결과가 될 수 있는 채권자의 사해행위취소를 쉽사리 인정할 것이 아 니다. 그리고 상속은 피상속인이 사망 당시에 가지던 모든 재산적 권리 및 의무·부담을 포함하는 총체재산이 한꺼번에 포괄적으로 승계되는 것 으로서 다수의 관련자가 이해관계를 가지는데, 위와 같이 상속인으로서의 자격 자체를 좌우하는 상속포기의 의사표시에 사해행위에 해당하는 법률 행위에 대하여 채권자 자신과 수익자 또는 전득자 사이에서만 상대적으 로 그 효력이 없는 것으로 하는 채권자취소권의 적용이 있다고 하면, 상 속을 둘러싼 법률관계는 그 법적 처리의 출발점이 되는 상속인 확정의 단계에서부터 복잡하게 얽히게 되는 것을 면할 수 없다. 또한 상속인의 채권자의 입장에서는 상속의 포기가 그의 기대를 저버리는 측면이 있다 고 하더라도 채무자인 상속인의 재산을 현재의 상태보다 악화시키지 아 니한다. 이러한 점들을 종합적으로 고려하여 보면, 상속의 포기는 민법

제406조 제1항에서 정하는 "재산권에 관한 법률행위"에 해당하지 아니하여 사해행위취소의 대상이 되지 못한다(대법원 2011.06.09. 선고 2011다29307 판결)."고 판시한 바 있습니다.

따라서 상속인 甲의 상속포기는 그 채권자 A의 입장에서 사행행위 취소의 대상이 될 수 없습니다.

■ 상속을 포기를 한 경우에도 양도소득세의 납부의무가 승계되는지요?

Q A는 양도소득세 납부의무를 이행하지 않은 채 사망하였습니다. 이 경우 상속포기를 한 甲에게 위 양도소득세 납부의무가 승계되는지요?

A 민법 제1042조는 "상속의 포기는 상속개시된 때에 소급하여 그 효력이 있다."고 규정하고 있습니다. 즉, 상속포기는 소급효가 있으므로, 상속포기를 한 상속인은 처음부터 상속인이 아닌 것으로 됩니다. 대법원 역시 위와 동일한 사실관계에 대하여 "상속인들이 적법하게 상속포기를 한 경우, 피상속인이 납부하여야 할 양도소득세를 승계하여 납부할 의무가 없다(대법원 2006.06.29. 선고 2004두3335 판결)고 판시한 바 있습니다. 따라서 적법한 상속포기를 한 甲에게 피상속인의 양도소득세 납부의무는 승계되지 않습니다.

■ 포기신고가 법정의 기간을 경과한 후에 이루어진 경우에, 상속재산을 둘러싼 법률관계는 어떻게 되는지요?

Q 상속재산을 공동상속인 중 1인인 甲에게 상속시킬 방편으로 나머지 상속인들인 乙, 丙이 가정법원에 상속포기 신고를 하였으나, 그 포기신고가 법정의 기간을 경과한 후에 이루어진 경우에, 상속재산을 둘러싼 법률관계는 어떻게 되는지요?

A 사안의 경우, 민법 제1019조 제1항의 법정기간을 경과한 상속포기 신고를 상속재산의 협의분할로 볼 수 있는지, 즉 무효행위의 전환을 인정할

수 있는지가 문제됩니다. 이와 관련하여 대법원은 "상속재산을 공동상속인 1인에게 상속시킬 방편으로 나머지 상속인들이 한 상속포기 신고가 민법 제1019조 제1항 소정의 기간을 경과한 후에 신고된 것이어서 상속포기로서의 효력이 없다고 하더라도, 공동상속인들 사이에서는 1인이 고유의 상속분을 초과하여 상속재산 전부를 취득하고 나머지 상속인들은 이를 전혀 취득하지 않기로 하는 내용의 상속재산에 관한 협의분할이 이루어진 것으로 보아야 한다(대법원 1996.03.26. 선고 95다45545 판결)."고 판시한 바 있습니다.

따라서 사안의 경우 상속포기 자체로서의 효력은 없으나, 무효행위의 전환이 인정되어 상속재산 협의분할이 이루어진 것으로 볼 수는 있습니다.

■ 상속 승인·포기의 철회가 가능한지요?

Q 상속개시 있음을 안 날로부터 1월 정도 지나서 상속을 포기하였습니다. 그런데 심정의 변화가 생겨 그 상속포기를 다시 철회하려고 하는데 가능한지요?(현재 상속개시 있음을 안 날로부터 3월이 지나지 않은 상태입니다)

A 민법 제1024조 제1항은 "상속의 승인이나 포기는 제1019조 제1항의 기간내에도 이를 취소하지 못한다."고 규정하고 있는바, 이는 일단 유효하게 행하여진 상속의 승인과 포기에 대하여 그 철회를 인정한다면 이해관계인의 신뢰를 배반하게 되어 그들의 이익을 심하게 해칠 우려가 있으므로, 민법은 고려기간인 3월 내라 할지라도 그 철회를 허용하지 않는 것입니다. 다만 동법 제1024조 제2항은 "전항의 규정은 총칙편의 규정에 의한 취소에 영향을 미치지 아니한다. 그러나 그 취소권은 추인할 수 있는 날로부터 3월, 승인 또는 포기한 날로부터 1년내에 행사하지 아니하면 시효로 인하여 소멸된다."고 규정하여 민법총칙에 의한 취소권 행사의 길은 열어둔 상태입니다. 따라서 상속의 승인이나 포기의 취소는 상속개시 있음을 안 날로부터 3월 이내인 경우에도 원칙적으로 허용되지 않으

며, 사기·강박에 의한 승인·포기의 경우처럼 민법총칙상의 취소권이 발생하는 예외적인 경우에만 허용됩니다.

■ 남편이 사망하여 미성년자인 아들을 대신하여 상속포기를 하려고 합니다. 위 상속포기가 유효한가요?

Q 저희 남편이 사망하여 미성년자인 아들을 대신하여 상속포기를 하려고 합니다. 위 상속포기가 유효한가요?

A 모가 미성년인 자에 갈음하여 상속을 승인 또는 포기를 하는 행위는 친권자와 자 사이에 이해상반되는 행위가 되므로(대판 1987,3.10. 선고 85므80), 친권자는 자를 위하여 특별대리인의 선임을 가정법원에 청구하여야 합니다.

■ 상속포기권을 상속하여 행사할 수 있나요?

Q 저희 조부께서 상속재산이 채무초과인데, 저의 아버지께서 상속포기를 하지 않은 상태에서 고려기간내에 사망하셨습니다. 제가 아버지의 상속포기권을 상속하여 행사할 수 있나요?

A 피상속인 A를 상속한 B가 승인 또는 포기를 하지 않고 사망한 경우 B의 상속인 C는 A에 대한 상속을 승인 또는 포기하는 선택권과 동시에 B에 대한 상속을 승인 또는 포기할 선택권도 가집니다. 아버지의 상속포기권을 상속하여 그때로부터 3개월내에 행사할 수 있는데 이렇게 함으로써 채무초과상태인 조부의 재산이 아버지에게 상속되는 것을 막을 수 있을 것입니다.

■ 상속포기의 이를 주장하지 않은 경우, 승소판결 확정 후 청구이의의 소를 제기할 수 있는가요?

Q 채무자A가 상속포기를 하였습니다. 채권자인 제가 제기한 소송에서 채무자는 사실심변론종결시까지 상속포기의 이를 주장하지 않은 경우, 승소판결 확정 후 청구이의의 소를 제기할 수 있는가요?

A 판례는, "채무자가 한정승인을 하였으나 채권자가 제기한 소송의 사실심 변론종결시까지 이를 주장하지 아니하는 바람에 책임의 범위에 관하여 아무런 유보 없는 판결이 선고·확정된 경우라 하더라도 채무자가 그 후 위 한정승인 사실을 내세워 청구에 관한 이의의 소를 제기하는 것이 허용되는 것은, 한정승인에 의한 책임의 제한은 상속채무의 존재 및 범위의 확정과는 관계없이 다만 판결의 집행 대상을 상속재산의 한도로 한정함으로써 판결의 집행력을 제한할 뿐으로, 채권자가 피상속인의 금전채무를 상속한 상속인을 상대로 그 상속채무의 이행을 구하여 제기한 소송에서 채무자가 한정승인 사실을 주장하지 않으면 책임의 범위는 현실적인 심판대상으로 등장하지 아니하여 주문에서는 물론 이유에서도 판단되지 않는 관계로 그에 관하여는 기판력이 미치지 않기 때문이다. 위와 같은 기판력에 의한 실권효 제한의 법리는 채무의 상속에 따른 책임의 제한 여부만이 문제되는 한정승인과 달리 상속에 의한 채무의 존재 자체가 문제되어 그에 관한 확정판결의 주문에 당연히 기판력이 미치게 되는 상속포기의 경우에는 적용될 수 없다(대법원 2009.5.28. 선고 2008다79876 판결)"고 합니다. 즉 한정승인과는 달리 상속포기의 경우에는 채무 존재 자체에 기판력이 발생하게 되어, 청구이의의 소를 제기할 수 없다고 판단됩니다.

[서식] 상속포기(한정승인)기간 연장허가 심판청구서

상속포기(한정승인)기간 연장허가 심판청구서

청 구 인(상속인)　　　　　　　　　　　　　　(☎ : 　　　　)

　1. 성　　　명 :　　　　　　주민등록번호 :
　　주　　　소 :
　　송달 장소 :
　2. 성　　　명 :　　　　　　주민등록번호 :
　　주　　　소 :
　　송달 장소 :
　3. 성　　　명 :　　　　　　주민등록번호 :
　　주　　　소 :
　　송달 장소 :

　　　　청구인　는 미성년자이므로 법정대리인 부 :
　　　　　　　　　　　　　　　　　　　　　　　　모 :

사건본인(피상속인)
　　성　　　명 :　　　　　　주민등록번호 :
　　사 망 일자 :
　　최후 주소　:

청 구 취 지

　청구인(들)이 피상속인 망　　상속에 관하여 상속의 승인 또
는 포기를 하는 기간을 20__년__월__일까지__개월간 연장함을
허가한다.
　라는 심판을 구합니다.

청 구 원 인

피상속인의 사망으로 청구인들에게 상속이 개시되었으나, 상속
재산이 여러 곳에 산재되어 상속재산의 전체 규모와 내용을 파
악하는데 상당한 기간이 필요하고 승계할 채무액도 상속액을 초
과할 것이 예상되는 등 숙려기간 3개월 내에 상속포기(한정승
인) 청구를 할 수 없으므로 상속승인기간 연장허가를 청구하게
되었습니다.

첨 부 서 류

1. 청구인(들)의 가족관계증명서, 주민등록표등(초)본　　　각 1통
1. 청구인(들)의 인감증명서(또는 본인서명사실확인서)　　각 1통
　　　　(청구인이 미성년자인 경우 법정대리인(부모)의 인감증명서)
1. 피상속인의 폐쇄가족관계등록부에 따른 기본증명서, 가족관
　　계증명서　　　　　　　　　　　　　　　　　　　　각 1통
1. 피상속인의 말소된 주민등록표등(초)본　　　　　　　　1통
1. 가계도(직계비속이 아닌 경우)　　　　　　　　　　　　1부

20 ． ． ．

　　　　청구인　1.　　　　　　　　(인감날인)
　　　　　　　　2.　　　　　　　　(인감날인)
　　　　　　　　3.　　　　　　　　(인감날인)
　　　　　　　　　청구인　　는 미성년자이므로
　　법정대리인　부　　　　　　　(인감날인)
　　　　　　　　모　　　　　　　(인감날인)

**(※ 주의 : 서명할 경우 본인서명사실확인서에 등록한 서명과 같은 글씨체로 서
명을 하여야 하며, 날인할 경우 반드시 인감도장을 날인하여야 합니다.)**

서울○○법원   귀중

제5장

채권자와 특별연고자가 취해야 할 조치는 무엇인지요?

제5장
채권자와 특별연고자가 취해야 할 조치는 무엇인지요?

1. 상속재산 분리청구

1-1. 상속재산의 분리

1-1-1. 상속재산 분리의 개념

① "상속재산의 분리"란 상속이 개시된 이후에 상속채권자, 유증을 받은 사람 또는 상속인의 채권자의 청구에 의해 상속재산과 상속인의 고유재산을 분리하는 것을 말합니다(「민법」 제1045조제1항).

② 이는 상속재산이 상속인의 고유재산과 섞였을 때, 상속재산보다 상속채무가 더 많으면 상속인의 채권자에게 불이익이 되고, 상속인의 고유재산보다 그의 채무가 더 많으면 상속채권자 및 유증 받은 사람에게 불이익이 되는 것을 방지하기 위함입니다.

1-1-2. 청구권자

상속채권자나 유증을 받은 사람 또는 상속인의 채권자는 상속개시지의 가정법원에 재산분리를 청구할 수 있습니다(「민법」 제1045조제1항 및 「가사소송법」 제44조제1항제6호).

1-1-3. 상대방

① 상속재산분리를 청구할 수 있는 상대방은 상속인이고, 상속인을 알 수 없을 때에는 상속재산관리인이 상대방이 됩니다.

② 상속인이 여러 명인 경우에는 전원을 상대방으로 해야 합니다.

1-1-4. 청구기간

① 청구는 상속이 개시된 날, 즉 피상속인이 사망한 날부터 3개월 내에 해야 합니다(「민법」 제1045조제1항).

② 상속인이 상속의 승인이나 포기를 하지 않은 동안은 피상속인이 사망한 날부터 3개월이 경과된 후에도 재산의 분리를 법원에 청구할 수 있습니다(「민법」 제1045조제2항). 이는 상속의 승인이나 포기 기간이 '상속개시있음을 안 날로부터' 3월 내(「민법」 제1019조제1항)이므로 상속개시일(피상속인이 사망한 날)로부터 3월 보다 더 길 수 있기 때문입니다.

1-1-5. 청구장소(관할법원)

상속개시지의 가정법원에 상속재산분리의 청구를 합니다[「가사소송법」 제2조제1항제2호가목35), 제44조제6호 및 제39조].

1-2. 상속재산분리절차

1-2-1. 가정법원의 재산분리명령

청구권자의 재산분리청구가 적법하게 이루어진 경우 가정법원은 재산분리를 명령합니다.

1-2-2. 채권자 등에 대한 공고·최고

① 가정법원이 상속재산의 분리청구에 따라 재산의 분리를 명한 때에는 그 청구자는 5일 이내에 일반상속채권자와 유증받은 사람에 대하여 재산분리의 명령있은 사실과 일정한 기간 내에 그 채권 또는 수증을 신고할 것을 공고해야 합니다. 그 기간은 2개월 이상이어야 합니다(「민법」 제1046조제1항).

② 채권신고의 공고에는 채권자가 기간 내에 신고하지 않으면 청산으로부터 제외될 것을 표시해야 합니다(「민법」 제1046조제2항

및 제88조제2항).

③ 채권신고의 공고는 법원의 등기사항의 공고와 동일한 방법으로
해야 합니다(「민법」 제1046조제2항 및 제88조제3항).

④ 상속재산분리 청구자는 알고 있는 상속채권자 및 수증자에게 대
해서 각각 그 채권 및 수증의 신고를 최고(催告)해야 합니다. 알
고 있는 상속채권자 및 수증자는 분리된 상속재산의 청산으로부
터 제외하지 못합니다(「민법」 제1046조제2항 및 제89조).

1-2-3. 상속재산관리에 관한 처분명령

① 가정법원이 재산의 분리를 명한 때에는 상속재산의 관리에 관하
여 필요한 처분을 명할 수 있습니다(「민법」 제1047조제1항).

② 대개의 경우 가정법원은 재산관리인을 선임합니다. 이러한 재산
관리인에게는 부재자의 재산관리에 관한 규정이 준용됩니다.

③ 상속인이 단순승인을 한 후에도 재산분리의 명령이 있는 때에는
상속재산에 대하여 자기의 고유재산과 동일한 주의로 관리해야
합니다(「민법」 제1048조제1항).

④ 상속인은 상속채권자, 상속인의 채권자 또는 수증자의 청구가 있
는 때에는 재산관리의 처리상황을 보고하고 재산관리가 종료한
때에는 지체 없이 그 전말을 보고해야 합니다(「민법」 제1048조제
1항 및 제683조).

⑤ 상속인은 상속재산관리의 처리로 인하여 받은 금전 그 밖의 물건
및 그 수취한 과실을 상속채권자, 상속인의 채권자 또는 수증자
에게 인도해야 합니다(「민법」 제1048조제1항 및 제684조제1항).

⑥ 상속인이 상속채권자, 상속인의 채권자 또는 수증자를 위하여 자
기의 명의로 취득한 권리는 상속인에게 이전해야 합니다(「민법」
제1048조제1항 및 제684조제2항).

⑦ 상속인이 상속채권자, 상속인의 채권자 또는 수증자에게 인도할

금전 또는 상속인의 이익을 위하여 사용할 금전을 자기를 위하여 소비한 때에는 소비한 날 이후의 이자를 지급해야 하며 그 밖의 손해가 있으면 이를 배상해야 합니다(「민법」 제1048조제1항 및 제685조).

⑧ 상속인이 상속재산관리의 처리에 관하여 필요비를 지출한 때에는 상속채권자, 상속인의 채권자 또는 수증자에 대하여 지출한 날 이후의 이자를 청구할 수 있습니다(「민법」 제1048조제1항 및 제688조제1항).

⑨ 상속인이 재산관리의 처리에 필요한 채무를 부담한 때에는 상속채권자, 상속인의 채권자 또는 수증자에게 자기에 갈음하여 이를 변제하게 할 수 있고 그 채무가 변제기에 있지 않은 때에는 상당한 담보를 제공하게 할 수 있습니다(「민법」 제1048조제1항 및 제688조제2항).

1-3. 상속재산분리의 효과

1-3-1. 상속재산분리의 효과

재산분리의 명령이 있는 때에는 피상속인에 대한 상속인의 재산상 권리의무는 소멸하지 않습니다(「민법」 제1050조).

1-3-2. 재산분리의 대항요건

다만, 상속재산인 부동산에 관해서는 재산의 분리를 등기하지 않으면 제3자에게 대항하지 못합니다(「민법」 제1049조).

1-3-3. 배당변제

① 상속인은 상속이 개시된 날부터 3개월 이내(「민법」 제1045조) 및 채권자에 대한 공고·최고 기간(「민법」 제1046조)의 만료 전에는 상속채권자와 유증 받은 사람에 대하여 변제를 거절할 수 있습니

다(「민법」제1051조제1항).

② 위의 기간만료 후에 상속인은 상속재산으로써 재산분리의 청구
또는 그 기간 내에 신고한 상속채권자, 유증 받은 사람과 상속인
이 알고 있는 상속채권자, 유증 받은 사람에 대하여 각 채권액
또는 수증액의 비율로 변제해야 합니다. 그러나 우선권 있는 채
권자의 권리를 해하지 못합니다(「민법」제1051조제2항).

③ 상속재산의 분리 명령이 있는 경우, 한정승인과 비슷한 효과가
있기 때문에 한정승인에 관한「민법」제1035조~제1038조의 규정이
아래와 같이 준용됩니다(「민법」제1051조제3항).

　　ⓐ 상속인은 변제기에 이르지 않은 채권에 대해서도 각 채권액의
비율로 변제해야 합니다(「민법」제1051조제3항 및 제1035조
제1항). 조건 있는 채권이나 존속기간의 불확정한 채권은 가
정법원의 선임한 감정인의 평가에 의하여 변제해야 합니다
(「민법」제1051조제3항 및 제1035조제2항).

　　ⓑ 상속인은 상속채권자에 대한 변제를 완료한 후가 아니면 유증
받은 사람에게 변제하지 못합니다(「민법」제1051조제3항 및
제1036조).

　　ⓒ 상속채권자나 유증받은 사람에게 변제(「민법」제1034조부터
제1036조까지)를 하기 위해 상속재산의 전부나 일부를 매각
할 필요가 있는 때에는「민사집행법」에 따른 경매를 해야 합
니다(「민법」제1051조제3항 및 제1037조).

1-3-4. 부당변제

① 상속인이 채권자에 대한 공고나 최고(「민법」제1032조)를 게을리
하거나「민법」의 규정(「민법」제1033조부터 제1036조까지)에 위
반하여 어느 상속채권자나 유증 받은 사람에게 변제함으로써 다
른 상속채권자나 유증 받은 사람에 대하여 변제할 수 없게 된 때

에는 상속인은 그 손해를 배상해야 합니다.

② 부당변제(「민법」 제1038조제1항 전단)의 경우에 변제를 받지 못한 상속채권자나 유증 받은 사람은 그 사정을 알고 변제를 받은 상속채권자나 유증 받은 사람에 대하여 구상권을 행사할 수 있습니다.

③ 부당변제로 인한 손해배상청구권과 구상권 행사의 소멸시효는 구상권자 또는 그 법정대리인이 그 손해를 안 날로부터 3년간 이를 행사하지 않으면 시효로 소멸하고, 부당변제가 이루어진 날부터 10년이 경과되면 시효로 소멸됩니다(「민법」 제1051조제3항, 제1038조제3항 및 제766조).

1-3-5. 고유재산으로부터의 변제

① 부당변제(「민법」 제1051조제3항 및 제1038조제1항)에 의한 상속채권자와 유증 받은 사람은 상속재산으로써 전액의 변제를 받을 수 없는 경우에 한하여 상속인의 고유재산으로부터 그 변제를 받을 수 있습니다(「민법」 제1052조제1항).

② 위의 경우에 상속인의 채권자는 상속인의 고유재산으로부터 우선 변제를 받을 권리가 있습니다(「민법」 제1052조제2항).

Q 저는 8년 전 고아인 남편과 만나 혼인신고 없이 동거하고 있는데, 남편은 얼마 전 회사에서 일을 끝마치고 집으로 돌아오던 중 교통사고로 사망하였습니다. 8년 간 결혼생활을 하며 취득한 남편명의의 부동산과 교통사고 배상금에 대하여 제가 상속받을 수 있는지요?

A 우리 「민법」은 당초 피상속인의 직계비속, 직계존속, 형제자매, 4촌 이내의 방계혈족 및 배우자에 한하여 상속인이 될 수 있으며, 이러한 상속인이 없는 상속재산은 국가에 귀속된다고 규정하고 있습니다. 그러나 사실상의 배우자나 사실상의 양자와 같이, 피상속인과 생계를 같이 하고 있거나 피상속인의 요양간호를 한 자, 기타 피상속인과 특별한 연고가 있던 자는 법률상 상속인이 아니기 때문에 피상속인의 재산을 상속할 길이 없다면 이는 불합리하다 할 것입니다. 이를 시정하기 위하여 현행 민법은 상속권을 주장하는 자가 없는 경우에 한하여 특별연고자에 대한 분여를 인정하였습니다(민법 제1057조의 2). 결국 「민법」에 의하면, ①상속인의 존부가 분명하지 아니한 때에는 법원은 피상속인의 친족 기타 이해관계인 또는 검사의 청구에 의하여 상속재산관리인을 선임하고 지체 없이 이를 공고한 후에 공고가 있는 날로부터 3월 내에 상속인의 존부를 알 수 없는 때에는 관리인은 지체 없이 일반상속채권자와 유증받은 자에 대하여 2월 이상의 기간을 정하여 그 기간 내에 그 채권 또는 유증받은 사실을 신고할 것을 공고하여야 하며, ②공고기간 내에 상속권을 주장하는 자가 없는 때에는 가정법원은 피상속인과 생계를 같이하고 있던 자, 피상속인의 요양간호를 한 자 기타 피상속인과 특별한 연고가 있던 자의 청구에 의하여 상속재산의 전부 또는 일부를 분여할 수 있는데, 이 청구는 가정법원이 상속인수색의 공고에서 정한 상속권주장의 최고기간이 만료된 후 2월 이내에 하여야 합니다(민법 제1053조,제1056조,제1057조

의2제2항). 그리고 가정법원에서 분여청구를 인용하는 경우에도 그 분여의 범위는 법원의 자유로운 판단에 의하여 결정될 것입니다.

■ 사망한 사람의 상속재산을 확인하는 방법으로 무엇이 있나요?

Q 사망한 사람의 상속재산을 확인하는 방법으로 무엇이 있나요?

A ① 부동산
  ○ 신청방법 및 장소
    사망자의 주민등록 주소지 시.군,구, 읍.면.동의 가족관계등록 담당 공무원에게 '안심상속 원스톱서비스'를 신청하거나, 시·도 및 시·군·구청 지적부서를 상속인이 직접 방문하여 신청하면 됩니다.
  ○ 구비서류
    상속인임을 알 수 있는 서류 : 제적등본 또는 가족관계증명서와 상속인의 신분증(주민등록증 등). 제적등본상에 본인과 사망자와의 관계 및 사망일자가 나타나야 합니다.
② 금융자산
  ○ 조회신청 장소
    사망자의 주민등록 주소지 시. 군, 구, 읍. 면, 동의 가족관계등록 담당공무원에게 '안심상속 원스톱서비스'를 신청하거나, 금융감독원 서울 본원 금융소비자보호센터, 금융감독원의 각 지원 및 출장소
  ○ 신청서류
    1. 사망사실 및 상속관계를 확인할 수 있는 피상속인의 가족관계증명서와 기본증명서(또는 제적등본) 및 신청인의 신분증
    2. 가족관계등록부에 사망사실 등이 기재되지 아니한 경우
    3. 피상속인 사망시 : 가족관계증명서와 사망진단서(사체검안서) 원본
    4. 실종 또는 심신상실시 : 기본증명서 또는 법원판결문(실종선고, 금치산선고) 원본
      ※ 가족관계등록부(가족관계증명서 등) 제출시 유의사항
      - 피상속인 및 상속인등 관련인의 주민등록번호가 가족관계증

명서에 정확히 기재되었는지 여부 확인

- 대리인이 신청하는 경우에는 상속인등의 인감도장이 날인되어 있는 위임장 및 위임자(상속인등)의 인감증명서를 첨부하고, 대리인은 신분증 지참

2. 상속인이 없는 경우

2-1. 상속인이 없는 경우에 재산분여절차 개관

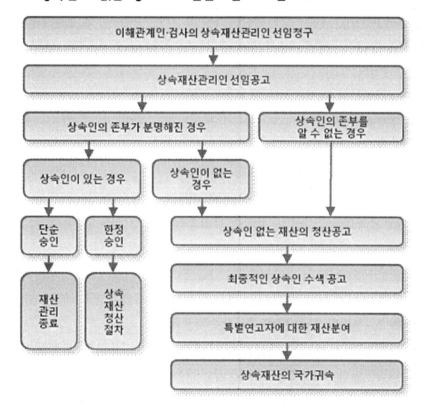

2-2. 상속재산관리인의 선임청구 및 공고

2-2-1. 상속재산관리인의 선임청구 및 공고

① 상속인이 있는지가 분명하지 않은 때에는 피상속인의 친족, 그

밖의 이해관계인은 가정법원에 상속재산관리인의 선임을 청구할 수 있습니다(「민법」 제1053조제1항).

② "피상속인의 친족"이란 8촌 이내의 혈족, 4촌 이내의 인척 및 배우자를 말합니다(「민법」 제777조).

③ "그 밖의 이해관계인"이란 상속재산을 관리·청산함에 있어서 법률상의 이해관계를 가지는 사람이나, 상속채권자, 유증받은 사람 등을 말합니다.

④ 이에 가정법원은 상속재산관리인을 선임한 뒤 지체 없이 공고해야 합니다[「민법」 제1053조제1항 및 「가사소송법」 제2조제1항제2호가목 37)].

⑤ 상속재산관리인의 선임공고의 내용은 다음과 같습니다(「가사소송규칙」 제79조).

1. 청구인의 성명과 주소
2. 피상속인의 성명, 직업과 최후주소
3. 피상속인의 출생과 사망 장소 및 그 일자
4. 상속재산관리인의 성명과 주소

⑥ 공고에 필요한 비용은 상속재산의 부담으로 합니다(「가사소송규칙」 제81조).

2-2-2. 선임된 재산관리인의 상속재산관리

① 가정법원이 선임한 재산관리인은 관리할 재산목록을 작성해야 합니다(「민법」 제1053조제1항 및 제24조제1항).

② 가정법원은 그 선임한 재산관리인에 대하여 상속재산을 보존하기 위하여 필요한 처분을 명할 수 있습니다(「민법」 제1053조제1항 및 제24조제2항).

③ 재산관리인이 상속재산관리를 위해 사용한 비용은 상속재산에서 지급됩니다(「민법」 제1053조제1항 및 제24조제4항).

④ 가정법원이 선임한 재산관리인이 보존행위, 재산관리의 목적인 물건이나 권리의 성질을 변하지 않는 범위에서 그 이용 또는 개량하는 행위(「민법」 제118조)를 할 때에는 가정법원의 허가를 얻어야 합니다. 상속인의 생사가 분명하지 않은 경우에 재산관리인이 권한을 넘는 행위를 할 때에도 가정법원의 허가를 얻어야 합니다(「민법」 제1053조제1항 및 제25조).

⑤ 재산관리인은 상속채권자나 유증받은 사람의 청구가 있는 때에는 언제든지 상속재산의 목록을 제시하고 그 상황을 보고해야 합니다(「민법」 제1054조).

2-2-3. 선임된 상속재산관리인의 담보제공

가정법원은 선임한 상속재산관리인으로 하여금 재산의 관리 및 반환에 관하여 상당한 담보를 제공하게 할 수 있습니다(「민법」 제1053조제1항 및 제26조제1항).

2-2-4. 선임된 상속재산관리인의 보수(報酬)

가정법원은 그 선임한 상속재산관리인에 대하여 상속재산으로 상당한 보수를 지급할 수 있습니다(「민법」 제1053조제1항 및 제26조제2항).

상속재산관리인선임 심판청구서

청 구 인   성   명 :   (☎ :   )
          주민등록번호 :
          주   소 :
          송 달 장 소 :
사건본인(亡)   성   명 :
          주민등록번호 :
          최 후 주 소 :
          등 록 기준지 :

청 구 취 지

 사건본인 망   의 상속재산관리인으로 [성명 :   ,
주민등록번호: -   , 주소:)를 선임한다.
라는 심판을 구합니다.

청 구 원 인

 청구인은 피상속인의 직장동료로서 피상속인에 대하여 금 3천만
원의 채권을 가진 채권자인 바, 피상속인은 청구인에게 위 채
무금을 변제하지 않고 있던 중 20__.__.__. 최후주소지에서 갑
자기 심장마비로 사망하여 상속이 개시되었으나 피상속인의 상
속인이 있는지 여부를 전혀 알 수가 없어 별지 기재 피상속인
의 상속재산에 대한 관리를 위하여 관리인이 필요하므로 본 청
구에 이른 것입니다.

첨 부 서 류

1. 청구인의 주민등록표등(초)본   1통
1. 피상속인의 기본증명서, 가족관계증명서(2007.12.31.까지 사망

신고의 경우 제적등본), 말소된 주민등록표등(초)본 각 1통
1. 재산증명서류(부동산등기사항전부증명서 등)

20 . . .
청구인 :   (서명 또는 날인)

서울○○법원 귀중

☞ 유의사항
1. 관할법원은 피상속인의 최후주소지 가정법원입니다.
2. 청구서에는 사건본인 1인당 수입인지 5,000원을 붙여야 합니다.
3. 송달료는 송달료취급은행에 납부하고 납부서를 첨부하여야 합니다.
4. ☎ 란에는 연락 가능한 휴대전화번호(전화번호)를 기재하시기 바랍니다.

Q 甲은 乙에 대하여 5,000만원의 대여금채권을 갖고 있었고, 최근 乙이 사망하였으나 그 상속인을 알 수 없어 법원에 「민법」 제1053조 제1항에 의한 상속재산관리인 선임청구를 하였습니다. 그런데 법원은 甲에게 그 상속재산관리인 보수상당액의 예납을 명하였는바, 甲이 그 보수상당액에 대한 예납의무가 있는지, 또한 그 예납명령에 대한 불복방법은 어떻게 되는지요?

A 「민법」 제26조 제2항은 "법원은 그 선임한 재산관리인에 대하여 부재자의 재산으로 상당한 보수를 지급할 수 있다."라고 규정하고 있고, 같은 법 제1053조는 "①상속인의 존부가 분명하지 아니한 때에는 법원은 제777조의 규정에 의한 피상속인의 친족 기타 이해관계인 또는 검사의 청구에 의하여 상속재산관리인을 선임하고 지체 없이 이를 공고하여야 한다. ②제24조 내지 제26조의 규정은 전항의 재산관리인에 준용한다."라고 규정하고 있으며, 「민사소송법」 제116조 제1항은 "비용을 필요로 하는 소송행위에 대하여 법원은 당사자에게 그 비용을 미리 내게 할 수 있다."라고 규정하고 있습니다. 또한, 「민사소송규칙」 제19조 제1항에서는 「민사소송법」 제116조 제1항의 규정에 따라 법원이 소송비용을 미리 내게 할 수 있는 당사자는 그 소송행위로 이익을 받을 당사자로 하되, ① 송달료는 원고(상소심에서는 상소인을 말함), ②변론의 속기 또는 녹음에 드는 비용은 신청인. 다만, 직권에 의한 속기 또는 녹음의 경우에 그 속기 또는 녹음으로 이익을 받을 당사자가 분명하지 아니한 때에는 원고, ③증거조사를 위한 증인·감정인·통역인 등에 대한 여비·일당·숙박료 및 감정인·통역인 등에 대한 보수와 법원 외에서의 증거조사를 위한 법관, 그 밖의 법원공무원의 여비·숙박료는 그 증거조사를 신청한 당사자. 다만, 직권에 의한 증거조사의 경우에 그 증거조사로 이익을 받을 당사자가 분명하지 아니한 때에는 원고, ④상소법원에 소송기록을 보내는 비용은 상소인의 기준을 따라야 한다고 규정하고 있습니다. 그리고 「가사소송

규칙」 제4조 제1항에 의하면 「가사소송법」 및 「가사소송규칙」에 의한 사실조사, 증거조사, 소환, 고지, 공고, 기타 심판절차의 비용의 예납에 관하여는 특별한 규정이 있는 경우를 제외하고는 「민사소송법」 제116조 및 민사소송규칙 제19조, 제20조의 규정을 준용한다고 규정하고 있으며, 「가사소송규칙」 제52조 제1항에 의하면 "가정법원이 부재자의 재산관리에 관하여 직권으로 심판하거나 청구에 상응한 심판을 한 경우에는, 심판 전의 절차와 심판의 고지비용은 부재자의 재산의 부담으로 한다. 가정법원이 명한 처분에 필요한 비용도 같다."라고 규정하고 있고, 「가사소송규칙」 제78조(상속재산의 관리와 보존)에 의하면 "제41조 내지 제52조의 규정은 민법 제1023조(제1044조의 규정에 의하여 준용되는 경우를 포함), 제1040조 제1항, 제1047조 및 민법 제1053조의 규정에 의한 상속재산의 관리와 보존에 관한 처분에 이를 준용한다."라고 규정하고 있습니다. 그러므로 상속재산관리인에 대하여 부재자의 재산으로 상당한 보수를 지급할 수 있고, 기타 심판절차의 비용의 예납에 관하여는 그 소송행위로 인하여 이익을 받을 당사자에게 그 비용을 예납하게 할 수 있으며, 그 비용은 피상속인의 상속재산의 부담으로 한다고 할 것입니다. 그런데 위 사안과 같이 상속재산관리인의 보수를 「가사소송규칙」 제4조 제1항에서 규정하고 있는 '기타 심판절차의 비용'에 포함된다고 보아 상속재산의 부담으로 볼 수 있는지, 그 비용의 예납을 청구인에게 명할 수 있는지 문제됩니다. 이에 관하여 판례는 "법원이 민법 제1053조 제1항에 의하여 선임하는 상속재산관리인의 보수는 가사소송규칙 제4조 제1항에서 규정하고 있는 '기타 심판절차의 비용'에 포함된다고 해석함이 상당하므로 위 규정이 준용하는 민사소송법 제106조(현행 민사소송법 제116조), 민사소송규칙 제5조(현행 민사소송규칙 제19조) 제1항에 의하여, 그 선임을 청구한 청구인에게 이를 예납하게 할 수 있고, 민법 제1053조 제2항, 제26조 제2항 및 가사소송규칙 제78조, 제52조 제1항의 규정들은 상속재산관리인의 보수는 종국적으로 상속재산의 부담으로 한다는 것일 뿐, 청구인에게 그 보수를 예납하게 하는 것을 금지한 취지는 아니므로 이러한 규정들이 있다 하여 위와 달리 볼 것은 아니며, 한편 그 보수 상당액의 예납명령에 대하여는 불예납을 이유로 하여 청구인에게 불이익한 심판 등이 이루어질 경우 그에 대한 불복절차에서 그 당부를 다툴 수 있을 뿐 독립하여 불복할 수 없다."라고 하였습니다(대법원 2001.8.22. 자 2000으2 결정).

따라서 상속재산관리인의 보수상당액에 대한 예납명령은 상속재산으로 부담하더라도 상속재산관리인의 선임청구인에게 할 수 있을 것이며, 한편 그 예납명령에 대하여 불복할 경우에는 독립하여 불복할 수는 없다 할 것이고, 만일 불예납을 이유로 하여 청구인에게 불이익한 심판 등이 이루어질 경우 그에 대한 불복절차에서 그 당부를 다툴 수 있을 것으로 보입니다.

2-3. 상속인이 나타난 경우

① 관리인의 임무는 상속인의 존재가 분명하고, 그 상속인이 상속의 승인을 한 때에 종료합니다(「민법」 제1055조제1항).

② 상속인이 상속의 승인을 한 때에는 관리인은 지체 없이 그 상속인에 대하여 관리의 계산을 해야 합니다(「민법」 제1055조제2항).

2-4. 상속인이 나타나지 않는 경우

2-4-1. 청산(淸算)의 공고

① 상속재산관리인의 선임공고(「민법」 제1053조제1항)가 있는 날부터 3개월 내에 상속인의 존부를 알 수 없는 때에는 관리인은 지체 없이 일반상속채권자와 유증 받은 사람에 대하여 일정한 기간 내에 그 채권 또는 수증을 신고할 것을 공고해야 합니다. 그 기간은 2개월 이상이어야 합니다(「민법」 제1056조제1항).

② 채권신고의 공고에는 채권자가 기간 내에 신고하지 않으면 청산으로부터 제외될 것을 표시해야 합니다(「민법」 제1056조제2항 및 제88조제2항).

③ 채권신고의 공고는 법원의 등기사항의 공고와 동일한 방법으로 해야 합니다(「민법」 제1056조제2항 및 제88조제3항).

2-4-2. 알고 있는 채권자에 대한 채권신고의 최고

상속재산관리인은 알고 있는 채권자에게 대해서 각각 그 채권신고를 최고해야 합니다. 알고 있는 채권자는 청산으로부터 제외하지 못합니다(「민법」 제1056조제2항 및 제89조).

2-4-3. 변제의 순서와 청산의 방법

① 상속재산관리인은 채권자에 대한 공고기간 만료 전에는 상속채권의 변제를 거절할 수 있습니다(「민법」 제1056조제2항 및 제1033조).

② 상속재산관리인은 공고기간 만료 후에 상속재산으로서 그 기간 내에 신고한 채권자와 상속재산관리인이 알고 있는 채권자에 대하여 각 채권액의 비율로 변제해야 합니다. 그러나 우선권 있는 채권자의 권리를 해하지 못합니다(「민법」 제1056조제2항 및 제1034조제1항).

③ 상속인이 한정승인(「민법」 제1019조제3항)을 한 경우에는 그 상속인은 상속재산 중에서 남아있는 상속재산과 함께 이미 처분한 재산의 가액을 합하여 변제를 해야 합니다. 다만, 한정승인을 하기 전에 상속채권자나 유증 받은 사람에 대하여 변제한 가액은 이미 처분한 재산의 가액에서 제외합니다(「민법」 제1056조제2항 및 제1034조제2항).

④ 상속재산관리인은 변제기에 이르지 않은 채권에 대해서도 각 채권액의 비율로 변제해야 합니다(「민법」 제1056조제2항 및 제1035조제1항).

⑤ 조건 있는 채권이나 존속기간의 불확정한 채권은 법원의 선임한 감정인의 평가에 의하여 변제해야 합니다(「민법」 제1056조제2항 및 제1035조제2항). 이때 감정인의 선임과 그 감정인의 감정에 소요된 비용은 상속재산의 부담으로 합니다(「가사소송규칙」 제82조).

⑥ 상속재산관리인은 상속채권자에 대한 변제를 완료한 후가 아니면 유증받은 사람에게 변제하지 못합니다(「민법」 제1056조제2항 및 제1036조).

⑦ 상속재산의 청산을 위한 변제를 하기 위해 상속재산의 전부나 일부를 매각할 필요가 있는 때에는 「민사집행법」에 따른 경매를 해야 합니다(「민법」 제1056조제2항 및 제1037조).

⑧ 상속재산관리인이 채권자에 대한 공고나 최고(「민법」 제1032조)를 게을리 하거나 「민법」의 규정(「민법」 제1033조부터 「민법」 제1036조까지)에 위반하여 어느 상속채권자나 증여 받은 사람에

게 변제함으로써 다른 상속채권자나 유증 받은 사람에 대하여 변제할 수 없게 된 때에는 상속재산관리인은 그 손해를 배상해야 합니다(「민법」 제1056조제2항 및 제1038조제1항).

⑨ 상속재산청산을 위한 변제가 부당하게 이루어진 경우(「민법」 제1038조제1항 전단)에 변제를 받지 못한 상속채권자나 유증 받은 사람은 그 사정을 알고 변제를 받은 상속채권자나 유증받은 사람에 대하여 구상권을 행사할 수 있습니다(「민법」 제1056조제2항 및 제1038조제2항).

⑩ 부당변제로 인한 구상권 행사의 소멸시효는 구상권자 또는 그 법정대리인이 그 손해를 안 날로부터 3년간 이를 행사하지 않으면 시효로 소멸하고, 부당변제가 이루어진 날부터 10년이 경과되면 시효로 소멸됩니다(「민법」 제1056조제2항, 제1038조제3항 및 제766조).

⑪ 채권자에 대한 공고나 최고(「민법」 제1032조제1항)의 기간 내에 신고하지 않은 상속채권자 및 유증받은 사람으로서 상속재산관리인이 알지 못한 사람은 남은 상속재산이 있는 경우에 한하여 그 변제를 받을 수 있습니다. 그러나 상속재산에 대하여 특별담보권이 있는 때에는 그러하지 않습니다(「민법」 제1056조제2항 및 제1039조).

2-5. 최종적인 상속인 수색(搜索) 공고

① 청산을 위한 신고(「민법」 제1056조제1항) 기간이 경과하여도 상속인의 존부를 알 수 없는 때에는 법원은 관리인의 청구에 의하여 상속인이 있으면 일정한 기간 내에 그 권리를 주장할 것을 공고해야 합니다. 그 기간은 1년 이상이어야 합니다(「민법」 제1057조).

② 상속인의 수색공고에는 다음을 기재해야 합니다(「가사소송규칙」 제80조 및 제79조제1호부터 제3호까지).

1. 청구인의 성명과 주소
2. 피상속인의 성명, 직업과 최후주소
3. 피상속인의 출생과 사망장소 및 그 일자
4. 상속인은 일정한 기간 내에 그 권리를 주장하라는 뜻의 최고

③ 상속인의 수색공고에 필요한 비용은 상속재산의 부담으로 합니다 (「가사소송규칙」 제81조).

[서식] 상속인수색의 공고청구서

상속인 수색공고 청구

청 구 인   상속재산관리인 변호사 ○ ○ ○
주소   ○○시 ○○구 ○○길 ○○(우편번호)
전화   ○○○ - ○○○○

피 상 속 인   △ △ △
19○○년 ○월 ○일생
등록기준지   ○○시 ○○구 ○○길 ○○
주소   ○○시 ○○구 ○○길 ○○(우편번호)
전화   ○○○ - ○○○○

청 구 취 지

피상속인에게 상속인이 있으면 일정한 기간 내에 그 권리를 주장할 취지의 공고를 구함.

청 구 원 인

청구인은 대구가정법원 20○○느○○○호 상속재산관리인 선임사건에 관하여 20○○년 ○월 ○일 청구 외 망 ▽▽▽의 상속재산 관리인으로 선임되어 ○○가정법원에서 상속재산관리인선임의 공고를 하였는데 2개월 내에 상속인이 있음이 분명치 않아서 일반 상속채권자와 유증 받은 자에 대하여 일정한 기간 내에 그 채권 또는 수증을 신고할 것을 공고하였으나 아직 상속인이 있음이 분명치 않으므로 다시 상속인이 있으면 일정한 기간 내에 그 권리를 주장할 취지의 공고를 구하기 위하여 본 청구에 이르게 되었습니다.

첨 부 서 류

1.   상속재산 관리인선임 심판사본   1통
1.   상속권 주장의 최고 공고서   1통
1.   납 부 서   1통

20○○년 ○월 ○일

위 청구인 상속재산관리인

변호사   ○ ○ ○ (서명 또는 날인)

○ ○ 가 정 법 원 귀중

2-6. 특별연고자가 있는 경우

2-6-1. 특별연고자에 대한 분여심판

① 상속인수색공고(「민법」 제1057조) 기간 내에 상속권을 주장하는 사람이 없는 때에는 특별연고자는 상속재산분여를 청구할 수 있습니다(「민법」 제1057조의2제1항).

② 특별연고자의 심판청구가 타당하다고 인정되면 가정법원은 상속재산의 전부 또는 일부를 분여(分與)할 것을 심판으로 결정합니다(「민법」 제1057조의2제1항).

③ 특별연고자가 될 수 있는 사람

"특별연고자"란 피상속인이 사망할 당시에 특별한 연고가 있는 사람을 말하며 다음과 같은 사람이 될 수 있습니다.

  1. 피상속인과 생계를 같이 하고 있던 사람

  2. 피상속인의 요양간호를 한 사람

  3. 피상속인이 의뢰하여 피상속인과 그 선조의 제사를 봉행할 사람

  4. 유산을 관리하던 사람

  5. 사실혼 관계에 있던 사람

2-6-2. 청구기간

상속재산 분여에 관한 심판(「민법」 제1057조의2제1항) 청구는 상속인수색공고(「민법」 제1057조)의 기간의 만료 후 2개월 이내에 해야 합니다(「민법」 제1057조의2제2항).

2-6-3. 분여심판에 대한 이의제기

① 상속재산 분여의 심판(「민법」 제1057조의2)에 대해서는 피상속인과 생계를 같이 하고 있던 사람, 피상속인의 요양간호를 한 사람 그 밖에 피상속인과 특별한 연고가 있던 사람(「민법」 제1057조의2제1항)이 즉시 항고할 수 있습니다.

② "즉시항고(卽時抗告)"란 법원의 결정·명령에 대해 신속한 해결의 필요에 따라 재판이 고지된 후 1주일의 기간 내에 제기해야 하는 간이(簡易)한 상소(上訴)를 말합니다(「민사소송법」 제444조).

2-7. 특별연고자가 없는 경우

2-7-1. 상속재산의 국가귀속

① 특별연고자에게 분여(「민법」 제1057조의2)되지 않은 재산은 국가에 귀속됩니다(「민법」 제1058조제1항).

② 국가에 귀속되는 때에는 관리인은 지체 없이 그 상속인에 대하여 관리의 계산을 해야 합니다(「민법」 제1058조제2항 및 제1055조제2항).

2-7-2. 국가귀속재산에 대한 변제청구의 금지

국가에 귀속되는 때에는 상속재산으로 변제를 받지 못한 상속채권자나 유증을 받은 사람이 있는 때에도 국가에 대하여 그 변제를 청구하지 못합니다(「민법」 제1059조).

Q A(남)는 B(녀)와 혼인신고 없이 사실혼 관계를 유지하던 중 사망하였습니다. 이 경우 B에게는 A의 상속재산에 대하여 어떠한 권리도 없나요?

A B(녀)는 혼인신고가 없으므로 법률상 배우자가 아니어서 상속인이 될 수 없습니다(「민법」 제812조). 하지만 A의 상속인이 없는 경우에는 B는 특별연고자의 재산분여청구권을 행사하여 상속재산을 물려받을 수 있습니다(「민법」 제1057조의2). 이를 청구하기 위해서는 B는 이해관계인으로서 상속재산관리인을 선임한 뒤 상속인부존재의 공고를 내는 등 상속인 없는 경우의 재산귀속 절차를 밟아야 합니다. 한편, 사실혼관계에 있는 사람은 배우자가 사망하면 각종 연금수급권자가 되고, 임대차관계에 있어서 임차권을 승계할 수 있는 권리를 갖게 됩니다.

제6장

유류분반환청구는 어떻게 해야 하나요?

제6장
유류분반환청구는 어떻게 해야 하나요?

1. 유류분제도

1-1. 유류분제도의 의의

① "유류분(遺留分)"이란 상속 재산 가운데, 상속을 받은 사람이 마음대로 처리하지 못하고 일정한 상속인을 위하여 법률상 반드시 남겨 두어야 할 일정 부분을 말합니다.

② 「민법」은 유언을 통한 재산처분의 자유를 인정하고 있으므로 피상속인이 유언으로 타인이나 상속인 일부에게만 유증을 하면 상속인에게 상속재산이 이전되지 않을 수 있습니다.

③ 그러나 상속재산처분의 자유를 무제한적으로 인정하게 되면 가족생활의 안정을 해치고, 피상속인 사망 후의 상속인의 생활보장이 침해됩니다.

④ 이러한 불합리를 막고 상속인의 생활을 보장하기 위해 우리 「민법」은 유류분제도를 인정합니다.

■ **유류분제도란 무엇인지요?**

Q 유류분제도란 어떠한 것인지요?

A 사유재산을 인정하는 사회에서 개인에게는 원칙적으로 자신이 소유하고 있는 재산을 자유롭게 처분 할 자유가 있습니다. 따라서 각 개인은 자신의 재산을 생전에 자유롭게 처분할 수 있음은 물론 유언에 의하여 사후에도 처분할 수 있는 것입니다. 그러나 이 원칙을 그대로 적용하게 되면 여러 가지 문제점이 생길 수 있는데, 유언자의 재산에 상속인이 될 가족

들의 노력의 결과가 어느 정도 포함되어 있다고 보아야 할 경우가 많기 때문입니다. 따라서 우리 민법은 이러한 경우에 있어서 개인재산처분의 자유, 거래의 안전과 가족생활의 안정, 가족재산의 공평한 분배라고 하는 서로 대립되는 요구를 타협·조정하기 위해 1977년에 유류분제도를 신설하였습니다. 즉, 상속이 개시되면 일정한 범위의 상속인은 피상속인재산의 일정한 비율을 확보할 수 있는 지위를 가집니다. 이것을 유류분권이라고 하는데, 이로부터 유류분을 침해하는 정도의 유증, 증여의 효력을 빼앗는 반환청구권이라는 구체적 권리가 발생하게 됩니다. 유류분을 가지는 사람은 피상속인의 직계비속, 배우자, 직계존속, 형제자매입니다(민법 제1112조). 그 중 유류분권을 행사할 수 있는 사람은 상속의 순위상 상속권이 있는 사람이어야 합니다. 예컨대, 제1순위 상속인인 직계비속이 있는 경우에는 제2순위 상속인인 직계존속은 유류분권을 행사할 수 없습니다. 태아도 살아서 출생하면 직계비속으로서 유류분권을 갖고 대습상속인도 피대습자의 상속분의 범위 안에서 유류분을 가집니다(민법 제1118조에 의한 제1001조, 제1010조 준용). 유류분은 법정상속권에 기초하고 있는 것이므로 상속권의 상실원인인 상속인의 결격·포기에 의하여 상속권을 상실한 때에는 유류분권도 당연히 잃게 됩니다. 상속인 중 유류분권자라도 그 유류분의 비율은 ① 피상속인의 직계비속은 법정상속분의 2분의 1, ② 피상속인의 배우자는 법정상속분의 2분의 1, ③ 피상속인의 직계존속은 법정상속분의 3분의 1, ④ 피상속인의 형제자매는 법정상속분의 3분의 1으로 차이가 있습니다(민법 제1112조). 또한, 유류분권에 기한 반환청구권은 유류분권리자가 상속의 개시와 반환하여야 할 증여 또는 유증을 한 사실을 안 때로부터 1년 내에 하지 아니하면 시효에 의하여 소멸하고 상속이 개시된 때로부터 10년을 경과한 때에도 또한 소멸합니다(민법 제1117조).

1-2. 유류분 권리자의 유류분

1-2-1. 유류분 권리자

① 유류분을 가지는 사람은 피상속인의 직계비속, 피상속인의 직계 존속, 피상속인의 형제자매 또는 배우자인 상속인입니다(「민법」 제1112조).

② 태아 및 대습상속인도 유류분권이 있습니다(「민법」 제1000조제3 항 및 제1118조).

③ 그러나 상속을 포기한 사람은 상속인이 아니므로 유류분반환청구 를 할 수 없습니다.

1-2-2. 유류분 권리자의 유류분(「민법」 제1112조)

순서	유류분 권리자	유류분율
1	피상속인의 직계비속	법정상속분 × 1/2
2	피상속인의 직계존속	법정상속분 × 1/3
3	피상속인의 형제자매	법정상속분 × 1/3

※ **피상속인의 배우자**가 있는 경우에는 1순위 또는 2순위 유류분 권리자와 함께 유류분 권리를 갖게 되며, 그의 유류분율은 법정상속분의 1/2입니다.

1-3. 유류분의 산정

① 유류분은 피상속인의 상속개시시에 있어서 가진 재산의 가액에 증여재산의 가액을 가산하고 채무의 전액을 공제하여 이를 산정 합니다(「민법」 제1113조제1항).

> ▶ **증여**
> ① 증여는 상속개시 전의 1년 간에 행한 것에 한하여 유류분산정의 방식 (「민법」 제1113조)에 따라 그 가액을 산정합니다(「민법」 제1114조 전단).
> ② 다만, 당사자 쌍방이 유류분 권리자에게 손해를 가할 것을 알고 증여 를 한 때에는 1년 전에 한 것도 마찬가지로 그 가액을 산정합니다(「민

법」 제1114조 후단).

③ 한편, 공동상속인 가운데 특별수익을 한 사람이 있는 경우 그 증여는 상속개시 1년 이전의 것이었는지, 당사자 쌍방이 손해를 가할 것을 알고 한 것인지 관계없이 유류분 산정을 위한 기초재산에 산입됩니다 (대법원 1996.9.25. 선고 95다17885 판결).

▶ 채무

① 판례는 유류분 산정시 공제되어야 할 채무의 범위와 관련하여 채무에 상속세, 상속재산의 관리·보존을 위한 소송비용 등 상속재산에 관한 비용이 포함되는지 여부가 문제된 사안에서, 공제되어야 할 채무란 상속채무, 즉 피상속인의 채무를 가리키는 것이고, 여기에 상속세, 상속재산의 관리·보존을 위한 소송비용 등 상속재산에 관한 비용은 포함되지 아니한다고 판시하였습니다(대법원 2015.5.14. 선고 2012다21720 판결).

② 유류분을 산정할 때 반환의무자가 증여받은 재산의 시가는 상속개시 당시를 기준으로 산정해야 하고, 해당 반환의무자에 대하여 반환해야 할 재산의 범위를 확정한 다음 그 원물반환이 불가능하여 가액반환을 명하는 경우에는 그 가액은 사실심 변론종결시를 기준으로 산정해야 합니다(대법원 2005.6.23. 선고 2004다51887 판결).

② 조건부의 권리 또는 존속기간이 불확정한 권리는 가정법원이 선임한 감정인의 평가에 의하여 그 가격을 정합니다(「민법」 제1113조제2항).

■ 아버지가 장남 사망 전에 장남의 자녀인 A에게 임야를 증여한 경우, 유류분산정을 위한 기초재산에 포함된다고 보아야 하나요?

Q 아버지가 사망하기 이전에 자녀 중 장남이 먼저 사망하였는데, 아버지가 장남 사망 전에 장남의 자녀인 A에게 임야를 증여한 경우, 이는 유류분산정을 위한 기초재산에 포함된다고 보아야 하나요?

A 민법 제1008조 는 공동상속인 중에 피상속인으로부터 재산의 증여 또는 유증을 받은 특별수익자가 있는 경우 공동상속인들 사이의 공평을 기하

기 위하여 그 수증재산을 상속분의 선급으로 다루어 구체적인 상속분을 산정함에 있어 이를 참작하도록 하려는 데 그 취지가 있는 것이므로, 대습상속인이 대습원인의 발생 이전에 피상속인으로부터 증여를 받은 경우 이는 상속인의 지위에서 받은 것이 아니므로 상속분의 선급으로 볼 수 없습니다. 그렇지 않고 이를 상속분의 선급으로 보게 되면, 피대습인이 사망하기 전에 피상속인이 먼저 사망하여 상속이 이루어진 경우에는 특별수익에 해당하지 아니하던 것이 피대습인이 피상속인보다 먼저 사망하였다는 우연한 사정으로 인하여 특별수익으로 되는 불합리한 결과가 발생하게 됩니다. 따라서 대습상속인의 위와 같은 수익은 특별수익에 해당하지 않는다고 봄이 타당합니다. 이는 유류분제도가 상속인들의 상속분을 일정 부분 보장한다는 명분 아래 피상속인의 자유의사에 기한 자기 재산의 처분을 그의 의사에 반하여 제한하는 것인 만큼 그 인정 범위를 가능한 한 필요최소한으로 그치는 것이 피상속인의 의사를 존중한다는 의미에서 바람직하다는 관점에서 보아도 더욱 그러합니다(대법원 2014.5.29. 선고 2012다31802 판결). 따라서 위 A는 유류분산정의 기초재산에 해당하지 않습니다.

1-4. 유류분액의 계산

[(적극상속재산액+증여액-상속채무액) × (각 상속인의 유류분율)] - 특별수익액

■ 유류분청구를 한 경우 귀속되는 금액은 얼마인지요?

Q 甲은 사망하기 2년전에 출가한 딸 乙에게 10억원을, 1년 2개월 전에 A에 14억원을, 6개월 전에 B에 10억원을 증여하였습니다. 총 재산 90억은 C에 유증한다고 하고 사망하였습니다. 그리고 甲의 부채는 47억인 것으로 확인 되었습니다. 처 丙과 아들 丁이 유류분청구를 한 경우 귀속되는 금액은 얼마인지요?

A 민법 제1113조 및 제1114조에 의하여 상속재산 90억원에 딸에게 증여한 10억 및 B에 증여한 10억을 가산하고, 채무인 47억을 공제한 63억이 기초재산이 됩니다. 이에 처와 아들은 각 3/7*1/2, 2/7*1/2에 해당하는 유류분으로 계산하여 각 13억 5천만원, 9억원의 유류분반환청구를할 수 있습니다.

■ **유류분반환청구권을 행사하려고 하는데, 유류분 부족액을 계산하는방법이 궁금합니다.**

Q 유류분반환청구권을 행사하려고 하는데, 유류분 부족액을 계산하는방법이 궁금합니다.

A 민법 제1113조는 "① 유류분은 피상속인의 상속개시시에 있어서 가진재산의 가액에 증여재산의 가액을 가산하고 채무의 전액을 공제하여 이를 산정한다. ② 조건부의 권리 또는 존속기간이 불확정한 권리는 가정법원이 선임한 감정인의 평가에 의하여 그 가격을 정한다."고 규정하고 있고, 동법 제1114조는 "증여는 상속개시전의 1년간에 행한 것에 한하여제1113조의 규정에 의하여 그 가액을 산정한다. 당사자 쌍방이 유류분권리자에 손해를 가할 것을 알고 증여를 한 때에는 1년전에 한 것도 같다."고 규정하고 있는바, 이를 구체적으로 정리하면 다음과 같습니다.

유류분 부족액 = 유류분산정의 기초액(A) × 유류분권리자의 유류분율
- 유류분권리자의 특별수익액(B) - 순상속분액(C)

    (A) = 적극상속재산액 + 증여액(사망 전 1년간 제3자에 대한 증여
           + 악의의 증여는 1년 전이라도 포함 + 상속인의 특별수익{1
           년 전 제한 없음}) - 상속채무액

    (B) = 그 유류분 권리자의 수증액 + 수유액

    (C) = 상속에 의해 얻은 재산액 - 상속채무부담액

따라서 위와 같은 방법으로 유류분 부족액을 계산하여서 유류분반환청구권을 행사하시면 되겠습니다.

Q 甲이 재산 5천만원을 남기고 사망하였는데, 그에게 子 A, B, C가 있습니다. 한편, 甲이 사망하기 3년 전에 A가 4천만원을 증여받고 甲 사망시 B가 4천만원을 유증받았는데, 이 경우 C가 유류분침해를 이유로 A와 B에게 반환청구를 할 수 있는 액수는 어떻게 되는지요?

A 우선, C의 유류분은 [(5천만원 + 증여 4천만원) × 상속분 1/3 × 유류분 1/2 = 1천 5백만원]입니다(민법 제1112조, 제1113조, 제1114조 참조). 이때 상속재산 5천만원으로 유증 4천만원을 이행하면 1천만원이 남으므로 C는 5백만원의 유류분 부족이 생깁니다. 그리고 유류분을 침해하는 증여와 유증이 있는 경우 유증의 수증자로부터 우선 반환을 받으므로(민법 제1116조), C는 B에게 5백만원의 반환을 청구할 수 있습니다.

2. 유류분반환청구권

2-1. 유류분반환청구권

① 유류분권리자가 피상속인의 증여 및 유증으로 인하여 그 유류분에 부족이 생긴 때에는 부족한 한도에서 그 재산의 반환을 청구할 수 있습니다(「민법」 제1115조제1항).

② 이때 피상속인이 한 증여는 상속개시 전 1년 이내의 것이어야 하는 것이 원칙이나, 상속인에 대한 증여 또는 유류분이 침해되는 것을 알고 행한 증여는 기간의 제한 없이 해당됩니다(「민법」 제1114조 및 대법원 1996.9.25. 선고 95다17885 판결).

2-2. 반환의 상대방

자신의 유류분액을 침해하여 유증 또는 증여를 받은 사람이 유류분청구의 상대방이 됩니다.

2-3. 청구의 방법

① 반환청구는 재판상 또는 재판외의 방법으로 할 수 있으며(대법원 2002.4.26. 선고 2000다8878 판결), 재판상의 방법으로 하는 경우에는 민사소송절차에 따라 진행됩니다.

2-4. 반환의 순서

① 유증을 반환받은 후가 아니면 수증자가 증여받은 것을 청구할 수 없습니다(「민법」 제1116조).

② 유류분 반환순서에 있어서 사인증여의 경우에는 유증의 규정이 준용될 뿐만 아니라 그 실제적 기능도 유증과 달리 볼 필요가 없으므로 유증과 같이 봅니다(대법원 2001.11.30. 선고 2001다6947 판결).

2-5. 반환의 방법

유류분을 반환청구하는 경우에 증여를 받은 사람이 여러 명인 때에는 각자가 얻은 증여가액의 비례로 반환해야 합니다(「민법」 제1115조제2항).

※ 피상속인의 상속재산을 유증받은 A(유증가액 1000만원)와 사전증여받은 B(수증가액 1500만원)와 C(수증가액 1500만원)가 있으며, 유류분권리자가 총 1500만원의 유류분액을 침해받은 경우의 반환방법

① 위의 경우에 유류분권리자는 먼저 유증을 받은 사람을 상대로 유류분 침해액의 반환을 구하여야 하고, 그 이후에도 여전히 유류분침해액이 남아 있는 경우에 한하여 증여를 받은 사람에 대하여 그 부족분을 청구할 수 있는 것이므로 A에게 A의 유증가액 1000만원을 먼저 청구해야 합니다(「민법」 제1116조, 대법원 2001.11.30. 선고 2001다6947 판결 참조).

② 이때 나머지 500만원의 부족분은 B와 C가 수증가액에 비례해서 반환

의무를 지게 되므로(「민법」 제1115조제2항), B와 C에게 각각 250만원 (500만원 × 1/2)씩의 반환을 청구할 수 있습니다. 즉, 유류분권리자는 먼저 A에게 1000만원을 청구하고, B와 C에게 250만원을 청구할 수 있습니다. 만약 유류분청구 당시 유증이 이행되지 않았다면 상속재산관리인에게 1000만원을 청구하면 됩니다.

2-6. 반환청구권의 소멸시효

반환의 청구권은 유류분권리자가 상속의 개시와 반환해야 할 증여 또는 유증을 한 사실을 안 때부터 1년 이내에 하지 않으면 시효에 의하여 소멸합니다. 상속이 개시된 때부터 10년이 경과된 때에도 시효에 의해 소멸합니다(「민법」 제1117조).

■ 재산을 모두 고아원에 기부한다는 유언장을 자필로 작성하시고 돌아가셨을 경우, 아무런 재산을 상속받을 수 없는 건지요?

Q 아버지는 생전에 기부활동을 많이 하셨습니다. 그리하여 돌아가실 때 본인의 재산을 모두 A고아원에 기부한다는 유언장을 자필로 작성하시고 돌아가셨습니다. 저는 동생과 홀로 살아가야하는데 아무런 재산을 상속받을 수 없는 건지요?

A 민법 제1112조 이하에 따른 유류분이란 법률상 상속인에게 귀속되는 것이 보장되는 상속재산에 대한 일정비율을 의미합니다. 따라서 귀하의 아버지가 유언으로 모든 재산을 고아원에 기부한다고 하셨다 하더라도 이는 유증으로 인하여 유류분의 부족이 생긴 것이므로, 그 부족한 한도에서 그 재산의 반환을 청구할 수 있습니다.

■ 유류분반환청구에 대한 계산은 어떻게 하나요?

Q 아버지는 어머니에게 10억원의 재산을 물려준다는 유언장을 자필증서에 의하여 작성하시고 사망하셨습니다. 하지만 어머니와 저는 떨

어져 살고 있어, 저는 따로 상속을 받아야 생계를 꾸리고 지낼 수 있습니다. 어머니는 저에게 아무런 재산을 주지 않는다고 합니다. 이 경우 저는 어떻게 해야 하는지요?

A 민법 제1115조에 따른 유류분반환청구를 검토해 볼 수 있습니다. 귀하는 직계비속으로서 법정상속분의 2분의 1을 유류분으로 하며, 피상속인의 상속개시시에 있어서 가진 재산의 가액에 증여재산의 가액을 가산하고 채무의 전액을 공제하여 이를 산정합니다. 따라서 10억원외 다른 재산 및 채무가 없다고 가정한다면, 법정상속분 2/5에 1/2를 곱한 1/5에 해당하는 한도 내에서 반환청구 할 수 있습니다.

■ 공동상속인 중 특별수익자가 있는 경우 유류분청구권의 인정범위는 어떻게 되나요?

Q 저희 아버지는 어머니와 저를 포함한 두 형제를 남기고 2개월 전 돌아가셨습니다. 아버지는 돌아가시기 2년 전 아버지 명의의 대지와 주택을 형의 명의로 이전해주면서 어머니와 동생인 저를 잘 돌볼 것을 부탁하셨습니다. 그러나 형은 아버지가 돌아가신 후 어머니를 모시려 하지도 않고 생활비도 주지 않아 다른 상속재산이 없는 어머니께서는 생계유지가 막막하여 유류분청구를 하려고 합니다. 이 경우 형에게 이전한 증여재산도 유류분청구의 대상이 될 수 있는지요?

A 「민법」제1113조 제1항은 "유류분은 피상속인의 상속개시시에 있어서 가진 재산의 가액에 증여재산의 가액을 가산하고, 채무의 전액을 공제하여 이를 산정한다."라고 규정하고 있고, 같은 법 제1114조는 "증여는 상속개시전의 1년 간에 행한 것에 한하여 제1113조의 규정에 의하여 그 가액을 산정한다. 당사자 쌍방이 유류분권리자에 손해를 가할 것을 알고 증여를 한 때에는 1년 전에 한 것도 같다."라고 규정하여, 원칙적으로 유류분을 산정함에 있어 증여재산의 가액에는 상속개시 전 1년 간에 행한

것만을 포함시키게 됩니다. 따라서 위 규정대로라면 귀하의 선친과 형 사이의 증여는 2년 전에 이루어졌기 때문에 유류분재산에 포함되지 아니한다고 하겠습니다. 그러나 판례는 공동상속인 중에서 피상속인으로부터 특별수익한 자가 있는 경우와 관련하여 '공동상속인 중에 피상속인으로부터 재산의 생전증여에 의하여 특별수익을 한 자가 있는 경우에는 민법 제1114조의 규정은 그 적용이 배제되고, 따라서 그 증여는 상속개시 1년 이전의 것인지 여부, 당사자 쌍방이 손해를 가할 것을 알고서 하였는지 여부에 관계없이 유류분산정을 위한 기초재산에 산입된다.'라고 하여 「민법」 제1114조를 배제하고 있습니다(대법원 1995.6.30. 선고 93다 11715 판결, 1996.2.9. 선고 95다17885 판결, 1998.12.8. 선고 97므 513, 520, 97스12 판결). 따라서 귀하의 어머니와 귀하는 각 상속지분의 2분의1에 상응하는 유류분을 청구할 수 있고, 그 유류분은 귀하의 형이 피상속인으로부터 2년 전에 증여 받은 대지와 주택을 포함하여 산정되어야 할 것입니다. 한편, 유류분권리자의 증여 또는 유증재산의 반환청구권은 유류분권리자가 상속개시와 반환하여야 할 증여 또는 유증을 한 사실을 안 때로부터 1년 내에 하지 아니하면 시효에 의하여 소멸하고, 상속이 개시한 때로부터 10년이 경과한 때도 소멸하므로 귀하는 이 기간을 준수하여 유류분권을 행사하여야 할 것입니다(민법 제1117조). 참고로 유류분산정시 산입될 '증여재산'에 아직 이행되지 아니한 증여계약의 목적물이 포함되는지 여부에 관하여 판례는 "유류분산정의 기초가 되는 재산의 범위에 관한 민법 제1113조 제1항에서의 '증여재산'이란 상속개시 전에 이미 증여계약이 이행되어 소유권이 수증자에게 이전된 재산을 가리키는 것이고, 아직 증여계약이 이행되지 아니하여 소유권이 피상속인에게 남아있는 상태로 상속이 개시된 재산은 당연히 '피상속인의 상속개시시에 있어서 가진 재산'에 포함되는 것이므로, 수증자가 공동상속인이든 제3자이든 가리지 아니하고 모두 유류분 산정의 기초가 되는 재산을 구성한다."라고 하였습니다(대법원 1996.8.20. 선고 96다13682 판결).

■ 유증으로 유류분이 침해된 경우 상속인은 어떤 구제방법이 있나요?

Q 저희 아버지는 장남인 저와 어머니 그리고 남동생 1명을 유족으로 두고 3개월 전에 사망하였습니다. 유산으로는 현재 저희 가족이 살고 있는 시가 7,000만원 상당의 집 한 채와 1억 4천만원 상당의 토지가 있으나, 아버지께서는 유언으로 집은 저희 가족에게 물려주고 토지는 甲이라는 사회봉사단체에 증여하셨습니다. 저희 가족들은 아버지의 높으신 뜻을 저버릴 생각은 없습니다만 생활을 이끌어가기 어려운 바, 이러한 경우 장남인 제가 상속재산의 일부를 청구할 수는 없는지요?

A 이러한 경우에 상속이 개시되면 우리 「민법」은 일정범위 내의 상속인에게 피상속인의 재산 중 일정비율을 확보할 수 있도록 하는 제도로 유류분제도를 두고 있습니다. 유류분이란 상속인이 상속재산 중 최소한으로 보장받을 수 있는 일정 비율을 의미합니다. 유류분권은 구체적으로는 반환청구권의 형태로 나타나며, 유류분권리자는 유류분에 부족이 생긴 한도에서 유증 또는 증여된 재산의 반환을 청구할 수 있습니다(민법 제1115조 제1항). 민법 제1112조에 따르면 피상속인의 배우자와 직계비속의 유류분은 그 법정상속분의 1/2이 됩니다. 귀하 가족의 법정상속분은 민법 제1009조에 의해 피상속인의 배우자인 귀하의 어머니는 1.5, 귀하와 귀하의 남동생은 각각 1의 비율로 됩니다(1.5:1:1). 따라서 법정 상속분에 따르면 어머니는 3/7, 귀하와 귀하의 남동생은 각 2/7의 비율로 상속받게 됩니다. 실제로 각 지분별로 계산해 보면 귀하의 어머니의 법정상속분은 9,000만원(=2억1천만원×3/7)이 되며, 귀하와 귀하의 남동생의 상속분은 각 6,000만원(=2억1천만원×2/7)이 됩니다. 그런데 유류분은 법정상속분의 1/2이므로 귀하 어머니의 유류분은 4,500만원이 되고, 귀하와 귀하의 남동생의 유류분은 각 3,000만원이 됩니다. 한편, 실제로 상속받은 재산은 귀하의 어머니의 경우 3,000만원(7,000만원×3/7), 귀하와 귀하의 남동생의 경우 각 2,000만원(7,000만원×2/7)밖에 되지 아

니하므로 유류분에 부족이 생긴 금액은 귀하의 어머니의 경우 1,500만원 (4,500만원—3,000만원), 귀하와 귀하의 남동생의 경우 각 1,000만원 (3,000만원—2,000만원)이 됩니다.

따라서 귀하의 가족은 각자 유류분으로부터 자신이 상속받은 재산이 부족한 만큼 甲에게 상속재산의 반환을 청구할 수 있습니다. 다만, 유류분 반환청구권은 상속의 개시 및 반환하여야 할 증여 또는 유증을 한 사실을 안 때로부터 1년 내에 행사하지 아니하거나, 상속이 개시된 때, 즉 귀하의 부친의 사망일로부터 10년 내에 행사하지 아니하면 시효에 의하여 소멸합니다.

■ 유류분반환청구권이 채권자대위권의 목적이 되는지요?

Q 채권자 甲은 채무자 乙에 대하여 1억 원의 금전채권을 가지고 있는데 乙은 丙에 대한 유류분반환청구권을 제외하고는 아무런 책임재산이 없는 상태입니다. 이 경우 甲은 乙의 丙에 대한 유류분반환청구권에 관하여 채권자대위소송을 제기할 수 있는지요?

A 사안의 경우, 유류분반환청구권이 채권자대위권의 목적이 될 수 있는지가 문제됩니다. 이와 관련하여 대법원은 "민법은 유류분을 침해하는 피상속인의 유증 또는 증여에 대하여 일단 그 의사대로 효력을 발생시킴으로써 피상속인의 재산처분에 관한 자유를 우선적으로 존중해 주는 한편 유류분반환청구권을 행사하여 그 침해된 유류분을 회복할 것인지 여부를 유류분권리자의 선택에 맡기고 있고, 이 경우 유류분권리자는 피상속인의 의사나 피상속인과의 관계는 물론 수증자나 다른 상속인과의 관계 등도 종합적으로 고려하여 유류분반환청구권의 행사 여부를 결정하게 된다. 그렇다면, 유류분반환청구권은 그 행사 여부가 유류분권리자의 인격적 이익을 위하여 그의 자유로운 의사결정에 전적으로 맡겨진 권리로서 행사상의 일신전속성을 가진다고 보아야 하므로, 유류분권리자에게 그 권리행사의 확정적 의사가 있다고 인정되는 경우가 아니라면 채권자대위권의 목

적이 될 수 없다(대법원 2010.05.27. 선고 2009다93992 판결)."고 판시한 바 있습니다.

따라서 甲은 乙의 丙에 대한 유류분반환청구권에 관하여 채권자대위소송을 제기할 수 없습니다.

■ 유류분반환청구권의 소멸시효는 언제까지 인가요?

Q 망인 A로부터 X토지에 관해 생전증여를 받고 등기를 받지 않은 채 직접 점유 및 관리를 해 오던 甲(공동상속인 중 1인)이 상속이 개시된 때로부터 10년이 경과한 후 다른 공동상속인 乙에게 증여에 의한 소유권이전등기를 한 것에 대해 다른 공동상속인 丙이 유류분반환청구를 하였습니다. 이 경우 丙의 유류분반환청구는 인용될 수 있는지요?

A 민법 제1117조는 "반환의 청구권은 유류분권리자가 상속의 개시와 반환하여야 할 증여 또는 유증을 한 사실을 안 때로부터 1년내에 하지 아니하면 시효에 의하여 소멸한다. 상속이 개시한 때로부터 10년을 경과한 때도 같다."고 규정하고 있습니다. 이와 관련하여 대법원은 "민법 제1117조의 유류분반환청구권은 상속이 개시한 때부터 10년이 지나면 시효에 의하여 소멸하고, 이러한 법리는 상속재산의 증여에 따른 소유권이전등기가 이루어지지 아니한 경우에도 달리 그 소멸시효 완성의 항변이 신의성실의 원칙에 반한다고 하는 등의 특별한 사정이 존재하지 아니하는 이상 달리 볼 것이 아니다(대법원 2008.07.10. 선고 2007다9719 판결)."고 판시한 바 있습니다.

따라서 甲이 증여받은 X토지에 관하여 등기를 하지 않고 있었다고 하더라도 丙의 유류분반환청구권의 소멸시효는 망인 A가 사망한 때로부터 진행하므로 丙의 유류분반환청구권은 소멸시효가 완성되어 인용될 수 없습니다.

■ 제3취득자에 대한 유류분반환청구권의 행사가 허용되는지요?

Q 유류분반환청구권의 행사에 의하여 반환되어야 할 증여의 목적이 된 재산이 제3자에게 양도되었습니다. 이 경우 그 제3자를 상대로 유류분반환청구권을 행사할 수 있는지요?

A 민법 제1115조는 "① 유류분권리자가 피상속인의 제1114조에 규정된 증여 및 유증으로 인하여 그 유류분에 부족이 생긴 때에는 부족한 한도에서 그 재산의 반환을 청구할 수 있다. ② 제1항의 경우에 증여 및 유증을 받은 자가 수인인 때에는 각자가 얻은 유증가액의 비례로 반환하여야 한다."고 규정하고 있습니다. 이와 관련하여 유류분반환청구권의 행사에 의하여 반환되어야 할 유증 또는 증여의 목적이 된 재산이 타인에게 양도된 경우, 양수인에 대하여도 그 재산의 반환을 청구할 수 있는지가 문제되는데, 이와 관련하여 대법원은 "유류분반환청구권의 행사에 의하여 반환되어야 할 유증 또는 증여의 목적이 된 재산이 타인에게 양도된 경우 그 양수인이 양도 당시 유류분권리자를 해함을 안 때에는 양수인에 대하여도 그 재산의 반환을 청구할 수 있다고 보아야 한다(대법원 2002.04.26. 선고 2000다8878 판결)."고 판시한 바 있습니다.

따라서 사안의 경우 양수인이 양도 당시 유류분권리자를 해함을 알았다는 특별한 사정이 있는 경우에만 그 양수인을 상대로 유류분반환청구권의 행사가 가능할 것입니다.

3. 그 밖의 사항

3-1. 대습상속인의 유류분반환청구권

① 상속인이 될 직계비속 또는 형제자매가 상속개시 전에 사망하거나 결격자가 된 경우(「민법」 제1000조제1항제1호 및 제3호)에 그 직계비속이 있는 때에는 그 직계비속이 사망하거나 결격된 사람의 순위에 갈음하여 상속인이 되며, 이러한 대습상속인도 유류분반환청구를 할 수 있습니다(「민법」 제1118조 및 제1001조).

② 배우자가 대습상속인인 경우에도 유류분반환청구권을 행사할 수 있습니다(「민법」 제1118조 및 제1010조제2항).

③ 사망 또는 결격된 사람에 갈음하여 상속인이 된 사람, 즉 대습상속인의 유류분은 사망 또는 결격된 사람의 상속분에 따릅니다(「민법」 제1118조 및 제1010조제1항).

④ 사망 또는 결격된 사람의 직계비속이 여러 명인 때(「민법」 제1010조제1항)에는 그 유류분은 사망 또는 결격된 사람의 상속분의 한도에서 유류분에 따라 이를 정합니다(「민법」 제1118조 및 제1010조제2항).

3-2. 특별수익자의 유류분반환청구권

공동상속인 중에 피상속인으로부터 재산의 증여 또는 유증을 받은 사람이 있는 경우에 그 수증재산이 자기의 상속분에 달하지 못한 때에는 그 부족한 부분의 한도에서 상속분이 있고, 유류분청구권도 있습니다(「민법」 제1118조 및 제1008조).

■ 전재산을 혼인 외의 아들에게 물려준 경우 다른 상속인들은 어떤 조치를 취할 수 있을까요?

Q A(남)는 가족으로 배우자 B(녀)와 자녀 C, D가 있는 사람으로 생전에 모든 재산을 자신의 또 다른 아들 X (Y와의 혼외자)에게 모두 남긴다는 내용의 유언증서를 작성하고 사망하였습니다. 배우자 B와 자녀 C, D는 어떠한 조치를 취할 수 있을까요?

A 유류분의 반환청구가 가능합니다.
혼인 외의 자는 부(父)의 인지만 있으면 상속인이 되므로, A의 상속인으로는 배우자 B와 자녀 C, D 이외에도 Y와의 사이에서 출생한 혼인 외의 자인 X가 있습니다. A는 공동상속인 중 한 사람인 X에게만 모든 상속재산을 유증하였는데, 유증이 이행되면 B와 C, D가 상속재산에 대해 한푼도 이전받을 수 없게 되므로 이들은 유류분을 침해받았습니다. 따라서 B, C, D는 침해받은 유류분을 반환할 것을 청구할 수 있습니다.

【관련판례】

우리 「민법」은 유류분제도를 인정하여 제1112조부터 제1118조까지 이에 관하여 규정하면서도 유류분의 반환방법에 관하여 별도의 규정을 두지 않고 있으나, 증여 또는 유증대상 재산 그 자체를 반환하는 것이 통상적인 반환 방법이라고 할 것이므로, 유류분 권리자가 원물반환의 방법에 의하여 유류분 반환을 청구하고 그와 같은 원물반환이 가능하다면 달리 특별한 사정이 없는 이상 법원은 유류분 권리자가 청구하는 방법에 따라 원물반환을 명하여야 한다(대법원 2006.5.26. 선고 2005다71949 판결).

■ **상속재산은 3억원이고 채무는 3천만원인 경우 배우자와 자녀는 얼마의 유류분을 청구할 수 있나요?**

Q A의 상속재산은 3억원이고 채무는 3천만원인 경우 배우자 B와 자녀 C, D는 얼마의 유류분을 X에게 청구할 수 있나요?

A 유류분의 산정방법은 다음과 같습니다.

B, C, D의 유류분율은 법정상속분의 1/2, 1/2, 1/2이고, B, C, D는 유류분은 피상속인이 사망한 때 가진 재산의 가액에 증여재산을 가산하고 채무의 전액을 공제하여 산정합니다(「민법」 제1113조제1항). 만약 상속인 가운데 증여 또는 유증받은 사람이 있으면 그 사람에 한해서 그 액수를 제하며, 그 계산식은 다음과 같습니다.

[(적극상속재산액 + 증여액 −상속채무액) × (각 상속인의 유류분율)] 특별수익액

이러한 방식으로 B, C, D의 유류분을 산정하면 다음과 같습니다.

B: (30,000만원-3000만원) × (3/9 × 1/2)-0 = 4500만원

C: (30,000만원-3000만원) × (2/9 × 1/2)-0 = 3000만원

D: (30,000만원-3000만원) × (2/9 × 1/2)-0 = 3000만원

B, C, D는 자신의 유류분액 만큼을 유류분의 침해자인 X에게 청구할 수 있습니다. 이때 그 청구권은 유류분이 침해되었음을 안 때로부터 1년이 경과하거나 상속이 개시된 때부터 10년이 경과하기 전에 행사해야 합니다.

[관련판례]

유류분권리자가 유류분반환청구를 함에 있어 증여 또는 유증을 받은 다른 공동상속인이 수인일 때에는 각자 증여 또는 유증을 받은 재산 등의 가액이 자기 고유의 유류분액을 초과하는 상속인에 대하여 그 유류분액을 초과한 가액의 비율에 따라서 반환을 청구할 수 있고, 공동상속인과 공동상속인 아닌 제3자가 있는 경우에는 그 제3자에게는 유류분이 없으므로 공동상속인에 대하여는 자기 고유의 유류분액을 초과한 가액을 기준으로 하여, 제3자에 대하여는 그 증여 또는 유증받은 재산의 가액을 기준으로 하여 그 각 가액의 비율에 따라 반환청구를 할 수 있다(대법원 2006.11.10. 선고 2006다46346 판결).

■ 공동상속인 가운데 특별수익자가 있는 경우에 유류분 산정은 어떻게 하나요?

Q A(남)는 가족으로 자녀 B, C가 있는 사람으로 사망하기 2년 전에 1억원을 장남 B의 결혼자금으로 증여하였습니다. A의 사망 후 현재 A의 상속재산은 예금 채권 1억 2천만원이고 채무 6천만원인데, 장남 B는 C에게 남은 상속재산도 법정상속분만큼 나눠는 것이라고 주장하여 상속재산관리인으로서 유증을 이행한 뒤 3000만원 [(12,000만원 6000만원) × 1/2 = 3000만원]만을 C에게 분할하였습니다. C는 생전에 사전증여를 받은 B와 동일하게 상속재산을 나누는 것이 불합리하게 느껴집니다. 이 경우에 C는 보호받을 수 없나요?

A 유류분이 침해되었는지 확인한 후 침해자에게 유류분반환을 청구할 수 있습니다.

① C는 A의 상속인으로서 유류분이 침해된 경우 유류분 권리자가 되며

(「민법」 제1112조) 침해받는 유류분액은 피상속인이 사망한 때 가진 재산의 가액에 증여재산을 가산하고 채무의 전액을 공제하여 산정합니다(「민법」 제1113조제1항).

(적극상속재산액+증여액-상속채무액) × (각 상속인의 유류분율)-특별수익액

② 이때 공동상속인 중 한 사람이 특별수익자인 경우에는 그 증여는 상속개시 1년 전의 것이었어도 유류분 산정을 위한 기초재산에 산입(대법원 1996.9.25. 선고 95다17885 판결)되므로 결혼자금 1억원도 증여액으로 이에 합산됩니다.

③ 이에 따르면 다음과 같이 C의 유류분액이 계산됩니다[12,000만원 +10,000만원-6000만원) × (1/2×1/2)-0 = 4000만원].

④ C는 4000만원의 유류분을 가지지만 B가 사전증여를 받는 바람에 유류분 4000만원 보다 부족한 3000만원을 상속받게 되었으므로, C는 B에게 그 부족분인 1000만원의 유류분의 반환을 청구할 수 있습니다.

【관련판례】

유류분반환범위는 상속개시 당시 피상속인의 순재산과 문제된 증여재산을 합한 재산을 평가하여 그 재산액에 유류분청구권자의 유류분비율을 곱하여 얻은 유류분액을 기준으로 하는 것인바, 이와 같이 유류분액을 산정함에 있어 반환의무자가 증여받은 재산의 시가는 상속개시 당시를 기준으로 산정하여야 하고, 당해 반환의무자에 대하여 반환하여야 할 재산의 범위를 확정한 다음 그 원물반환이 불가능하여 가액반환을 명하는 경우에는 그 가액은 사실심 변론종결시를 기준으로 산정하여야 한다(대법원 2005.6.23. 선고 2004다51887 판결).

■ 대습상속인도 유류분반환청구권을 행사할 수 있나요?

Q 대습상속인도 유류분반환청구권을 행사할 수 있나요?

A 대습상속인도 보통의 상속인과 마찬가지로 유류분권리자가 됩니다. 대습상속인의 상속분은 상속을 받을 수 있었던 피대습인의 상속분만큼을 상속받게 되므로 유류분액도 이를 기준으로 계산합니다(「민법」 제1118조 및 제1001조).

【관련판례】

유류분반환청구권의 행사는 재판상 또는 재판 외에서 상대방에 대한 의사표시의 방법으로 할 수 있고, 이 경우 그 의사표시는 침해를 받은 유증 또는 증여행위를 지정하여 이에 대한 반환청구의 의사를 표시하면 그것으로 족하며, 그로 인하여 생긴 목적물의 이전등기청구권이나 인도청구권 등을 행사하는 것과는 달리 그 목적물을 구체적으로 특정하여야 하는 것은 아니고, 「민법」 제1117조에 정한 소멸시효의 진행도 그 의사표시로 중단된다(대법원 2002.4.26. 선고 2000다8878 판결).

■ 아버지가 '모든 재산을 사회단체에 기부한다'는 유언을 남기고 돌아가셨을 경우 두 형제는 정말 유산을 한 푼도 못 받게 되나요?

Q 아버지가 '내가 죽으면 모든 재산을 사회단체에 기부한다'는 유언을 남기고 돌아가셨습니다. 우리 두 형제는 정말 유산을 한 푼도 못받게 되나요?

A 피상속인(여기서 아버지)이 사망하면 상속인에게 상속이 개시되어 피상속인의 재산이 상속인에게 포괄적으로 이전됩니다. 그러나 질문에서처럼 피상속인이 미리 유언을 한 경우에는 유증의 효력이 발생되므로 아버지의 재산은 사회단체에 모두 기부됩니다. 이렇게 유증이 이행되면 결과적으로 원래 상속인이었던 사람은 가까운 친족관계임에도 불구하고 상속재산을 모두 잃게 됩니다. 이를 방지하기 위해 우리 「민법」은 유류분(遺留分)제도를 인정하고 있습니다.

유류분제도란 상속재산의 일정부분을 유류분으로 해서 유류분이 침해된 경우에 유류분권리자가 그 침해의 원인이 된 사람에게 유류분의 반환을 청구할 권리를 보장해 주는 것을 말합니다.

이 유류분제도를 이용하면 두 형제는 유류분의 한도에서 상속재산을 되찾을 수 있습니다.

◇ 유류분 권리자와 유류분

① 피상속인의 직계비속 및 법률상 배우자: 법정상속분 X 1/2

② 피상속인의 직계존속 및 법률상 배우자: 직계존속은 법정상속분 X 1/3, 법률상 배우자는 법정상속분 X 1/2

③ 피상속인의 형제자매: 법정상속분 X 1/3

◇ 유류분 제도

유언을 하는 자는 원칙적으로 자기의 재산을 자유로이 처분할 수 있습니다. 그러나 모든 재산을 사회에 기부하거나 상속인 중 소수인에게 몰아주어 희생을 강요함으로서 생활하기가 힘들어지는 경우가 있습니다. 이런 경우 법률이 상속 재산 중의 일정한 비율을 그들에게 보장해 주는데, 이를 유류분이라고 합니다. 물론 상속인은 이 권리를 포기할 수 있습니다.

① 누가 어느 정도 보장받을 수 있을까요?

1. 사망한 사람의 직계 비속(자, 손자, 증손자, 외손자 등)은 그 법정 상속분의 1/2

2. 사망한 사람의 배우자는 그 법정 상속분의 1/2

3. 사망한 사람의 직계 존속 (부모, 증조부모, 외조부모 등)은 그 법정 상속분의 1/3

4. 사망한 사람의 형제 자매는 그 법정 상속분의 1/3

   ※ 예를 들어, 아버지가 자신의 전 재산 10억원을 사회에 기부했고, 그의 아내와 두 딸이 이에 불만을 가지고 유류분을 주장한다면,

   처 : 10억원(전 재산) X 1.5/3.5(법정상속분) X 1/2(유류

분) = 1억 5천만원,

딸1,2 : 10억원 (전 재산) X 1/3.5(법정상속분) X 1/2(유류분) = 1억원을 받을 수 있습니다.

② 유류분을 계산할 때의 대상 재산은 어떻게 산정할까요?

사망한 사람이 사망시에 가진 재산의 액수에, 1년 전에 다른 사람에게 무상으로 준 재산의 액수를 합한 데서, 사망한 사람의 빚을 뺀 것이 유류분을 계산할 때 기초 재산이 됩니다.

※ 기초재산 : 사망 당시의 재산 총액 + 사망 전 1년간의
증여액 - 채무

③ 유류분이 부족할 경우 어떻게 할까요?

유류분 제도에 의해 보호받는 자들이 사망자가 남긴 재산만으로는 비율대로 보장받을 수 없을 때가 있습니다. 이 경우에는 사망한 자의 유언으로 재산을 무상으로 준 자가 있을 경우에는 그 자에게 자신들의 액수에 부족한 만큼만 돌려줄 것을 요구 할 수 있습니다. 그런 후에도 부족할 경우에는 사망자가 살아 있을 때 무상으로 재산을 준 자에게 다시 반환을 요구할 수 있습니다. 이 요구는 사망한 자가 유언으로 재산을 무상으로 주거나 생전에 재산을 무상으로 준 사실을 안 때로부터 1년 내에 하여야 하고, 설령 몰랐다고 하더라도 사망자가 사망한 후 10년 내에 하지 않으면 반환을 요구할 수 없습니다.

【관련판례】

유류분반환청구의 목적인 증여나 유증이 병존하고 있는 경우에는 유류분권리자는 먼저 유증을 받은 자를 상대로 유류분침해액의 반환을 구하여야 하고, 그 이후에도 여전히 유류분침해액이 남아 있는 경우에 한하여 증여를 받은 자에 대하여 그 부족분을 청구할 수 있는 것이며, 사인증여의 경우에는 유증의 규정이 준용될 뿐만 아니라 그 실제적 기능도 유증과 달리 볼 필요가 없으므로 유증과 같이 보아야 할 것이다(대법원 2001.11.30. 선고 2001다6947 판결).

■ 전재산인 모두 큰아들인 형에게 준다는 내용의 유언장을 남기고 돌아가셨을 경우 어머니와 저는 유산을 한 푼도 받을 수 없나요?

Q 아버지가 자신의 전재산인 14억원을 모두 큰아들인 형에게 준다는 내용의 유언장을 남기고 돌아가셨습니다. 어머니와 저는 정말 유산을 한 푼도 받을 수 없나요?

A 이 경우 유류분 반환청구를 통해 상속재산의 일부를 받을 수 있습니다. 유류분은 법정상속분을 기준으로 다음과 같이 계산됩니다.

1. 1순위 상속인:

피상속인의 직계비속 및 법률상 배우자: 법정상속분 X 1/2

2. 2순위 상속인:

피상속인의 직계존속 및 법률상 배우자: 직계존속은 법정상 속분 X 1/3, 법률상 배우자는 법정상속분 X 1/2

3. 3순위 상속인:

피상속인의 형제자매: 법정상속분 X 1/3

형과 질문자는 상속순위가 동일한 공동상속으로서 1:1의 비율로 재산을 상속할 수 있습니다(어머니는 1.5의 비율로 재산을 상속함). 어머니, 큰형, 질문자의 법정상속분은 각각 6억원(14억원X1.5/3.5), 4억원(14억원X1/3.5), 4억원(14억원X1/3.5)이 되며, 이들의 유류분은 어머니(피상속인의 법률상의 배우자)는 법정상속분인 6억원의 1/2인 3억원을, 질문자(피상속인의 직계비속)는 법정상속분인 4억원의 1/2인 2억원의 한도에서 유류분을 반환받을 수 있습니다.

따라서 어머니는 3억원, 질문자는 2억원의 한도 내에서 큰 형을 상대로 유류분 반환청구를 해서 유산의 일부를 찾을 수 있습니다.

【관련판례】

「민법」 제1117조는 유류분반환청구권은 유류분권리자가 상속의 개시와 반환하여야 할 증여 또는 유증을 한 사실을 안 때로부터 1년 내에 하지 아니하면 시효에 의하여 소멸한다고 규정하고 있는바, 여기서 '반환하여야 할 증여 등을 한 사실을 안 때'라 함은 증여 등의 사실 및 이것이 반환하여야 할 것임을 안 때라고 해석하여야 하므로, 유류분권리자가 증여 등이 무효라고 믿고 소송상 항쟁하고 있는 경우에는 증여 등의 사실을 안 것만으로 곧바로 반환하여야 할 증여가 있었다는 것까지 알고 있다고 단정할 수는 없을 것이나, 「민법」이 유류분반환청구권에 관하여 특별히 단기소멸시효를 규정한 취지에 비추어 보면 유류분권리자가 소송상 무효를 주장하기만 하면 그것이 근거 없는 구실에 지나지 아니한 경우에도 시효는 진행하지 않는다 함은 부당하므로, 피상속인의 거의 전 재산이 증여되었고 유류분권리자가 위 사실을 인식하고 있는 경우에는, 무효의 주장에 관하여 일응 사실상 또는 법률상 근거가 있고 그 권리자가 위 무효를 믿고 있었기 때문에 유류분반환청구권을 행사하지 않았다는 점을 당연히 수긍할 수 있는 특별한 사정이 인정되지 않는 한, 위 증여가 반환될 수 있는 것임을 알고 있었다고 추인함이 상당하다 (대법원 2001.9.14. 선고 2000다66430,66447 판결).

■ 자필증서에 의한 유언의 효력은 각서도 인정되는지요?

Q 저는 1O년 전부터 甲의 후처로 들어와 혼인신고 없이 동거인으로 살고 있는데, 甲은 그의 사후에 저의 생활안정을 배려한다면서 "자신이 소유한 부동산 1필지를 사후에 증여하겠다."는 취지의 각서를 자필로 작성하여 저에게 교부하였습니다. 위와 같은 각서로도 유언의 효력이 인정되는지요?

A 민법은 유언의 존재여부를 분명히 하고 위조, 변조를 방지할 목적으로 일정한 방식에 의한 유언에 대해서만 그 효력을 인정하고 있습니다. 민법에 규정된 유언의 방식으로는 자필증서에 의한 유언, 녹음에 의한 유언, 공정증서에 의한 유언, 비밀증서에 의한 유언, 구수증서에 의한 유언이 있습니다(같은 법 제1065조). '자필증서에 의한 유언'이란 유언 중에서 가장 간단한 방식이며, 그 요건은 유언자가 유언의 내용이 되는 전문과 연월일·주소·성명을 자신이 쓰고 날인한 유언서입니다(같은 법 제1066조). 이 유언은 자필하는 것이 절대적 요건이므로, 타인에게 구수

(口授), 필기시킨 것, 타이프라이터나 점자기를 사용한 것은 자필증서로서 인정되지 않으며 따라서 무효입니다. 다만, 자기 스스로 썼다면 외국어나 속기문자를 사용한 것도, 그리고 가족에게 의문의 여지없는 정도의 의미가 명확한 관용어나 약자·약호를 사용한 유언도 유효합니다. 유언서 작성 시 연월일도 반드시 자필로 기재하여야 하며 유언서 말미나 봉투에 기재하여도 무방하나 연월일이 없는 유언은 무효입니다. 연월일의 자필이 중요시되는 이유는, 첫째, 언제 유언이 성립되었느냐를 명확히 하고, 둘째, 유언자의 유언능력을 판단하는 표준시기를 알기 위하여, 셋째, 유언이 2통으로 작성된 경우에 전·후의 유언내용이 저촉되는 때에는, 뒤의 유언으로써 그 저촉되는 부분의 앞의 유언을 취소한 것으로 볼 수 있으므로, 어느 유언이 전·후의 것인지 명확히 하기 위함입니다. 그렇지만 연월일을 반드시 정확하게 기입할 필요는 없으며 '만 60세의 생일'이라든가 '몇 년의 조부 제사일에'라는 식으로 써도 상관없습니다.

그러나 판례에 의하면, 연월만 표시하고 날의 기재를 하지 않은 유언은 무효입니다(대법원 2009.5.14., 선고, 2009다9768, 판결). 예컨대, '1954년 9월 길일'과 같은 기재는 날짜의 기재가 없는 것으로 무효가 됩니다. 성명의 기재가 없는 유언서 또는 성명을 다른 사람이 쓴 유언서는 무효입니다. 여기서, 성명의 기재는 그 유언서가 누구의 것인가를 알 수 있는 정도면 되므로 호나 자, 예명(藝名) 등도 상관없습니다. 성과 이름을 다 쓰지 않더라도 유언자 본인의 동일성을 알 수 있는 경우에는 유효하지만, 성명의 자서(自書) 대신 자서를 기호화한 인형(印形) 같은 것을 날인한 것은 무효입니다. 또한, 자필증서에 의한 유언은 유언서의 전문과 연월일, 성명을 자서하고 도장찍는 것을 요건으로 하되 도장은 인감증명이 되어있는 실인(實印)일 필요는 없으며, 막도장도 좋고, 무인(拇印)도 무방하며 날인은 타인이 하여도 무방합니다. 사후 문자의 삽입·삭제·변경을 할 때에는 유언자가 자서하고 날인하여야 합니다.

Q 甲은 위암과 암종증으로 입원 중이던 연세대학교 의과대학 신촌세
브란스병원 병실에서 구수증서에 의한 유언을 하였습니다. 그러나
甲은 유언을 하던 당일 오전에도 산책을 하고, 문병을 온 사람들과
이야기를 나누었으며, 위 유언도 앉아서 하였습니다. 이 경우 甲의
유언은 효력이 있는지요?

A 민법 제1070조 제1항은 "구수증서에 의한 유언은 질병 기타 급박한 사
유로 인하여 전4조의 방식에 의할 수 없는 경우에 유언자가 2인 이상의
증인의 참여로 그 1인에게 유언의 취지를 구수하고 그 구수를 받은 자가
이를 필기낭독하여 유언자의 증인이 그 정확함을 승인한 후 각자 서명
또는 기명날인하여야 한다."고 규정하고 있습니다. 그리고 이와 관련하여
대법원은 "민법 제1065조 내지 제1070조가 유언의 방식을 엄격하게 규
정한 것은 유언자의 진의를 명확히 하고 그로 인한 법적 분쟁과 혼란을
예방하기 위한 것이므로, 법정된 요건과 방식에 어긋난 유언은 그것이
유언자의 진정한 의사에 합치하더라도 무효라고 하지 않을 수 없는바,
민법 제1070조 제1항이 구수증서에 의한 유언은 질병 기타 급박한 사유
로 인하여 민법 제1066조 내지 제1069조 소정의 자필증서, 녹음, 공정
증서 및 비밀증서의 방식에 의하여 할 수 없는 경우에 허용되는 것으로
규정하고 있는 이상, 유언자가 질병 기타 급박한 사유에 있는지 여부를
판단함에 있어서는 유언자의 진의를 존중하기 위하여 유언자의 주관적
입장을 고려할 필요가 있을지 모르지만, 자필증서, 녹음, 공정증서 및 비
밀증서의 방식에 의한 유언이 객관적으로 가능한 경우까지 구수증서에
의한 유언을 허용하여야 하는 것은 아니다(대법원 1999.09.03. 선고 98
다17800 판결)."고 판시한 바 있습니다. 따라서 甲은 구수증서에 의한
유언 이외에 녹음 또는 공정증서에 의한 유언 등을 할 수 있었던 것으로
보이므로, 위 구수증서에 의한 유언은 효력이 없습니다.

■ 공정증서에 의한 유언은 어떤 효력이 있나요?

Q 이 사망 전에 증인 乙등이 참여한 상태로 법무법인 소속 공증담당 변호사 丙(乙의 친족)의 면전에서 공정증서에 의한 유언을 하였습니다. 이 경우 유언의 효력이 있는가요?

A 공정증서 작성 당시 증인으로 참여한 乙이 공증인법 제33조 제3항 제6호 에서 규정하고 있는공증인 丙의 친족에 해당하여 공정증서에 의한 유언 작성에 참여할 수 없는 증인결격자이므로 위 공정증서는 민법 제1068조 가 정하는 공정증서에 의한 유언으로서의 요건을 갖추지 못하였고, 제반 사정에 비추어 증인결격자의 예외를 정한 공증인법 제33조 제3항 단서 및 제29조 제2항 의 '촉탁인이 참여인의 참여를 청구한 경우'에 해당한다고보기도 어려우므로, 위의 공정증서에 의한 유언은 효력이 없습니다(청주지방법원 2014.9.25. 선고 2014가합26078 판결).

■ 컴퓨터로 작성한 유언장도 효력이 있나요?

Q 어머니가 돌아가신 후 책상을 정리하다가 유언장을 발견했습니다. 재산의 2/3를 저에게 준다는 내용인데, 이 유언대로 상속재산을 배분하자고 하니 친동생들이 유언장이 컴퓨터로 작성됐기 때문에 무효라고 합니다. 어머니가 지장까지 찍은 유언장입니다. 유언장의 효력이 어떻게 되는지요?

A 민법 제1066조 이하에 따라 자필증서, 녹음, 공정증서, 비밀증서, 구수증서로 유언을 작성할 수 있습니다. 컴퓨터로 작성한 것은 자필증서등에 해당하지 않지만, 민법 제1069조에 따라 비밀증서에 의한 유언은 유언자가 필자의 성명을 기입한 증서를 엄봉날인하고 이를 2인 이상의 증인의 면전에 제출하여 자기의 유언서임을 표시한 후 그 봉서표면에 제출연월일을 기재하고 유언자와 증인이 각자 서명 또는 기명날인하여야 합니다. 따라서 이에 요건에 부합한다면 유언으로 인정받을 수도 있습니다.

[서식] 자필증서에 의한 유언증서

자필증서에 의한 유언증서

유 언 자　○　○　○
　　　　　　19○○년 ○월 ○일생
　　　　　　등록기준지　　○○시 ○○구 ○○길 ○○
　　　　　　주소　　○○시 ○○구 ○○길 ○○(우편번호)
　　　　　　전화　　○○○ - ○○○○

유 언 사 항

1. 나는 다음과 같이 유언한다.
 (1) 재산의 사인증여(민법 제562조 계약임, 등기원인은"증여"
　　가 된다) 또는 유증(민법 제1073조 단독행위임, 등기원인
　　은"유증"이 된다)에 관하여,
　　○○시 ○○동 ○○번 대지 ○○㎡는 이를 상속인 중
　　장남 □□□(주소:　　　생년월일 :　　)에게 증여하고,
　　○○시 ○○동 ○○번 대지 ○○㎡와 동 지상 철근 콘크
　　리트조 슬라브지붕 1층 주택 건평 ○○㎡는 차남 □□□
　　(주소:　생년월일:　　　　　)에게 증여하고, 이
　　사인증여(또는 유증)는 나의 사망으로 인하여 효력이 발생
　　한다.
 (2) 유언집행자의 지정에 관하여
　　위 사인 증여계약(또는 유증)의 이행을 위하여 유언집행자
　　로 ◇◇◇(주소:　　　주민등록번호:　　　　)를 지
　　정한다.

　　　　　작성일자 서기　20○○년 ○월 ○일
　　　　　유 언 자　성명 ○○○ (인)

[서식] 구수증서 의한 유언증서

유 언 증 서

유언자 ○○시 ○○구 ○○길 ○○번지 박○○은 20○○. ○. ○. 유언자 본인 자택에서 다음과 같이 유언을 구술하다.

1. 가. 장남 박□□에게는 ○○소재 대지 ○평 건평 ○○평 거주가옥 1동을 상속한다.
   나. 2남 박□□에게는 ○○소재 대지 ○평 위 지상건물 1동 건평 ○평을 상속한다.
   다. 장녀 박□□에게는 주식 중 ○○주식회사 및 ○○회사의 주식 ○○주를 상속한다.
   라. 처 유□□에게는 ○○은행 예금 ○○○원과 ○○은행 적금 ○○○원을 상속한다.
2. 위 다. 라. 이외의 동산은 일단 장남 박□□에게 상속시키되 유언자의 처와 협의하여 나누어도 좋다.
3. 장남 박□□은 내가 사망 후 3남 박□□의 대학졸업시까지 학자금을 부담하며 학업에 지장이 없도록 할 것.
4. 유언집행자로서 유언자의 동생인 박□□을 지정한다.
5. 장남, 2남, 장녀 등은 협조하여 어머니에게 효도를 다하며 형제간에 화목할 것.

위 취지의 유언자 구수를 증인 ◇◇◇가 필기한 후 유언자 및 다른 증인에게 낭독해 준 바 모두 필기가 정확함을 승인하였다.

20○○년 ○월 ○일

유 언 자 ○ ○ ○ (인)
필기자 증인 ○ ○ ○ (인)
주소 ○○시 ○○구 ○○길 ○○
직업 변호사
증인 ○ ○ ○ (인)
주소 서울 ○○구 ○○길 ○○
직업 회사원

[서식] 유언증서 검인신청서

유 언 증 서 검 인 신 청 서

청 구 인 ○ ○ ○
      19○○년 ○월 ○일생
      등록기준지 ○○시 ○○구 ○○길 ○○
      주소 ○○시 ○○구 ○○길 ○○(우편번호)
      전화 ○○○ - ○○○○
      유언자와의 관계 : 배우자

유 언 자 □ □ □
      19○○년 ○월 ○일생
      등록기준지 ○○시 ○○구 ○○길 ○○
      주소 ○○시 ○○구 ○○길 ○○(우편번호)
      전화 ○○○ - ○○○○

청 구 취 지

유언자 망 □□□가 20○○.○.○. 작성한 별지의 자필증서에 의한 유언서의 검인을 청구합니다.

청 구 원 인

1. 청구인은 유언자 망 □□□가 작성한 별지의 자필증서에 의한 유언서의 보관자이며, 유언자 망 □□□의 배우자입니다.
2. 청구인은 20○○.○.○. 유언자 망 □□□가 별지의 자필증서에 의한 유언서를 작성하여 청구인에게 보관토록 하여 보관하고 있던 중, 유언자가 사망했으므로 민법 제1091조 제1항에 의하여 이건 검인을 청구합니다.

첨 부 서 류

1. 기본증명서(유언자)   1통
1. 가족관계증명서(유언자)   1통
1. 말소주민등록등본   1통
1. 주민등록등본   1통
1. 유언증서 원본   1통
1. 납부서   1통

20○○년 ○월 ○일

위 청구인 ○○○ (인)

○ ○ 가 정 법 원 귀 중

유언증서검인 심판청구서

청구 인 　　　성　　　명 :　　　　　(☎ :　　)
　　　　　　　　주민등록번호 :
　　　　　　　　주　　　소 :
　　　　　　　　송 달 장 소 :
　　　　　　　　등 록 기준지 :
유언자(사건본인)　성　　　명 :
　　　　　　　　주민등록번호 :
　　　　　　　　최 후 주소지 :
　　　　　　　　등 록 기준지 :

청 구 취 지

　유언자 망____이 20__.__.__. 작성한 별지의 증서에 의한
유언서의 검인을 청구합니다.
라는 심판을 구함

청 구 원 인

1. 청구인은 유언자 망 □□□이 작성한 별지의 자필증서에 의
한 유언서의 보관자이며, 유언자 망 □□□의 아들입니다.
2. 청구인은 20__.__.__. 유언자 망 □□□이 별지의 자필증서
에 의한 유언서를 작성하여 청구인에게 보관토록 하여 보
관하고 있던 중, 유언자가 20__.__.__. 사망했으므로 민법
제1091조 제1항에 의하여 이건 검인을 청구합니다.

첨 부 서 류

1. 청구인의 가족관계증명서, 주민등록표등(초)본　　　각 1통
1. 유언자(사건본인)의 기본증명서, 가족관계증명서　　　각 1통
1. 유언자(사건본인)의 말소주민등록표등(초)본　　　　　　1통

1. 상속인의 가족관계증명서, 주민등록표등(초)본   각 1통
1. 유언증서 사본   1부
1. 상속인 목록   1부

20 . . .

청구인 :_____(서명 또는 날인)

서울○○법원 귀중

[서식] 유언집행자선임 심판청구서

유언집행자선임 심판청구서

청 구 인   성   명: (☎ :   )
            주민등록번호 :
            주   소 :
            송 달 장 소 :
            등 록 기준지 :

유언자(망)   성   명 :
            주민등록번호 :
            최 후 주소지 :
            등 록 기준지 :

청 구 취 지

유언자 망   의 유언집행자로 [성명 :   ,
주민등록번호 :   -   , 주소 :   ]
를 선임한다.
라는 심판을 구함.

청 구 원 인

유언자인 망 □□□은 20__.__.__. 노환으로 사망하였으나 현재 법정상속인이 존재하지 않으며 지정된 유언집행자도 없습니다. 청구인은 망인과 .... 청구에 이르게 되었습니다.

첨 부 서 류

1. 청구인의 주민등록표등(초)본   1통
1. 유언자(사건본인)의 기본증명서, 가족관계증명서   각 1통
1. 유언자(사건본인)의 말소자주민등록표등(초)본   1통

1. 유언증서 사본   1부

                        20 . . .
                   청구인 :   (서명 또는 날인)

서울○○법원 귀중

[서식] 유류분반환청구의 소

소 장

원 고   1. ○○○ (주민등록번호)
　　　　　○○시 ○○구 ○○길 ○○(우편번호)
　　　　　전화.휴대폰번호:
　　　　　팩스번호, 전자우편(e-mail)주소:
　　　　2. 김①○ (주민등록번호)
　　　　　○○시 ○○구 ○○길 ○○(우편번호)
　　　　　전화.휴대폰번호:
　　　　　팩스번호, 전자우편(e-mail)주소:
　　　　3. 김②○ (주민등록번호)
　　　　　○○시 ○○구 ○○길 ○○(우편번호)
　　　　　전화.휴대폰번호:
　　　　　팩스번호, 전자우편(e-mail)주소:

피 고   김◇◇ (주민등록번호)
　　　　　○○시 ○○구 ○○길 ○○(우편번호)
　　　　　전화.휴대폰번호:
　　　　　팩스번호, 전자우편(e-mail)주소:

유류분반환청구의 소

청 구 취 지

1. 피고 김◇◇는,
　가. 원고 ○○○에게 금 33,333,333원, 원고 김①○, 원고
　　　김②○에게 각 금 22,222,222원 및 각 이에 대한 20○
　　　○.○○.○○.부터 이 사건 소장부본 송달 다음날까지
　　　는 연 5%의, 그 다음날부터 다 갚는 날까지는 연 12%
　　　의 각 비율에 의한 돈을 지급하고,

나. 별지 제2목록 기재 부동산에 대하여 원고 ○○○에게 6,904,762/230,000,000지분에 관하여, 원고 김①○, 원고 김②○에게 각 4,603,174/200,000,000지분에 관하여, 각 소유권이전등기절차를 이행하라.

2. 소송비용은 피고의 부담으로 한다.

3. 위 제1의 가항은 가집행할 수 있다.

라는 판결을 구합니다.

청 구 원 인

1. 신분관계와 상속개시

소외 망 김◉◉는 19○○.○○.○○. 원고 ○○○과 혼인하여 자녀로 피고 김◇◇, 원고 김①○, 원고 김②○를 두었으며, 20○○.○.○. 사망하였습니다.

2. 구상금채권의 발생 및 취득

가. 소외 망 김◉◉의 사망당시 상속재산으로 별지 제1목록 기재 부동산이 있었는데, 소외 망 김◉◉는 19○○.○○.○○. 별지 제1목록 기재 부동산에 피고를 위하여 근저당권을 설정하여 주었다가 피고의 채무불이행으로 소외 망 김◉◉의 사망 뒤인 20○○.○.○○. ○○지방법원 ○○지원의 경매개시결정(20○○타경○○○○호)에 따라 별지 제1목록 기재 부동산에 대하여 경매절차가 진행되었고, 제1차 매각기일인 20○○.○○.○. 최저매각가격인 금 100,000,000원에 매각되어 그 대금은 20○○.○○.○○. 완납되었으며, 이는 모두 타인에게 배당되었습니다.

나. 원고들은 상속을 원인으로 소외 망 김◉◉의 물상보증인으로서의 지위를 포괄승계 하였으므로, 위 매각대금 완납으로 별지 제1목록 기재 부동산의 소유권이 제3자에게 이전된 20○○.○○.○○. 위 근저당채무자였던

피고 김◇◇에 대하여 상속지분에 따른 구상권을 취득하였다 할 것입니다. 한편, 담보로 제공된 부동산의 소유권을 담보권실행에 따른 매각으로 상실하게 된 경우, 물상보증인인 소유자가 채무자한테 구상 받을 채권의 범위는 특별한 사정이 없는 한 그 부동산의 소유권을 상실하게 된 매각허가결정 확정 당시의 부동산 시가 상당액이고, 그 부동산 시가 상당액은 특별한 사정이 없는 한 매각대금에 해당한다고 할 것입니다(대법원 1978.7.11. 선고 78다639 판결 참조).

  다. 따라서 원고들은 각자의 상속분(원고 ○○○는 3/9, 원고 김①○, 원고 김②○는 각 2/9)에 따라 피고에 대하여 다음과 같은 구상권 채권을 가집니다.

원고 ○○○ : 100,000,000원×3/9 = 33,333,333원(원 미만은 버림, 다음부터 같음)

원고 김①○ : 100,000,000원×2/9 = 22,222,222원

원고 김②○ : 100,000,000원×2/9 = 22,222,222원

3. 유류분반환청구

  가. 원고들의 유류분침해

    (1) 유류분산정의 기초가 되는 재산

소외 망 김◉◉는 19○○.○.○. 피고에게 별지 제2목록 기재 부동산을 증여하여 같은 달 4일 소유권이전등기를 마쳐 주었으며, 소외 망 김◉◉의 사망 당시인 20○○.○.○. 그 시가는 금 230,000,000원이었습니다. 또한, 상속개시 당시 상속재산으로 별지 제1목록 기재 부동산이 있었고, 20○○.○.○. 당시 그 시가는 금 120,000,000원이었습니다. 한편, 공동상속인들 중 1인이 피상속인의 생전증여로 피상속인한테서 받은 특별수익은 민법 제1118조에 따라 준용되는 민법 제1008조의 해석상 그 증여가 상속개시 전 1년

전에 이루어진 것이건, 유류분권리자에게 손해를 줄 것을 알고 이루어진 것이건 상속개시 당시의 시가로 평가하여 유류분산정의 기초 재산으로 삼아 특별수익자의 유류분을 초과하는 범위에서 반환청구가 인정된다 할 것이므로(대법원 1996.2.9. 선고 95다17885 판결, 1995.6.30. 선고 93다11715 판결), 이 사건 유류분산정의 기초가 되는 재산의 가액은, 피고가 생전에 증여 받은 별지 제2목록 기재 부동산의 가액 금 230,000,000원과 상속개시 당시 상속재산인 별지 제1목록 기재 부동산의 시가 금 120,000,000원의 합계 금 350,000,000원이 됩니다.

(2) 원고들 유류분의 가액산정

원고들의 유류분은 유류분산정의 기초가 되는 재산가액에 원고들의 유류분 비율을 곱한 것으로 이는 각자 상속분의 1/2에 해당하고, 각자의 유류분을 돈으로 환산하면 다음과 같습니다.

원고○○○: 58,333,333원(= 350,000,000원×3/9×1/2)

원고김①○: 38,888,888원(= 350,000,000원×2/9×1/2)

원고김②○: 38,888,888원(= 350,000,000원×2/9×1/2)

(3) 원고들의 실제 상속재산

유류분의 부족분을 구하기 위한 전제가 되는 공동상속인들의 실제 상속재산을 계산할 때에 공동상속인 가운데 생전증여에 따른 초과수익자가 있는 경우에는 그 특별수익자는 상속인이 아닌 것으로 보아 그 상속분은 고려하지 않고 공동상속인의 법정상속분만으로 구체적 상속분을 계산하는 것이 타당하므로, 자신의 상속분을 초과하여 특별수익을 얻었음이 계산상 명백한 피고의 상속분은 유류분의 부족분을 구하기 위한 공동상속인들의 실제 상속재산의 계산에는 고려하지 않을 것이므로, 원고들의 실제 상속 재산의

계산을 위한 상속분의 분모는 '7'이 되고, 이에 따라
원고들의 실제 상속액을 계산하면 다음과 같습니다.

원고 ○○○ : 120,000,000×3/7 = 51,428,571원

원고 김①○ : 120,000,000×2/7 = 34,285,714원

원고 김②○ : 120,000,000×2/7 = 34,285,714원

  (4) 유류분침해 = {(2) - (3)}

위 각 유류분가액에서 상속개시 당시 재산가액을 뺀
것이 유류분 부족분이므로, 소외 망 김●●의 피고에
대한 위 각 증여행위로 원고들은 다음과 같이 유류
분이 침해되었습니다.

원고○○○:6,904,762원(=58,333,333원 - 51,428,571)

원고김①○:4,603,174원(= 38,888,888원 - 34,285,714)

원고김②○:4,603,174원(= 38,888,888원 - 34,285,714)

 나. 피고가 반환하여야 할 재산의 범위

원고들이 구하는 유류분침해를 원인으로 한 유류분반
환청구는 형성권으로서 물권적 효과를 가지므로 그
반환청구권의 행사에 따라 유류분산정의 기초가 되
는 재산에 산입되는 재산의 증여는 유류분을 침해하
는 한도에서 당연히 실효되고 증여 받은 자의 권리
는 그 한도에서 유류분권리자에게 귀속되므로, 원고
들의 유류분반환청구로 피고는 원고들에게 증여 받
은 재산에 관하여 유류분침해부분에 해당하는 지분
을 반환할 의무가 있고, 위 각 부동산에 관한 지분을
계산하면 다음과 같습니다.

(1)원고 ○○○에 대하여, 별지 제2목록 기재 아파트에
관한 6,904,762 /230,000,000(유류분침해액/피고
의 수증액)

(2)원고 김①○, 원고 김②○에 대하여, 각 별지 제2목
록 기재 아파트에 관한 4,603,174/200,000,000
(유류분침해액/피고의 수증액)

4. 결 론

그렇다면 피고는, 원고 ○○○에게 금 33,333,333원, 원고 김①○, 원고 김②○에게 각 금 22,222,222원과 각 이에 대하여 별지 제1목록 기재 부동산의 매각대금이 완납된 20○○.○○.○○.부터 이 사건 소장부본 송달 다음날까지는 민법에서 정한 연 5%의, 그 다음날부터 다 갚는 날까지는 소송촉진등에관한법률에서 정한 연 12%의 각 비율에 의한 돈을 지급하고, 별지 제2목록 기재 부동산에 대하여 원고 ○○○에게 6,904,762/230,000,000지분에 관하여, 원고 김①○, 원고 김②○에게 각 4,603,174/200,000,000지분에 관하여, 각 유류분반환을 원인으로 한 소유권이전등기 절차를 이행할 의무가 있으므로, 원고들은 이를 청구하기 위하여 이 사건 소제기에 이르렀습니다.

입 증 방 법

1. 갑 제1호증　　　　　　　기본증명서
　　　(단, 2007.12.31. 이전에 사망한 경우 제적등본)
1. 갑 제2호증　　　　　　　가족관계증명서
　　　(또는, 상속관계를 확인할 수 있는 제적등본)
1. 갑 제3호증의 1, 2　　　　각 부동산등기사항증명서
1. 갑 제4호증의 1, 2　　　　각 토지대장등본
1. 갑 제5호증의 1, 2　　　　각 건축물대장등본
1. 갑 제6호증의 1, 2　　　　각 부동산시가감정서

첨 부 서 류

1. 위 입증방법　　　　　　　각 1통
1. 소장부본　　　　　　　　　1통
1. 송달료납부서　　　　　　　1통

                        20○○. ○. ○.
                        위 원고   ○○○ (서명 또는 날인)

○○지방법원 귀중

[별 지1]

부동산의 표시

1동의 건물의 표시
    ○○시 ○○구 ○○동 ○○ ○○○아파트
    [도로명주소] ○○시 ○○구 ○○길 ○○
    철근콘크리트조 슬래브지붕 5층 아파트
    1층 ○○○.○○㎡
    2층 ○○○.○○㎡
    3층 ○○○.○○㎡
    4층 ○○○.○○㎡
    5층 ○○○.○○㎡
    지층 ○○○.○○㎡
전유부분의 건물의 표시
    구   조 철근콘크리트조
    건물번호 206호
    면   적 ○○.○○㎡
대지권의 표시
    대지권의 목적인 토지의 표시 : ○○시 ○○구 ○○동 ○○ 대 ○
○○㎡
    대지권의 종류 : 소유권
    대지권의 비율 : ○○○의 ○○.○○ 끝.

[별 지2]

부동산의 표시

1. 서울 ○○구 ○○동 ○○○-○ 대 ○○○.○㎡.
2. 서울 ○○구 ○○동 ○○○-○ 대 ○○○.○㎡ 지상
   철근콘크리트조 슬래브지붕 및 시멘트블록조 시멘트기와지붕
   4층 주택 및 점포
   1층 ○○○.○○㎡
   2층 ○○○㎡
   3층 ○○○.○○㎡
   4층 ○.○○㎡
       내
   1층 181.82㎡
   2층 181.82㎡. 끝.

제7장

상속등기와 세금은 어떻게 처리해야 하나요?

제7장
상속등기와 세금은 어떻게 처리해야 하나요?

1. 상속등기

1-1. 상속등기

① 상속이 개시되면 그때부터 피상속인의 재산에 관한 포괄적 권리 의무를 승계하므로, 부동산의 소유권은 등기 없이도 상속인에게 이전됩니다(「민법」 제1005조).

② 다만, 상속부동산을 처분하려면 자신에게 소유권이전등기를 해야 이를 처분할 수 있습니다(「민법」 제187조).

③ 상속등기는 상속인 본인이 단독으로 신청합니다(「부동산등기법」 제23조제3항).

④ 등기원인이 상속인 경우에는 신청서에 상속을 증명하는 정보를 첨부정보로서 등기소에 제공해야 합니다(「부동산등기법」 제24조 및 「부동산등기규칙」 제46조제1항제1호).

⑤ 이때 상속인이 여러 사람인 경우에는 공동명의로 각자의 상속지분을 기재하여 이전 등기합니다.(「부동산등기법」 제48조제4항).

1-2. 등기신청을 할 수 있는 사람

1-2-1. 상속인 본인

① 상속등기는 상속인 본인이 단독으로 신청합니다(「부동산등기법」 제23조제3항).

② 이때 상속인이 여러 사람인 경우에는 공동명의로 각자의 상속지분을 기재하여 이전등기하며(「부동산등기법」 제48조제4항), 상속인 중 한 사람이 나머지 상속인의 상속등기까지 신청할 수 있습

니다「공동상속인중 1인의 상속등기신청 가부」(1985.4.30. 등기선례 제1-314호)].

1-2-2. 유증을 받은 사람(受遺者)이 있는 경우

① 상속인과는 별도로 유증을 받은 수유자(受遺者)가 있는 경우에는 수유자는 단독으로 등기를 신청할 수 없습니다.

② 이 경우 상속인 그 밖의 유언집행자(등기의무자)와 수유자(등기권리자)가 공동신청을 해야 합니다.

1-3. 등기신청을 하는 곳

① 관할등기소

등기사무는 부동산의 소재지를 관할하는 지방법원, 그 지원 또는 등기소에서 담당합니다(「부동산등기법」 제7조제1항).

② 인터넷등기소

그 밖에 자세한 사항은 대법원 인터넷등기소 홈페이지를 참조하시기 바랍니다.

1-4. 상속등기 신청방법

1-4-1. 상속등기 신청방법

상속등기는 다음의 어느 하나에 해당하는 방법으로 신청합니다(「부동산등기법」 제24조제1항).

　　1. 신청인 또는 그 대리인(代理人)이 등기소에 출석하여 신청정보 및 첨부정보를 적은 서면을 제출하는 방법. 다만, 대리인이 변호사[법무법인, 법무법인(유한) 및 법무조합을 포함함]나 법무사[법무사법인 및 법무사법인(유한) 포함]인 경우에는「부동산등기규칙」으로 정하는 사무원을 등기소에 출석하게 하여 그 서면을 제출할 수 있습니다.

2. 「부동산등기규칙」에 따라 전산정보처리조직을 이용하여 신청정보 및 첨부정보를 보내는 방법(법원행정처장이 지정하는 등기유형으로 한정함)

1-4-2. 신청정보

상속등기를 신청하는 경우에는 다음의 각 사항을 신청정보의 내용으로 등기소에 제공해야 합니다(「부동산등기규칙」 제43조제1항).

1. 부동산의 표시에 관한 사항
2. 신청인의 성명(또는 명칭), 주소(또는 사무소 소재지) 및 주민등록번호(또는 부동산등기용등록번호)
3. 대리인에 의하여 등기를 신청하는 경우에는 그 성명과 주소
4. 등기원인과 그 연월일
5. 등기의 목적
6. 등기필정보(공동신청 또는 승소한 등기의무자의 단독신청에 의하여 권리에 관한 등기를 신청하는 경우로 한정함)
7. 등기소의 표시
8. 신청연월일

1-4-3. 첨부정보

등기를 신청하는 경우에는 다음의 정보를 그 신청정보와 함께 첨부정보로서 등기소에 제공하여야 합니다(「부동산등기규칙」 제46조제1항).

1. 등기원인을 증명하는 정보
2. 등기원인에 대하여 제3자의 허가, 동의 또는 승낙이 필요한 경우에는 이를 증명하는 정보
3. 등기상 이해관계 있는 제3자의 승낙이 필요한 경우에는 이를증명하는 정보 또는 이에 대항할 수 있는 재판이 있음을

증명하는 정보

4. 대리인에 의하여 등기를 신청하는 경우에는 그 권한을 증명하는 정보

5. 등기권리자(새로 등기명의인이 되는 경우로 한정한다)의 주소(또는 사무소 소재지) 및 주민등록번호(또는 부동산등기용등록번호)를 증명하는 정보. 다만, 소유권이전등기를 신청하는 경우에는 등기의무자의 주소(또는 사무소 소재지)를 증명하는 정보도 제공 하여야 함.

6. 소유권이전등기를 신청하는 경우에는 토지대장·임야대장·건축물대장 정보나 그 밖에 부동산의 표시를 증명하는 정보

1-5. 수수료

① 소유권이전등기를 하려는 사람은 수수료를 내야 합니다(「부동산등기법」 제22조제3항).

② 부동산등기의 신청에 대한 수수료는 부동산마다 15,000원입니다 (「등기사항증명서 등 수수료규칙」 제5조의2제1항제2호).

③ 이에 대한 자세한 사항은 대법원 인터넷등기소 홈페이지에서 찾아보실 수 있습니다.

■ 부동산 매매계약 체결 후 등기 전에 매매계약 당사자가 사망한 경우에는 어떻게 하나요?

Q 부동산 매매계약 체결 후 등기 전에 매매계약 당사자가 사망한 경우에는 어떻게 하나요?

A 부동산의 매매계약을 체결한 후에 등기권리자 또는 등기의무자가 사망한 경우에는 그 상속인이 매매계약의 체결에 따른 부동산이전등기를 신청할 수 있습니다(「부동산등기법」 제27조).

■ 공동상속인 중에 한 사람이 소재불명인 경우 다른 상속인들이 상속
을 원인으로 등기할 수 있나요?

Q 공동상속인 중에 한 사람이 소재불명인 경우 다른 상속인들이 상속
을 원인으로 등기할 수 있나요?

A 공동상속인 중 한 사람이 가족관계등록부에는 등재되어 있으나 주민등록
은 말소되어 있고, 현재 그 소재나 생사여부도 확인할 수 없는 경우라면,
다른 공동상속인들이 신청서에 행방불명인 자를 함께 상속인으로 표시하
고 그의 말소된 주민등록표등본을 첨부(말소된 주민등록표등본상의 최후
의 주소를 주소지로 표시)하여 상속등기를 신청하거나, 행방불명인 상속
인이 실종선고의 요건에 해당된다면 실종선고를 통하여 그에 관한 호적
을 정리받은 후 그를 제외한 다른 상속인들이 공동상속인으로서 상속등
기를 신청할 수 있습니다[「공동상속인 중 1인이 소재불명인 경우 다른
상속인들에 의한 상속등기 절차」 (1999.3.4. 등기선례 제6-200호) 참
조].

■ 공동상속인 중의 일부가 상속재산을 받지 않기로 하는 협의분할에
의한 재산상속등기가 가능한가요?

Q 공동상속인 중의 일부가 상속재산을 받지 않기로 하는 협의분할에
의한 재산상속등기가 가능한가요?

A 공동상속인 전원이 참가하여 그 중 한 사람이 상속재산 전부를 받고 나
머지 상속인들은 상속재산을 받지 않기로 하는 상속재산의 협의분할을
한 경우에도, 그러한 협의분할에 따른 재산상속등기를 할 수 있습니다
[「공동상속인중의 일부가 상속재산을 받지 않기로 하는 협의분할에 의한
재산상속등기의 가부」 (1989.7.7. 등기선례 제2-267호) 참조].

■ **막내가 수년 전부터 행방불명되어 주민등록도 말소된 상태인데, 세 사람의 명의로 빌딩의 소유권이전등기를 할 수 있을까요?**

Q 세 형제 앞으로 빌딩 한 채가 상속되었습니다. 막내가 수년 전부터 행방불명되어 주민등록도 말소된 상태인데, 세 사람의 명의로 빌딩의 소유권이전등기를 할 수 있을까요?

A 할 수 있습니다.

공동상속인 중 한 사람이 가족관계등록부에는 등재되어 있으나 주민등록은 말소되어 있고, 현재 그 소재나 생사 여부도 확인할 수 없는 경우라면 다른 공동상속인들이 신청서에 행방불명인 사람을 함께 상속인으로 표시하고 그의 말소된 주민등록표등본을 첨부(말소된 주민등록표등본상의 최후의 주소를 주소지로 표시)해서 상속등기(여기서는 상속을 원인으로 한 소유권이전등기를 의미함)를 신청할 수 있습니다.

만일, 행방불명된 상속인이 실종선고의 요건에 해당된다면 실종선고를 통해서 그에 관한 호적을 정리 받은 후 그를 제외한 다른 상속인들(질문에서는 첫째와 둘째)이 공동상속인으로서 상속등기를 신청할 수 있습니다.

■ **모친이 돌아가신 후 상속재산 중 현재 살고 있는 아파트를 누님에게 몰아주려고 하는데 절세방안이 있을까요?**

Q 모친이 돌아가신 후 상속재산 중 현재 살고 있는 아파트를 누님에게 몰아주려고 하는데 절세방안이 있을까요?

A 피상속인이 유언을 하지 않고 사망을 하면 민법의 규정에 의한 법정상속이 이루어지며, 법정상속은 지분으로 상속이 되기 때문에 상속인이 여러 명 있는 경우에는 상속재산을 공유하게 됩니다. 재산을 공유하게 되면 관리하거나 처분하는데 불편이 따르므로 공동상속인들이 협의하여 상속재산을 분할하는 경우가 있는데 이를 '협의분할'이라 합니다. 협의분할을 하게되면 지분에 변동이 생기게 되는데, 협의분할이 각 상속인의 상속분

이 확정되어 등기,등록 전에 이루어졌느냐 후에 이루어졌느냐에 따라 증여세를 내고 안내고 하는 차이가 있습니다. 먼저, 상속등기 등을 하기 전에 협의분할을 한 경우에는 특정상속인이 법정상속분을 초과하여 상속재산을 취득하게 되더라도 이는 공동상속인으로부터 증여받은 것으로 보지 않고 피상속인으로부터 상속받은 것으로 보므로 증여세 문제가 발생하지 않습니다. 그러나 법정상속지분대로 상속등기 등을 하여 각 상속인의 상속지분이 확정된 후에 협의분할을 하여 특정상속인이 법정상속분을 초과하여 상속재산을 취득하는 경우 그 초과된 부분에 상당하는 재산가액은 공동상속인 중 지분이 감소된 상속인으로부터 증여받은 것으로 봅니다.

다만, 법정지분대로 상속등기 등을 하였다가 상속인간 협의에 의해 상속분을 재확정하여 상속세 신고기한 내에 경정등기를 하고 상속세를 신고한 경우에는 지분변동분에 대하여 증여세를 과세하지 않습니다.

그러므로 상속재산을 협의분할하고자 하는 경우에는 등기,등록,명의개서 등을 하기 전에 분할하되, 등기 등을 했다가 재분할을 하더라도 상속세 신고기한 내에 경정등기를 하고 변경된 내용대로 상속세를 신고해야 상속지분 변동분에 대해 증여재산에 포함되지 않는 것입니다.

■ 매도인이 사망한 때 바로 매수인에게 부동산소유권이전등기 가능한지요?

Q 甲은 乙소유 부동산을 매수하여 잔금까지 모두 지급하였으나 소유권만 이전하지 않고 있던 중, 매도인 乙이 사망하였습니다. 상속인들도 매매사실을 모두 시인하고 협조하려고 하므로, 乙명의로 되어 있는 위 부동산을 상속등기 없이 바로 甲의 명의로 이전하려고 하는데 가능한지요?

A 등기신청이 적법하지만 등기명의인의 사망 후에 행해진 등기의 효력에 관하여 판례를 보면, 등기원인이 이미 존재하고 있으나 아직 등기신청을 하지 않고 있는 동안 등기권리자 또는 등기의무자에 관하여 상속이 개시되어 피상속인이 살아있다면 그가 신청하였을 등기를 상속인이 신청하는

경우, 또는 등기신청을 등기공무원이 접수한 후 등기를 완료하기 전에 본인이나 그 대리인이 사망한 경우 등과 같이 그 등기신청이 적법한 이상 등기가 행해질 당시 등기명의인이 사망하였다는 이유만으로는 그 등기를 무효라고 할 수 없다고 하였으며(대법원 1989.10.27. 선고 88다카29986 판결), 상속관계를 표시한 기입등기의 촉탁이 있을 경우, 상속등기를 거침이 없이 처분금지가처분기입등기를 할 수 있는지에 관해서도, 피상속인소유의 부동산에 관하여 피상속인과의 사이에 매매 등의 원인행위가 있었으나 아직 등기신청을 하지 않고 있는 사이에 상속이 개시된 경우, 상속인은 신분을 증명할 수 있는 서류를 첨부하여 피상속인으로부터 바로 원인행위자인 매수인 등 앞으로 소유권이전등기를 신청할 수 있고, 그러한 경우에는 상속등기를 거칠 필요가 없이 바로 매수인 앞으로 등기명의를 이전할 수 있으며, 이러한 법리는 상속인과 등기권리자의 공동신청에 의한 경우뿐만 아니라 피상속인과의 원인행위에 의한 권리의 이전, 설정의 등기청구권을 보전하기 위한 처분금지가처분신청의 인용에 따른 법원의 직권에 의한 가처분기입등기촉탁에서도 그대로 적용되므로, 상속관계를 표시한 기입등기의 촉탁이 있을 경우 적법하게 상속등기를 거침없이 가처분기입등기를 할 수 있다고 하였습니다(대법원 1995.2.28. 선고 94다23999 판결). 따라서 甲은 사망한 乙의 상속인들의 협조를 얻어서 상속인들에게 상속하는 상속등기 없이 乙로부터 甲에게로 직접 소유권이전등기하면 될 것입니다. 참고로 등기의무자의 사망 전에 등기원인이 이미 존재한 상태에서 등기의무자의 사망 후 그로부터 행해진 등기의 추정력에 관하여 판례를 보면, 전 소유자가 사망한 후에 그 명의로 신청되어 행해진 소유권이전등기는, 그 등기원인이 이미 존재하고 있으나 아직 등기신청을 하지 않고 있는 동안에 등기의무자에 대하여 상속이 개시된 경우에 피상속인이 살아 있다면 그가 신청하였을 등기를 상속인이 신청한 경우 또는 등기신청을 등기공무원이 접수한 후 등기를 완료하기 전에 본인이나 그 대리인이 사망한 경우와 같은 특별한 사정이 인정되는 경우를 제외하고는, 원인무효의 등기라고 볼 것이어서 그 등기의 추정력

을 인정할 여지가 없고, 구 지적법시행령(1970.5.16. 대통령령 제5015
호로 전문 개정되기 전의 것)이 적용되는 구 토지대장상의 소유자변동의
기재에 있어서도 전 명의자가 사망한 후에 그 명의자로부터 특정인 앞으
로 소유권이 이전된 것으로 등재되어 있다면, 그 특정인이 적법하게 소
유권을 이전받았다는 특별한 사정이 인정되는 경우를 제외하고는 그 특
정인이 소유권을 취득하였다고 추정할 여지가 없다고 하였습니다(대법원
2008.4.10. 선고 2007다82028 판결).

■ 상속인인 매도인에게 소유권이전등기를 경료해줄 의무를 부담하는지요?

Q 망인 A가 생존시에 자기 소유 X토지를 B에게 매도하였으나 B에게
등기를 하기 전에 사망한 경우, A의 상속인인 甲은 여전히 B에 대
한 관계에서 소유권이전등기를 경료해줄 의무를 부담하는지요?

A 등기의무도 상속이 됩니다. 예컨대 피상속인이 생전에 매도하였으나 매수
인에게 등기를 하기 전에 사망한 경우 상속인이 등기의무를 승계합니다.
이 때 그 부동산의 소유권은 여전히 피상속인에게 속하고 있으므로 일단
상속재산이 되어 상속인에게 상속이 됩니다(대법원 1994.12.9. 선고 93
누23985 판결).
따라서 이 경우의 등기방법은 상속인이 상속등기를 한 후 매수인에게 이
전등기를 해야 할 것이나, 다만 피상속인이 물권행위까지 하고 등기를
하지 않은 채 사망한 경우 상속인이 상속등기를 하지 않고 피상속인 명
의로부터 매수인으로 직접 이전등기를 할 것을 신청하는 것도 가능합니
다(부동산등기법 제27조).

■ 공동상속인 1인 명의로 소유권이전등기 된 부동산을 되찾을 방법은 없는지요?

Q 저희 부친은 유산으로 임야 1필지 약 3,000평을 남기고 돌아가셨고, 유족으로는 모친과 저를 포함한 3형제가 있습니다. 그런데 위 임야에 대하여 장남인 甲이 임의로 「부동산소유권이전등기등에관한특별조치법」에 의거해 매매를 원인으로 한 소유권이전등기를 경료하였습니다. 제가 이를 되찾을 방법은 없는지요?

A 사안은 첫째 부동산소유권이전등기등에관한특별조치법(이하 '특별조치법'이라고 합니다)?에 의거해 소유권이전등기를 경료한 甲의 행위가 유효한지, 둘째 다른 공동상속인의 협력 없이 귀하가 단독으로 소유권이전등기 말소등기를 청구할 수 있는지, 셋째 甲을 상대로 언제까지 소유권이전등기말소를 구하여야 하는지가 문제됩니다. 그 중 첫째, 甲이 부친의 사망 이후 특별조치법에 의거해 임의로 한 소유권이전등기의 효력에 관해 살펴보면, 우선 공동상속인 중 1인인 甲 명의의 소유권이전등기가 경료되었다고 하여 다른 공동상속인들이 모두 상속포기를 하고 이를 전제로 甲이 단독 등기한 것으로까지 추정되지는 아니합니다(대법원 1966.4.26. 선고 66다428 판결). 그러나 특별조치법에 의하여 소유권이전등기가 경료된 경우에는 법에 규정된 절차에 따라 적법하게 된 것으로서 실체적 권리관계에 부합하는 등기라고 추정되는바, 이러한 추정은 그 등기의 기초가 된 특별조치법상의 보증서나 확인서가 위조 또는 허위로 작성되었거나 그 밖의 다른 사유로 인하여 그 등기가 특별조치법에 따라 적법하게 된 것이 아니라는 점이 주장·입증되어야 번복될 수 있습니다(대법원 1993.9.14. 선고 93다12268 판결). 다음으로 둘째, 귀하가 단독으로 소유권이전등기 말소등기청구를 할 수 있는지에 관해 살펴보면, 판례는 "부동산의 공유자 1인은 당해 부동산에 관하여 제3자 명의로 원인무효의 소유권이전등기가 경료되어 있는 경우, 공유물에 관한 보존행위로서 제3자에 대하여 그 등기전부의 말소를 구할 수 있으므로, 상속에 의하여 수인

의 공유로 된 부동산에 관하여 그 공유자 중의 1인이 부정한 방법으로 공유물전부에 관한 소유권이전등기를 그 단독명의로 경료함으로써 다른 공유자가 공유물에 대하여 갖는 권리를 방해한 경우에 있어서는, 그 방해를 받고 있는 공유자 중의 1인은 공유물의 보존행위로서 위 단독명의로 등기를 경료하고 있는 공유자에 대하여 그 공유자의 공유지분을 제외한 나머지 공유지분 전부에 관하여 소유권이전등기말소등기절차의 이행을 구할 수 있다."라고 하고 있습니다(대법원 1988.2.23. 선고 87다카961 판결). 따라서 귀하는 단독으로 甲을 상대로 소유권이전등기말소등기를 청구할 수 있습니다. 마지막으로 셋째, 甲을 상대로 언제까지 소유권이전등기의 말소를 구하여야 하는지에 대하여 살펴보면, 판례는 "공동상속인 중 1인이 피상속인의 생전에 그로부터 토지를 매수한 사실이 없음에도 불구하고 이를 매수하였다고 하면서 특별조치법에 의한 이전등기를 경료하였음을 이유로 나머지 공동상속인 중 1인이 다른 공동상속인들을 대위하여 그 말소를 청구하는 소는 상속회복청구의 소에 해당한다고 볼 수 없다(대법원 1993.9.14. 선고 93다12268 판결)."라고 함으로써 매매사실이 허위임을 다투어 소유권이전등기의 말소를 구하는 소송은 그 침해를 안 날로부터 3년, 상속권의 침해행위가 있은 날로부터 10년내에 제기해야 하는 상속회복청구의 소(민법 제999조 제2항)가 아님을 밝히고 있습니다.

따라서 귀하는 단독으로 '귀하의 부친이 甲에게 임야를 매도한 사실이 없기 때문에 甲 명의의 소유권이전등기는 원인무효라는 점'을 이유로 한 소유권이전등기말소등기청구를 할 수 있고, 재판 과정에서 특별조치법상의 보증서나 확인서가 위조 또는 허위로 작성되었음을 입증하여야 하며, 위 소송은 상속회복청구의 소가 아니므로 상속회복청구권과 관련된 출소기간의 제한을 받지 아니합니다.

Q A는 B에게 자기 소유 X토지를 매도하였으나 소유권이전등기가 경료되기 이전에 사망하였고, 그 상속인으로 甲, 乙, 丙이 있습니다. 이에 B는 상속인들을 상대로 소유권이전등기청구소송을 제기하려고 하는바, 그 상대방을 누구로 하여야 하는지요?

A 사안의 경우, 공동상속인들을 상대로 한 등기청구소송이 필요적 공동소송에 해당하는지가 문제됩니다. 이와 관련하여 대법원은 "공동상속인들을 상대로 피상속인이 이행하여야 할 부동산소유권이전등기절차이행을 청구하는 소는 필요적공동소송이 아니다(대법원 1964.12.29. 선고 64다1054 판결)."고 판시한 바 있습니다.

따라서 B는 상속인 甲, 乙, 丙 모두를 상대방으로 할 수도 있고, 공동상속인들 중 1인에게 그 지분권만큼의 청구를 별도로 할 수도 있습니다.

Q 저희 부친은 상속재산으로 주택 한 채를 남기고 돌아가셨고, 그 상속인으로는 모친과 남동생, 출가한 여동생 등 모두 4명이 있습니다. 그런데 출가한 여동생 1명이 협의분할에 동의하지 않으면서 법정상속비율에 따른 상속지분등기에도 협력하지 않고 있습니다. 이 경우 제가 단독으로 상속등기를 신청할 수 있는지, 만일 가능하다면 등기에 따른 세금 등의 부담을 여동생에게도 청구할 수 있는지요?

A 「민법」 제265조는 "공유물의 관리에 관한 사항은 공유자의 지분의 과반수로써 결정한다. 그러나 보존행위는 각자가 할 수 있다."라고 규정하고 있습니다. 그러므로 공유물의 보존행위는 공유자 각자가 단독으로 할 수 있을 것입니다. 위 사안에서도 상속재산에 대한 상속인 전원의 공유등기

를 공유물의 보존행위로 본다면 공유자 각자가 단독으로 청구할 수 있다 할 것입니다. 이와 관련하여 판례는 "공동상속인중 1인이 단독으로 신청한 이 사건 상속 등기를 부적법하다고 볼 수 없다."라고 판시하고 있습니다(대전지방법원 홍성지원 1988.1.15. 선고 87가합160 판결). 이는 공동상속재산에 대한 상속등기 신청행위는 공유물에 대한 보존행위로 공동상속인 중 1인이 단독으로 신청할 수 있다고 판단한 것으로 해석됩니다. 또한, 등기예규에 의하면, "상속개시 후 상속권을 한정승인 또는 포기할 수 있는 기간이 경과한 후에 공동상속인 중 일부가 공동상속등기에 협력하지 않는다 하여 일부 상속등기는 할 수 없고, 상속등기를 하고자 하는 상속인이 상속등기에 협력하지 아니하는 상속인의 상속등기까지 이를 신청할 수 있다."라고 하였으며(1984.7.4. 등기예규 제535호), 등기선례도 공동상속인 중 일부가 법정상속분에 의하여 부동산에 대한 상속등기를 신청할 수 있는지에 관하여 "공동상속의 경우 상속인 중 1인이 법정상속분에 의하여 나머지 상속인들의 상속등기까지 신청할 수 있고 이러한 경우 등기신청서에는 상속인 전원을 표시하여야 한다."라고 하였습니다(1996.10.7. 등기선례5-276). 따라서 상속이 개시되어 상속권을 한정승인 또는 포기할 수 있는 기간이 경과한 후에도 공동상속인 중 일부가 공동상속등기에 협력하지 않는다면 공동상속인 중 1인이 단독으로 다른 상속인의 지분을 포함한 전체에 대한 상속등기를 신청할 수 있을 것입니다. 이 경우 부담할 세금과 관련하여 판례는 "공유재산에 관한 취득세와 재산세를 공유자의 한 사람이 이를 부담하였다면, 특단의 사정이 없는 한 다른 공유자에게 그 부담부분에 대하여 구상채권을 갖는다고 할 것이다."라고 하였는바(대법원 1984.11.27. 선고 84다카317, 318 판결), 만일 귀하가 공유의 상속등기를 하면서 부담한 세금이 있다면 다른 상속인의 각 지분비율에 따른 세금부담분을 각 상속인에게 청구할 수 있다고 할 것입니다.

■ 공동상속인 중 주소불명인 자가 있는 경우 어떻게 상속등기를 할 수 있는지요?

Q 저의 부친은 4년 전 임야 4,958㎡를 남기고 돌아가셨으며, 공동상속인으로는 저, 어머니, 누나의 자녀 2명 등 총 4명인데, 누나는 부친이 돌아가시기 2년 전에 사망하였습니다. 그런데 누나의 자녀 중 외국인과 결혼한 여자 1명이 외국으로 이민을 갔으나 현주소를 알 수 없습니다. 이 경우에 어떻게 상속등기를 할 수 있는지요?

A 상속재산의 협의분할에 관하여 판례를 보면, 상속재산의 협의분할은 공동상속인 사이의 일종의 계약으로서 공동상속인전원이 참여하여야 하고 일부상속인만으로 한 협의분할은 무효라고 할 것이나, 반드시 한 자리에서 이루어질 필요는 없고 순차적으로 이루어질 수도 있으며, 상속인 중 한 사람이 만든 분할원안을 다른 상속인이 후에 돌아가며 승인하여도 무방하다고 하였습니다(대법원 2010.2.25. 선고 2008다96963, 96970 판결). 또한, 등기실무에서도 협의분할에 의한 재산상속등기를 함에는 공동상속인전원이 참가(직접 또는 대리인을 선임)하여 작성한 협의서를 제출하여야 하고(등기선례3-392 1990.8.27. 제정), 분할협의서에 날인한 상속인전원의 인감증명을 첨부하여야 합니다. 그러므로 공동상속인 중 일부의 행방을 알 수 없는 경우에는 그 행방불명된 상속인에 대한 실종선고를 받지 않는 한 협의분할을 할 수 없지만, 공동상속인 중 일부는 법정상속분에 따라 공동상속인 전원의 상속등기를 신청할 수 있고, 이 경우 등기신청서에는 상속인 전원을 표시하여야 합니다(등기선례5-275 1996.10.4. 제정, 등기선례5-276 1996.10.7. 제정). 그리고 부동산등기법상 권리에 관한 등기를 할 경우 권리자에 관한 사항을 기록할 때에는 권리자의 성명 또는 명칭 외에 주민등록번호 또는 부동산등기용등록번호와 주소 또는 사무소 소재지를 함께 기록하여야 합니다(부동산등기법 제48조 제1항, 제2항). 그런데 외국인 및 재외국민의 국내 부동산처분 등에 따른 등기신청절차(등기예규 제1282호 2009.4.10. 개정)에 따르면,

재외국민(대한민국에 현재하지 아니한 자로서 국외로 이주를 하여 주민등록이 말소되거나 처음부터 없는 자, 단지 해외여행자는 이에 포함되지 않음)의 주소를 증명하는 서면에 관하여 외국주재 한국대사관 또는 영사관에서 발행하는 재외국민거주사실증명 또는 재외국민등록부등본을 첨부해야 하고, 다만 주재국에 본국 대사관 등이 없어 그와 같은 증명을 발급 받을 수 없을 때에는 주소를 공증한 서면으로 갈음할 수 있으며, 재외국민이 귀국하여 국내부동산을 처분하는 경우에 주소를 증명하는 서면은 국내거소신고사실증명으로도 가능하다고 하였습니다. 그리고 부동산등기용등록번호에 관하여 재외국민이 등기권리자(취득, 상속 등)로서 신청하는 때에 주민등록번호가 없는 경우에는 대법원 소재지 관할등기소(현재 서울중앙지방법원 등기국)에서 부동산등기용 등록번호를 부여받아야 합니다(재외국민은 국내거소신고번호를 부여받은 때에도 이로써 부동산등기용등록번호에 갈음할 수 없으며, 종전에 주민등록번호를 부여받은 재외국민은 새로이 부동산등기용등록번호를 부여받지 않음). 그러나 외국인(대한민국의 국적을 보유하고 있지 아니한 자)의 경우에 주소를 증명하는 서면에 관해서는 ①본국관공서의 주소증명서 또는 거주사실증명서(예 : 일본, 독일, 프랑스, 대만 등의 경우)를 첨부하여야 하고, ②본국에 주소증명서 또는 거주사실증명서를 발급하는 기관이 없는 경우(예 : 미국, 영국 등의 경우)에는 주소를 공증한 서면을 첨부하여야 하는데, 다만, 이 경우에도 주소증명서에 대신할 수 있는 증명서(예컨대, 운전면허증 또는 신분증 등)를 본국 관공서에서 발급하는 경우, 관할등기소의 등기관에게 그 증명서 및 원본과 동일하다는 취지를 기재한 사본을 제출하여 원본과 동일함을 확인받은 때 또는 그 증명서의 사본에 원본과 동일하다는 취지를 기재하고 그에 대하여 본국관공서의 증명이나 공증인의 공증 또는 외국주재 한국대사관이나 영사관의 확인을 받은 때에는 그 증명서의 사본으로 주소를 증명하는 서면에 갈음할 수 있습니다. 위 사안은 귀하의 사망한 누님의 상속분을 직계비속인 자녀 2명이 대습상속(代襲相續)을 하는데, 그 중 외국인과 결혼하여 이민간 1인의 소재를 알 수 없어 그 주소를 증명하는 서면을 첨부할 수 없다는데 상속등기의 어려움이 있습니다. 그런데 대위상속등기의 경우 등기선례를 보면, 공동상속인 중 다른 1인이 재외국민이어서 그의 현주소를 알 수 없을 때에는 그 상속인의 주소를 증명하는 서면으로서 재외국민거주사실증명 등의 서면 대신 국외 이주되어 말소된 주민등록표등본을 제출하고 그 주민등록표등본에 나타나는 최후의 주소를 그 상속인의 주소지로 할 수 있다고 생각되나, 이 경우 위 재외국민인 상속인의 현주소를 알 수 없다는 사실은 신청인이 제출한 소명자료에 의하여 당해 등기관이 판단할 사항이라고 하였으므로 (등기선례7-129 2002.5.9. 제정), 귀하는 누나의 직계비속이 이민간 국가에 주재한 한국대사관 또는 영사관측에서 소재를 확인할 수 없다는 확인서를 발급 받아 법정상속분에 의한 상속등기신청을 하면 당해 등기관의 판단에 따라서 상속등기가 가능할 수도 있을 듯합니다. 참고로 등기예규는, 공동상속인 중 일부가 행방불명되어 주민등록이 주민등록법 제20조 제5항의 규정에 의하여 말소된 경우에는 주민등록표등본(말소자등본)을 첨부하여 그 최후주소를 주소지로 하고, 위 주민등록표등본을 제출할 수 없을 때는 이를 소명하여 가족관계의 등록 등에 관한 법률 제15조 제1항 제2호의 기본증명서상 등록기준지를 그 주소지로 하여 상속등기신청을 할 수 있다고 하였습니다(등기예규 제1218호 2007.12.11. 개정).

[서식] 소유권이전등기청구의 소(아파트 상속으로 인한)

소　　　장

원　　고　○○○ (주민등록번호)
　　　　　○○시 ○○구 ○○길 ○○(우편번호 ○○○○○)
　　　　　전화.휴대폰번호:
　　　　　팩스번호, 전자우편(e-mail)주소:
피　　고　◇◇◇ (주민등록번호)
　　　　　○○시 ○○구 ○○길 ○○(우편번호 ○○○○○)
　　　　　전화.휴대폰번호:
　　　　　팩스번호, 전자우편(e-mail)주소:

소유권이전등기청구의 소

청　구　취　지

1. 피고는 원고에게 별지목록 기재 부동산에 관하여 20○○.
　○. ○. 유증을 원인으로 한 소유권이전등기절차를 이행하라.
2. 소송비용은 피고의 부담으로 한다.
라는 판결을 구합니다.

청　구　원　인

1. 원고와 소외 망 ◉◉◉와의 관계 및 유증
　원고는 소외 망 ◉◉◉와 19○○.○.○.부터 10여년을 동거
　하였으나, 혼인신고를 하지 않은 사실혼관계에 있었는바, 소
　외 망 ◉◉◉는 20○○.○.○. 소외 망 ◉◉◉의 재산 중 별
　지목록 기재 아파트를 원고에게 무상으로 주기로 하는 유언
　공증을 하였습니다.
2. 소외 망 ◉◉◉의 사망과 피고의 별지목록 기재 아파트 상속
　그런데 소외 망 ◉◉◉는 위와 같은 유언공증을 한 뒤 20○

○.○.○. 사망하였으며, 소외 망 ◉◉◉의 유일한 상속인인 피고는 원고가 병원에 입원하여 거동을 할 수 없는 틈을 타서 별지목록 기재 아파트를 포함한 소외 망 ◉◉◉의 재산을 모두 상속받아 상속등기를 마쳤습니다.

3. 피고의 유증이행청구의 거절

그러므로 원고는 피고에 대하여 위와 같은 유증을 이유로 별지목록 기재 아파트의 소유권을 원고에게 이전해줄 것을 요구하였으나, 피고는 그 이행을 거절하고 있습니다.

4. 결론

따라서 원고는 피고에 대하여 별지목록 기재 부동산에 관하여 20○○.○.○. 유증을 원인으로 한 소유권이전등기절차의 이행을 구하기 위하여 이 사건 청구에 이른 것입니다.

입 증 방 법

1. 갑 제1호증　　　　　　　유언공정증서
1. 갑 제2호증　　　　　　　부동산등기사항증명서
1. 갑 제3호증　　　　　　　기본증명서
　　　(단, 2007.12.31. 이전 사망한 경우 제적등본)
1. 갑 제4호증　　　　　　　가족관계증명서
　　　(또는, 상속관계를 확인할 수 있는 제적등본)

첨 부 서 류

1. 위 입증방법　　　　　　　각 1통
1. 토지대장등본　　　　　　　1통
1. 건축물대장　　　　　　　　1통
1. 소장부본　　　　　　　　　1통
1. 송달료납부서　　　　　　　1통

20○○. ○. ○.

위 원고   ○○○   (서명 또는 날인)

○○지방법원 귀중

[별 지]

부동산의 표시

1동의 건물의 표시
  ○○시 ○○구 ○○동 ○○
  [도로명주소] ○○시 ○○구 ○○길 ○○
  철근콘크리트조 슬래브지붕 3층 다세대주택 제102동
  1층 ○○○.0m²
  2층 ○○○.0m²
  3층 ○○○.0m²
  지층 ○○○.0m²
전유부분의 건물의 표시
  구   조 철근콘크리트조
  건물번호 201호
  면   적 ○○.0m²
대지권의 목적인 토지의 표시 : ○○시 ○○구 ○○동 ○○ 대
○,○○○m²
대지권의 종류 : 소유권
대지권의 비율 : ○,○○○분의 ○○.○. 끝.

2. 상속세

2-1. 상속세 부과 및 산정순서

① 상속인에게는 상속세가 부과됩니다(「상속세 및 증여세법」 제3조 및 제3조의2).

② 상속세의 산정순서는 다음과 같습니다.

총상속재산가액	• 상속재산가액 : 국내외 소재 모든 재산, 상속개시일 현재의 시가로 평가 - 본래의 상속재산(사망 또는 유증·사인증여로 취득한 재산) - 상속재산으로 보는 보험금·신탁재산·퇴직금 등 • 상속재산에 가산하는 추정상속재산

ㅡ

비과세 및 과세가액 불산입액	• 비과세 재산 : 국가·지방자치단체에 유증한 재산, 금양임야, 문화재 등 • 과세가액 불산입 : 공익법인 등에 출연한 재산 등

ㅡ

공과금·장례비용·채무

＋

사전증여재산	• 피상속인이 상속개시일 전 10년(5년) 이내에 상속인(상속인이 아닌 자)에게 증여한 재산가액 • 단, 증여세 특례세율 적용 대상인 창업자금, 가업승계주식 등은 기한 없이 합산

상속세 과세가액

ㅡ

상속공제	아래 공제의 합계 중 공제적용 종합한도 내 금액만 공제가능 • (기초공제+그 밖의 인적공제)와 일괄공제(5억) 중 큰 금액 • 가업·영농상속공제 • 배우자공제 • 금융재산 상속공제 • 재해손실공제 • 동거주택 상속공제

ㅡ

감정평가수수료

상속세 과세표준

×

과세표준	1억원 이하	5억원 이하	10억원 이하	30억원 이하	30억원 초과
세 율	10%	20%	30%	40%	50%
누진공제액	없음	1천만원	6천만원	1억 6천만원	4억 6천만원

상속세 산출세액 • (상속세 과세표준 × 세율) - 누진공제액

＋

세대생략할증세액	• 상속인이나 수유자가 피상속인의 자녀가 아닌 직계비속이면 30% 할증(단, 미성년자가 20억원을 초과하여 상속받는 경우에는 40% 할증) • 직계비속의 사망으로 최근친 직계비속에 해당하는 경우는 적용 제외

ㅡ

세액공제 • 문화재자료 징수유예, 증여세액공제, 외국납부세액공제, 단기재상속세액공제, 신고세액공제

ㅡ

신고불성실·납부지연
가산세 등

ㅡ

분납·연부연납·물납

자진납부할 상속세액

2-2. 상속세의 계산방법

2-2-1. 상속재산의 범위

"상속재산"이란 피상속인에게 귀속되는 모든 재산을 말하며, 다음의 물건과 권리를 포함합니다. 다만, 피상속인의 일신(一身)에 전속(專屬)하는 것으로서 피상속인의 사망으로 인하여 소멸되는 것은 제외합니다.

1. 금전으로 환산할 수 있는 경제적 가치가 있는 모든 물건
2. 재산적 가치가 있는 법률상 또는 사실상의 모든 권리

2-2-2. 상속세과세가액의 산정

① "상속세 과세가액"이란 상속재산의 가액에서 공과금, 장례비용 및 채무를 차감한 후 사전증여재산과 상속추정재산 가액을 가산한 금액(상속재산에서 공과금, 장례비용 및 채무를 차감한 금액이 상속재산의 가액을 초과하는 경우에는 상속재산의 가액으로 봄)으로 합니다(「상속세 및 증여세법」 제13조).

② "공과금"이란 상속개시일 현재 피상속인이 납부할 의무가 있는 것으로서 상속인에게 승계된 조세·공공요금 그 밖에 이와 유사한 것을 말합니다(「상속세 및 증여세법」 제14조제1항 및 「상속세 및 증여세법 시행령」 제9조제1항).

③ "장례비용"이란 다음의 금액을 합한 것을 말합니다(「상속세 및 증여세법」 제14조제1항 및 「상속세 및 증여세법 시행령」 제9조제2항).

1. 피상속인의 사망일부터 장례일까지 장례에 직접 소요된 금액[봉안시설 또는 자연장지(自然葬地)의 사용에 소요된 금액을 제외]. 이 경우 그 금액이 500만원 미만인 경우에는 500만원으로 하고 그 금액이 1천만원을 초과하는 경우에는 1천만원

으로 함.

2. 봉안시설 또는 자연장지의 사용에 소요된 금액. 이 경우 그 금액이 500만원을 초과하는 경우에는 500만원으로 함.

④ "채무"란 상속개시당시 피상속인이 부담해야 할 채무로서 상속인이 실제로 부담하는 사실이 다음의 방법에 따라 증명되는 것을 말합니다(「상속세 및 증여세법」 제14조제4항 및 「상속세 및 증여세법 시행령」 제10조).

1. 국가, 지방자치단체 및 「금융실명거래 및 비밀보장에 관한 법률」 제2조제1호에 따른 금융회사등에 대한 채무는 해당 기관에 대한 채무임을 확인할 수 있는 서류

2. 그 밖의 채무는 채무부담계약서, 채권자확인서, 담보설정 및 이자지급에 관한 증빙 등에 따라 그 사실을 확인할 수 있는 서류

※ 상속개시일 전 10년 이내에 피상속인이 상속인에게 진 증여채무와 상속개시일 전 5년 이내에 피상속인이 상속인이 아닌 자에게 진 증여채무는 제외됩니다(「상속세 및 증여세법」 제14조제1항제3호).

⑤ "사전증여재산"이란 사전증여를 통해 상속세를 회피하지 못하도록 하기 위해 상속재산가액에 가산하는 다음과 같은 재산을 말합니다(「상속세 및 증여세법」 제13조제1항).

1. 상속개시일 전 10년 이내에 피상속인이 상속인에게 증여한 재산가액

2. 상속개시일 전 5년 이내에 피상속인이 상속인이 아닌 사람에게 증여한 재산가액

⑥ "상속추정재산"이란 피상속인이 그 재산을 처분하였거나 채무를 부담한 경우로서 다음의 어느 하나에 해당하는 경우에 이를 상속받은 것으로 추정하는 재산을 말합니다(「상속세 및 증여세법」 제

15조제1항).

1. 피상속인이 재산을 처분하여 받거나 피상속인의 재산에서 인출한 금액이 재산 종류별로 사망하기 전 1년 이내에 2억원 이상인 경우와 사망하기 전 2년 이내에 5억원 이상인 경우로서 용도가 객관적으로 명백하지 않은 경우(「상속세 및 증여세법」 제15조제1항제1호)

2. 피상속인이 부담한 채무의 합계액이 사망하기 전 1년 이내에 2억원 이상인 경우와 2년 이내에 5억원 이상인 경우로서 용도가 객관적으로 명백하지 않은 경우(「상속세 및 증여세법」 제15조제1항제2호)

⑦ '용도가 객관적으로 명백하지 않은 경우'란 다음의 어느 하나에 해당하는 경우를 말합니다(「상속세 및 증여세법 시행령」 제11조 제2항).

1. 피상속인이 재산을 처분하여 받은 금액이나 피상속인의 재산에서 인출한 금전 등 또는 채무를 부담하고 받은 금액을 지출한 거래상대방(이하 '거래상대방'이라 함)이 거래증빙의 불비 등으로 확인되지 않는 경우

2. 거래상대방이 금전 등의 수수사실을 부인하거나 거래상대방의 재산상태 등으로 보아 금전 등의 수수사실이 인정되지 않는 경우

3. 거래상대방이 피상속인의 특수관계인으로서 사회통념상 지출사실이 인정되지 않는 경우

4. 피상속인이 재산을 처분하거나 채무를 부담하고 받은 금전 등으로 취득한 다른 재산이 확인되지 않는 경우

5. 피상속인의 연령·직업·경력·소득 및 재산상태 등으로 보아 지출사실이 인정되지 않는 경우

▶ 다음과 같은 비과세 재산가액(「상속세 및 증여세법」제11조, 제12조 및 「상속세 및 증여세법 시행령」제7조, 제8조)도 함께 공제됩니다.
  1. 전쟁 또는 사변 또는 이에 준하는 비상사태로 토벌 또는 경비 등 작전업무를 수행하는 중 사망하거나 해당 전쟁 또는 공무의 수행 중 입은 부상 또는 그로 인한 질병으로 사망하여 상속이 개시되는 경우
  2. 국가, 지방자치단체, 그 밖에 공공단체에 유증한 재산
  3. 문화재보호구역의 토지
  4. 분묘에 속한 9,900 제곱미터 이내의 금양임야(禁養林野)와 1,980제곱미터 이내의 묘토인 농지의 재산가액 합계액이 2억원 을 초과할 때에는 2억원, 족보와 제구의 재산가액의 합계액이 1천만원을 초과할 때에는 1천만원 이내
  5. 「정당법」에 따른 정당에 유증 등을 한 재산
  6. 「근로복지기본법」에 따른 사내근로복지기금이나 그 밖에 이와 유사한 것으로서 「근로복지기본법」에 따른 우리사주조합 및 근로복지진흥기금에 유증 등을 한 재산
  7. 사회통념상 인정되는 이재구호금품, 치료비 그 밖에 이와 유사한 것으로서 불우한 사람을 돕기 위하여 유증한 재산
  8. 상속재산 중 상속인이 신고기한(「상속세 및 증여세법」제67조) 이내에 국가·지방자치단체 또는 공공단체에 증여한 재산

▶ 다음과 같은 과세가액 불산입재산도 함께 공제됩니다.
  1. 상속재산 중 피상속인 또는 상속인이 종교·자선·학술 그 밖에 공익을 목적으로 하는 사업을 영위하는 공익법인에 출연한 재산의 가액 (「상속세 및 증여세법」제16조)
  2. 상속재산 중 피상속인 또는 상속인이 「공익신탁법」에 따른 공익신탁으로서 종교·자선·학술 그밖에 공익을 목적으로 하는 공익신탁을 통하여 공익법인 등에 출연하는 재산의 가액(「상속세 및 증여세법」제17조)

2-2-3. 상속세과세표준의 산정

① "상속세의 과세표준"이란 상속세과세가액에서 상속공제액, 감정평가수수료 및 재해손실가액을 차감한 금액을 말합니다(「상속세

및 증여세법」제25조).

② "상속공제"는 다음의 공제를 말합니다(「상속세 및 증여세법」제18조부터 제24조까지).

1. 기초공제: 2억원을 공제하되 가업상속 및 영농상속의 경우에는 추가 공제함(「상속세 및 증여세법」제18조)

2. 배우자상속공제: 배우자가 실제 상속받은 금액을 공제함(「상속세 및 증여세법」제19조)

3. 그 밖의 인적공제: 자녀공제, 미성년자공제, 60세 이상인 사람에 대한 공제, 장애인 공제(「상속세 및 증여세법」제20조제1항). 다만, 기초공제 2억원과 그 밖의 인적공제(배우자, 자녀, 미성년자, 60세 이상인 사람, 장애인)의 합계금액을 항목별로 공제받는 대신에 일괄적으로 5억원을 공제받을 수도 있습니다(「상속세및 증여세법」제21조).

4. 금융재산상속공제: 거주자의 사망으로 인하여 상속이 개시 된 경우 상속개시일 현재 상속재산가액 중 금융재산의 가액이 포함되어 있는 경우 그 금융재산가액에서 금융채무를 차감한 가액을 공제함(「상속세 및 증여세법」제22조)

5. 재해손실공제: 상속개시일이 속하는 달의 말일부터 6개월 이내에 화재·붕괴·폭발·환경오염사고 및 자연재해 등으로 인한 재난으로 인하여 상속재산이 멸실·훼손된 경우 그 손실가액을 공제함(「상속세 및 증여세법」제23조, 제67조 및 「상속세 및 증여세법 시행령」제20조제1항)

6. 동거주택상속공제: 거주자의 사망으로 인하여 상속이 개시되는 경우로서 ① 피상속인과 상속인(직계비속인 경우로 한정)이 상속개시일로부터 소급하여 10년 이상 계속하여 하나의 주택에서 동거하며 ② 상속개시일부터 소급하여 10년 이상 계속하여 1세대 1주택에 해당(이 경우 무주택인 기간이 있는

경우에는 해당 기간은 1세대 1주택에 해당하는 기간에 포함함)하며 ③ 상속개시일 현재 무주택자이거나 피상속인과 공동으로 1세대 1주택을 보유한 자인 상속인(직계비속인 경우로 한정)이 상속받은 주택인 경우에는 주택가액의 100분의 100에 상당하는 금액을 공제(6억원 한도)함.

③ 상속공제를 할 금액은 상속세과세가액에서 다음에 해당하는 가액을 차감한 잔액을 한도로 합니다. 다만, 3.은 상속세 과세가액이 5억원을 초과하는 경우에만 적용합니다(「상속세 및 증여세법」제24조).

1. 선순위인 상속인이 아닌 사람에게 유증 등을 한 재산의 가액

2. 선순위인 상속인의 상속포기로 그 다음 순위의 상속인이 상속받은 재산의 가액

3. 상속세과세가액에 가산한 증여재산가액(「상속세 및 증여세법」제53조 또는 제54조에 따라 공제받은 금액이 있으면 증여재산가액에서 그 공제받은 금액을 뺀 가액을 말함)

※ 증여재산 공제범위

▶ 거주자가 다음의 어느 하나에 해당하는 사람으로부터 증여를 받은 경우에는 그 구분에 따른 금액을 증여세 과세가액에서 공제하며, 이 경우 수증자를 기준으로 그 증여를 받기 전 10년 이내에 공제받은 금액과 해당 증여가액에서 공제받을 금액을 합친 금액이 다음의 구분에 따른 금액을 초과하는 경우에는 그 초과하는 부분은 공제하지 않습니다(「상속세 및 증여세법」제53조).

1. 배우자로부터 증여를 받은 경우: 6억원

2. 직계존속[수증자의 직계존속과 혼인(사실혼은 제외) 중인 배우자를 포함]으로부터 증여를 받은 경우: 5천만원(단, 미성년자가 직계존속으로부터 증여를 받은 경우에는 2천만원)

3. 직계비속(수증자와 혼인 중인 배우자의 직계비속을 포함)으로 부터 증여를 받은 경우: 5천만원

4. 위의 2. 및 3.의 경우 외에 6촌 이내의 혈족, 4촌 이내의 인척으로부터 증여를 받은 경우: 1천만원

④ "감정평가수수료"란 상속세 신고·납부를 위해 상속재산을 평가하는데 소요되는 수수료를 말합니다.

2-2-4. 상속세산출세액의 산정

① 상속세는 상속세의 과세표준에 다음의 세율을 적용하여 계산한 금액으로 합니다(「상속세 및 증여세법」 제26조).

과세표준	세율
1억원 이하	과세표준의 10%
1억원 초과 5억원 이하	1천만원 + (1억원을 초과하는 금액의 20%)
5억원 초과 10억원 이하	9천만원 + (5억원을 초과하는 금액의 30%)
10억원 초과 30억원 이하	2억4천만원 + (10억원을 초과하는 금액의 40%)
30억원 초과	10억4천만원 + (30억원을 초과하는 금액의 50%)

② 상속받은 재산의 가액은 상속개시 당시의 시가로 평가합니다(「상속세 및 증여세법」 제60조).

2-3. 실제 납부액 계산하 기

2-3-1. 실제 납부 할 상속세 계산하기

산출세액	※ (상속세 과세표준 × 세율)
+	
세대생략 할증세액	※ 상속인 또는 수유자가 피상속인의 자녀가 아닌 직계비속 (즉, 손자녀 등)인 경우 할증됨. 다만, 대습상속의 경우에는 할증제외
-	
세액공제 등	※ 증여세액공제, 외국납부세액공제, 단기세액공제, 신고세액 공제 등
-	
연부연납· 물납세액	
▼	
자진납부할 세액	

*산출세액에 세대생략할증세액을 더하고, 각종 세액공제액을 공제하며, 연부연납·물납세액이 있으면 이를 공제한 세액이 자진납부할 세액이 됩니다.

2-3-2. 세대생략할증세액의 가산

상속인 또는 수유자가 피상속인의 자녀를 제외한 직계비속인 경우에는 상속세산출세액에 상속재산 중 그 상속인 또는 수유자가 받았거나 받을 재산이 차지하는 비율을 곱하여 계산한 금액의 100분의 30(피상속인의 자녀를 제외한 직계비속이면서 미성년자에 해당하는 상속인 또는 수유자가 받았거나 받을 상속재산의 가액이 20억원을 초과하는 경우에는 100분의 40)에 상당하는 금액을 가산합니다. 다만, 대습상속(代襲相續)의 경우에는 제외됩니다(「상속세 및 증여세법」 제27조).

2-3-3. 각종 세액공제

다음과 같은 경우에는 세액이 공제됩니다.

① 증여세액공제: 상속재산에 가산된 증여재산에 대한 증여세산출세액이 있는 경우(「상속세 및 증여세법」 제28조)

② 외국납부세액공제: 외국에 있는 상속재산으로서 외국법령에 의한 상속세를 부과받은 경우(「상속세 및 증여세법」 제29조)

③ 단기재상속세액공제: 상속개시 후 10년 이내에 상속인 또는 수유자의 사망으로 다시 상속이 개시되는 경우(「상속세 및 증여세법」 제30조)

④ 신고세액공제: 「민법」 제67조의 규정에 의하여 상속세과세표준을 신고한 경우(「상속세 및 증여세법」 제69조)

2-3-4. 연부연납·물납

① 상속세액은 2회 이상 나누어 낼 수 있는데, 2회로 나누어 내는 것을 분납이라 하고, 장기간에 걸쳐 나누어 내는 것을 연부연납이라 합니다.

② 상속세는 다음의 경우에 나누어 낼 수 있습니다(「상속세 및 증여

세법」 제70조제2항 및 「상속세 및 증여세법 시행령」 제66조제2항).

1. 납부할 세액이 2천만원 이하인 경우: 1천만원을 초과하는 금액

2. 납부할 세액이 2천만원을 초과하는 경우: 납부할 세액의 2분의1 이하의 금액

3. 납부할 세액이 2천만원을 초과하는 경우에는 세무서에 담보를 제공하고 각 회분 분납세액이 1천만원을 초과하도록 연부연납 기간을 정하여 나누어 낼 수 있습니다(「상속세 및 증여세법」 제71조).

③ 상속받은 재산 중 부동산과 유가증권의 가액이 전체 재산가액의 2분의 1을 초과하고 납부세액이 2천만원을 초과하는 경우에는 상속을 받은 부동산이나 유가증권으로 세금을 낼 수 있는데 이를 물납이라 합니다(「상속세 및 증여세법」 제73조).

2-4. 상속세의 납부

2-4-1. 신고 후 자진납부하는 경우

① 상속인 또는 수유자는 위와 같이 산정된 자진납부세액을 상속개시일이 속하는 달의 말일부터 6개월 이내에 상속세의 과세표준가액 및 과세표준을 관할 세무서장에게 신고해야 합니다(「상속세 및 증여세법」 제67조제1항).

② 이 경우 상속세과세표준의 계산에 필요한 상속재산의 종류·수량·평가가액·재산분할 및 각종 공제 등을 입증할 수 있는 서류를 첨부해야 합니다(「상속세 및 증여세법」 제67조제2항).

③ 상속세의 신고를 하는 사람은 신고기한 이내에 납세지 관할 세무관서·한국은행 또는 우체국에 납부해야 합니다(「상속세 및 증여세법」 제70조).

2-4-2. 결정고지를 통해 납부하는 경우

① 납세의무자가 법정신고기한까지 국세의 과세표준 신고(예정신고
및 중간신고를 포함하며)를 하지 않은 경우에는 그 신고로 납부
해야 할 세액에 다음의 구분에 따른 비율을 곱한 금액을 가산세
로 납부해야 합니다(「국세기본법」 제47조의2제1항).

1. 부정행위로 법정신고기한까지 세법에 따른 국세의 과세표준
   신고를 하지 않은 경우: 40%(국제거래에서 발생한 부정행위
   인 경우에는 60%)

2. 그 밖의 경우: 20%

② 법정납부기한 내에 상속세를 납부하지 않거나 납부한 세액에 미
달한 경우에는 납부불성실가산세액을 가산하여 납부해야 합니다
(「국세기본법」 제47조의5제1항).

③ 납부불성실가산세액의 계산방식은 다음과 같습니다.

- 납부하지 않은 세액 또는 미달한 세액×납부기한의 다음 날 부
  터자진납부일 또는 납세고지일까지의 기간×10000분의 3

2-4-3. 공동상속인의 연대납부

① 상속인과 수유자가 여러 명인 경우에는 산정된 상속세 산출세액
을 그 상속인 또는 수유자가 받았거나 받을 재산이 차지하는 비
율을 곱하여 계산한 금액를 각자가 실제 납부해야 합니다(「상속
세 및 증여세법」 제3조의2제1항).

② 다만, 공동상속인 또는 수유자는 상속인 또는 수유자 각자가 받
았거나 받을 재산을 한도로 연대하여 납부할 의무를 지므로(「상
속세 및 증여세법」 제3조의2제3항) 다른 공동상속인 중에서 상속
세를 체납하는 경우에는 나머지 공동상속인 등이 여전히 납세의
무를 집니다.

③ 또한, 공동상속인 중 1명이 모든 상속세를 납부한 경우에는 상속

세를 납부하지 않은 공동상속인 등에게 자신이 납부하지 않은 세액에 대한 증여세가 부과되는 것은 아닙니다.

■ 상속세란 어떤 세금이고, 어떻게 과세됩니까?

Q 상속세란 어떤 세금이고, 어떻게 과세됩니까?

A ① 상속세란?

상속세는 부모나 배우자 등의 사망에 따라 남은 가족이나 친지들이 유산을 물려받는 경우에 그 물려받은 재산에 대하여 과세되는 세금입니다. 여기서 사망한 사람을 피상속인이라 하고, 유산을 물려받는 사람을 상속인이라고 합니다.

② 상속세 과세방법

우리나라의 상속세는 상속인의 수나 유산의 배분내용에 관계없이 피상속인이 남긴 유산총액에 누진구조의 세율을 적용하여 과세하는 유산세 체계를 과세방법으로 하고 있습니다. 피상속인이 거주자인 경우에는 국내외의 모든 재산에 대하여 상속세가 과세되며, 피상속인이 비거주자인 경우에는 국내에 있는 재산에 대하여만 상속세가 과세됩니다(상증법 제3조). 거주자라 함은 국내에 주소를 두거나, 183일 이상 거소를 둔 개인을 말하고, 주소는 국내에 생계를 같이하는 가족 및 국내에 소재하는 자산의 유무 등 생활관계의 객관적인 사실에 따라 판정하며, 거소는 주소지 외의 장소 중 상당기간에 걸쳐 거주하는 장소로서 주소와 같이 밀접한 일반적 생활관계가 형성되지 아니한 장소를 말합니다(상증법 제2조 제8호, 상증령 제2조).

Q 상속세는 언제부터 납부할 의무가 발생합니까?

A ① 납세의무 성립

상속세 납세의무는 상속이 개시되는 때에 성립되며, 여기서 상속개시
라 함은 상속으로 인한 법률효과의 원인이 발생하는 것을 말합니다.

② 상속개시일

상속개시의 시기는 상속개시 원인이 발생한 때, 즉 피상속인이 사망
한 순간으로써 그 구체적인 사례는 아래와 같습니다.

1. 자연적 사망 : 실제로 사망한 사실이 발생하는 시점. 사망 진단서
또는 검안서에 의거 가족관계등록부에 기재된 사망 연, 월, 일,
시, 분(추정적 효력만 있음)

2. 실종선고 : 실종선고일(민법 규정은 실종기간의 만료일에 사망한
것으로 간주되나, 상속세 및 증여세법에서는 실종선고 일을 사망
일로 함)

3. 인정사망 : 가족관계등록부에 기재된 사망 연, 월, 일, 시, 분(추정
적 효력만 있음)

4. 부재선고 : 법원의 부재선고일

5. 동시사망 : 2인 이상이 동일한 위난으로 사망한 경우로서 사망시점
의 선후가 불분명한 경우 동시 사망으로 추정

③ 상속개시일이 중요한 이유는 상속세 납세의무성립일이기도 하지만 상
속세 과세대상 재산 판정 및 평가 기준일이 되며, 또한 상속세 납부
의무가 있는 상속인의 결정 및 상속세 신고기한 등의 기준일이 되기
때문입니다.

Q 상속세는 누가, 어디에 신고, 납부하여야 합니까?

A ① 상속세 신고·납부 의무자

상속인(특별연고자 중 영리법인은 제외) 또는 수유자(영리법인은 제외)는 상속재산(상속재산에 가산하는 증여재산 중 상속인이나 수유자가 받은 증여재산 포함) 중 각자가 받았거나 받을 재산을 기준으로 산정한 비율에 따라 계산한 금액을 상속세로 납부할 의무가 있으며, 상속세는 상속인 또는 수유자 각자가 받았거나 받을 재산(상속재산에 가산한 증여재산을 포함한 자산 총액에서 부채총액과 상속세 및 가산한 증여재산에 대한 증여세액을 공제한 금액)을 한도로 연대하여 납부할 의무가 있습니다.

② 상속세는 피상속인의 주소지를 관할하는 세무서에 신고·납부하여야 합니다. 피상속인이 비거주자인 경우에는 상속재산의 소재지를 관할하는 세무서에 신고·납부하여야 합니다. 실종선고로 피상속인의 주소지가 불분명한 경우 주된 상속인의 주소지를 관할하는 세무서에 신고·납부하여야 합니다.

■ 상속세는 언제까지, 어떠한 서류를 갖추어 신고해야 합니까?

Q 상속세는 언제까지, 어떠한 서류를 갖추어 신고해야 합니까?

A ① 상속세 신고

상속이 개시된 경우 상속인 등은 법정기한 내에 상속세의 과세가액 및 과세표준을 상속개시지 관할세무서장에게 신고하여야 합니다.

② 상속세 신고기한

1. 상속인 및 피상속인이 거주자인 경우 : 상속개시일이 속하는 달의 말일부터 6월 이내

2. 피상속인 또는 상속인 전원이 비거주자인 경우 : 상속개시일이 속

하는 달의 말일부터 9월 이내

   3. 유언집행자 또는 상속재산 관리인이 상속세과세표준 신고기한 이
내에 선임된 경우 : 지정 또는 선임된 날부터 6월 이내

③ 신고시 갖추어야 할 서류

   1. 상속세과세표준신고 및 자진납부계산서

   2. 피상속인의 제적등본 및 상속인의 가족관계기록사항에 관한 증명서

   3. 상속재산명세 및 그 평가명세서

   4. 채무사실을 입증할 수 있는 서류

   5. 배우자의 상속재산이 분할된 경우에는 상속재산분할명세 및 그 평
가명세서

   6. 기타 상속세법에 의하여 제출하는 서류 등

④ 자진납부

상속세는 상기 신고기한 이내에 납세지 관할세무서·한국은행 또는
체신관서에 납부하여야 합니다. 이 경우 일정한 요건을 갖춘 때에는
분납·연부연납·물납이 허용됩니다.

■ **상속세 부담의무자가 여러 명인 경우 각자의 상속세 부담액은 어떻게
되나요?**

Q 유족인 부인 1명과 자녀 1명, 상속인이 아닌 수유자가 1명이 있
고, 상속인과 수유자가 상속 또는 유증을 통해 재산을 차지하는 비
율이 3/7, 2/7, 2/7인데 피상속인의 상속재산에 대한 상속세 산출
세액이 700만원이 나온 경우에는 각자의 상속세 부담액은 어떻게
되나요?

A 부인은 300만원, 자녀는 200만원, 수유자는 200만원의 세금을 부담합니
다. 다만, 공동상속인 또는 수유자는 상속인 또는 수유자 각자가 받았거
나 받을 재산을 한도로 연대하여 납부할 의무를 지므로 다른 공동상속인
중에서 상속세를 체납하는 경우에는 다른 공동상속인 등이 여전히 납세
의무를 집니다(「상속세 및 증여세법」 제3조의2제3항).

공동상속을 하였는데도 상속인을 1인으로 표시하고 그 상속인만을 상대로 상속세를 부과·고지하였다면 그 사정만으로 그 과세처분을 당연무효라거나 부적법한 것이라 할 것은 아니고, 그 상속인 1인에 대하여는 유효한 과세처분을 한 것이라고 봄이 상당하다(대법원 1997.6.13. 선고 96누7441 판결).

■ 상속세를 납부하지 않으면 어떻게 되나요?

Q 상속세를 납부하지 않으면 어떻게 되나요?

A 피상속인이 상속개시일이 속하는 달의 말일부터 6개월 이내에 상속세를 납부하지 않거나 납부한 세액에 미달한 경우에는 납부불성실가산세액을 가산하여 납부해야 합니다(「국세기본법」 제47조의5제1항).

과세처분이란 과세요건의 충족으로 객관적, 추상적으로 이미 성립하고 있는 조세채권을 구체적으로 현실화하여 확정하는 절차이고, 과세처분의 취소소송은 과세처분의 실체적, 절차적 위법을 그 취소원인으로 하는 것으로서, 그 심리의 대상은 과세관청이 인정하여 산정한 과세표준 또는 세액이 실제의 과세표준 또는 정당한 세액을 초과하는지 여부이어서 취소소송의 변론종결시까지 제출된 모든 주장과 자료에 의하여 이를 판단하여야 할 것이므로, 상속세부과처분시 상속재산 중 일부가 상속세액 산출을 위한 과세표준에 산입되지 않았다면, 그 부과처분의 적법 여부는 누락된 재산을 포함한 모든 상속재산을 토대로 정당한 상속세액을 산출하여 판단하여야 한다(대법원 1997.6.13. 선고 96누7441 판결).

■ 상속세를 내야 하는데 당장 현금화할 수 있는 돈는 경우 상속세를 늦게 내면 불이익이 있나요?

Q 상속세를 내야 하는데 당장 현금화할 수 있는 돈이 없어요. 상속세를 늦게 내면 불이익이 있나요?

A 상속인 또는 수유자(상속인과는 별도로 유증을 받은 사람)는 상속 개시

일이 속하는 달의 말일부터 6개월 이내에 상속세의 과세표준가액 및 과세표준을 관할 세무서장에게 신고하고, 관할 세무관서, 한국은행 또는 체신관서에 상속세를 납부해야 합니다. 위 기간 내에 과세표준신고서를 제출하지 않은 경우에는 납부세액의 20%에 상당하는 금액을 가산해서 납부해야 합니다. 또한, 납부기한 내에 상속세를 납부하지 않거나 납부한 세액에 미달한 경우에는 납부불성실가산세액을 가산해서 납부해야 합니다.

◇ 상속세의 계산

① 상속세 = 상속세 과세표준 X 세율

② 상속세 과세표준 = 상속세 과세가액[상속재산 − (공과금·장례비용·채무액) + 상속개시 전 증여재산가액 − 추정상속재산가액 − 비과세재산가액 − 과세가액불산입 재산] − 상속공제 − 감정평가수수료

◇ 납부불성실가산세액의 계산

[납부하지 않은 세액 또는 미달한 세액 X 납부기한의 다음 날부터 자진납부일 또는 납세고지일까지의 기간 X 0.0003]

【관련판례】

상속개시일 전 처분재산의 상속세 과세가액 산입에 관하여 규정한 (구)「상속세법」(1990.12.31. 법률 제4283호로 개정되기 전의 것) 제7조의2제1항은 사망 전의 처분에 의하여 상속세의 부담을 회피하는 행위를 방지하기 위한 규정이므로 처분의사를 결정하고 처분행위를 한 때를 기준으로 그 적용 여부를 정하여야 할 것인바, 매매에 의하여 재산을 처분한 경우 처분행위를 한 때는 매매계약일이므로 이 때가 그 기준일이 된다(대법원 1997.6.13. 선고 96누7441 판결).

■ 상속인이 부인과 자녀 한 명입니다. 상속세로 1천5백만원이 나왔는데 각각 얼마씩 부담하게 되나요?

Q 상속인이 부인과 자녀 한 명입니다. 상속세로 1천5백만원이 나왔는데 각각 얼마씩 부담하게 되나요?

A 부인과 자녀는 각각 1.5:1의 비율로 피상속인을 상속합니다. 상속세액의 부담분 역시 이 비율로 정해집니다. 따라서 부인은 9백만원(1천5백만원 X 1.5/2.5), 자녀는 6백만원(1천5백만원 X 1/2.5)을 각각 부담해야 합니다. 다만, 공동상속인은 상속인 각자가 받았거나 받을 재산을 한도로 연대해서 납부할 의무를 지므로, 공동상속인 중 한 명이 상속세를 체납하는 경우에는 다른 공동상속인이 납세의무를 부담해야 합니다.

【관련판례】

공동상속인에 대하여 각자의 납세의무를 구체적으로 확정시키는 효력을 지니는 납세고지는 공동상속인별로 각자에게 개별적으로 납부하여야 할 세액을 구분, 특정하여 하여야 하고 상속세 총액을 상속인들에게 일괄 부과하여 한 것은 위법하다(대법원 1997.6.13. 선고 96누7441 판결).

■ 세대를 건너 뛰어 손자에게 상속을 하게 되면 상속세는 어떻게 되는지요?

Q 대습상속에 따른 상속세 재산을 상속해 주고자 할 때 아들이 나이가 많거나 똑똑하지 못하여 재산을 지킬 능력이 없으면 손자가 상속을 받도록유언을 하는 경우가 있습니다. 이와 같이 세대를 건너 뛰어 손자에게 상속을 하게 되면 상속세는 어떻게 되는지요?

A 세대를 건너 뛰어 손자에게 상속을 하게 되면 아들에게 상속할 때보다 30%를 할증하여 상속세를 납부하게 됩니다. 이유는 정상적인 상속을 하게되면 아들에게 상속을 할 때 상속세가 한 번 부과되고, 아들이 손자에게 상속을 하게 되면 또 다시 상속세가 부과되지만, 할아버지가 손자에

게 상속을 하게 되면 상속세가 한 번 밖에 부과되지 않기 때문에 할 증을 하는 것입니다. 그러나 상속이 개시되기 전에 아들이 사망하여 손자가 아들을 대신하여 상속을 받는 대습상속(代襲相續)인 경우에는 세대를 건너 뛴 상속으로 보지 않기 때문에 할증과세를 하지 않습니다. 반면 상속이 개시된 후 10년 이내에 상속인이 사망하여 다시 상속이 개시된 때에는 재상속기간에 따라 100%에서 10%까지 세액공제를 받을 수 있습니다.

■ 상속세비과세 대상인 묘토인 농지에 해당하는지요?

Q 망인 A의 상속인으로 甲, 乙이 있고, 상속재산으로 X토지가 있습니다. 그런데 X토지는 지목이 전으로 되어 있으나 도시계획상 일반 주거지에 편입되어 있고, 주변 일대가 완전히 도시화 되어 있으며, 타인으로 하여금 콩이나 채소 등을 재배하게 하여 그 경작자가 경작대가로 단순히 1년에 한두 번 정도 분묘 벌초를 하여 온 것에 불과합니다. 이 경우에도 X토지가 상속세비과세 대상인 묘토인 농지에 해당하는지요?

A 묘토인 농지의 의미에 관하여 대법원은 "묘토라 함은 분묘의 수호, 관리나 제사용 자원인 토지로서 특정의 분묘에 속한 것을 말하는바, 현행 민법이 그 소유권의 귀속주체를 제사를 주재하는 자로 규정하고 있는 점에 비추어 보면, 구 상속세법(1996.12.30. 법률 제5193호로 전문 개정되기 전의 것) 제8조의2 제2항 제2호에서 원용하고 있는 민법 제1008조의3 소정의 묘토인 농지는 그 경작하여 얻은 수확으로 분묘의 수호, 관리 비용이나 제사의 비용을 조달하는 자원인 농토이어야 하고, 그 중 제사의 비용을 조달하는 것이 중요한 것이 됨은 분명하나 반드시 이에 한정되는 것은 아니다(대법원 1997.05.30. 선고 97누4838 판결)."고 정의하는 한편, 위와 동일한 사실관계가 문제된 사안에서 "지목이 전으로 되어 있으나 도시계획상 일반 주거지에 편입되어 있고 주변 일대가 완전히 도시화

되어 있으며, 타인으로 하여금 콩이나 채소 등을 재배하게 하여 그 경작자가 경작대가로 단순히 1년에 한두 번 정도 토지소유자의 조상의 분묘 등 분묘 3기의 벌초를 하여 온 것에 불과하다면, 그 토지를 분묘의 수호, 관리 비용을 조달하기 위한 묘토인 농지라고 볼 수는 없다는 이유로, 상속세비과세 대상에 해당하지 않는다(대법원 1997.05.30. 선고 97누 4838 판결)."고 판시한 바 있습니다.

따라서 X토지는 묘토인 농지에 해당하지 않으므로, 상속세비과세 대상에 해당하지 않습니다.

■ 묘토인 농지는 상속세비과세 대상으로 알고 있는데, 그 범위를 어떻게 결정해야 하는지요?

Q 묘토인 농지는 상속세비과세 대상으로 알고 있습니다. 이 때 묘토인 농지의 범위를 어떻게 결정해야 하는지요?

A 민법 제1008조의3은 "분묘에 속한 1정보 이내의 금양임야와 600평 이내의 묘토인 농지, 족보와 제구의 소유권은 제사를 주재하는 자가 이를 승계한다."고 규정하고 있습니다. 이 때 600평 이내의 묘토인 농지의 범위와 관련하여 대법원은 "묘토의 범위는 호주상속인(개정 민법이 적용되는 경우에는 제사 주재자)을 기준으로 600평 이내의 농지를 의미하는 것이 아니라 봉사의 대상이 되는 분묘 매 1기당 600평 이내를 기준으로 정하여야 한다(대법원 1996.03.22. 선고 93누19269 판결)."고 판시한 바 있습니다. 따라서 분묘 매1기당 600평을 기준으로 묘토인 농지의 범위를 결정하시면 됩니다.

Q 민법 제1014조에 의한 상속분상당가액지급청구의 경우, 상속세 및 그 가산금과 양도소득세가 공제되는지요?

A 위 사안과 관련하여 대법원은 "민법 제1014조에 의한 상속분상당가액지급청구에 있어 그 대상재산의 가액산정시 공제되어야 할 상속세에 신고지연 등으로 인한 가산세가 포함되고(대법원 2007.07.26. 선고 2006므2757 판결), 상속재산의 처분에 수반되는 조세부담은 상속에 따른 비용이라고 할 수 없고, 민법 제1014조에 의한 가액의 지급청구는 상속재산이 분할되지 아니한 상태를 가정하여 피인지자의 상속분에 상당하는 가액을 보장하려는 것이므로, 다른 공동상속인들의 분할 기타의 처분에 의한 조세부담을 피인지자에게 지급할 가액에서 공제할 수 없고, 다른 상속인들이 피인지자에게 그 금액의 상환을 구할 수도 없다(대법원 1993.08.24. 선고 93다12 판결)."는 입장입니다.

따라서 피인지자에게 지급할 가액에서 상속세 및 그 가산금의 경우는 공제하여야 하고, 상속재산 처분에 대한 양도소득세는 공제할 수 없습니다.

■ 피상속인의 사망으로 상속재산에서 차감하는 채무란 무엇인가요?

Q 피상속인의 사망으로 상속재산에서 차감하는 채무란 무엇인가요?

A 상속개시 당시 피상속인의 채무로서 상속인이 실제로 부담하는 사실이 다음 각 호의 어느 하나에 따라 증명되는 것을 말한다.
1. 국가·지방자치단체 및 금융회사등에 대한 채무는 해당 기관에 대한 채무임을 확인할 수 있는 서류
2. 제1호외의 자에 대한 채무는 채무부담계약서, 채권자확인서, 담보설정 및 이자지급에 관한 증빙등에 의하여 그 사실을 확인할 수 있는 서류

■ 상속세를 기한이 지난 후 신고하는 경우 물납이 가능한지요? 또 가산세가 적용되는지요?

Q 상속세를 기한이 지난 후 신고하는 경우 물납이 가능한지요? 또 가산세가 적용되는지요?

A 「상속세 및 증여세법」(2006.12.30. 법률 제8139호로 개정되기 전의 것) 제78조 제2항의 규정을 적용함에 있어 귀 질의의 경우와 같이 법정신고기한 내에 과세표준신고서를 제출하지 아니한 자가 「국세기본법」제45조의3의 규정에 의한 기한 후 신고와 함께 물납을 신청하여 허가된 경우에는 신고불성실가산세 및 신고기한의 다음날부터 기한 후 신고서 접수일까지의 기간에 대하여 납부불성실가산세를 적용하는 것입니다.

■ 상속세 물납에 충당하는 재산의 물납신청 및 허가순위는 어떻게 되는지요?

Q 상속세 물납에 충당하는 재산의 물납신청 및 허가순위는 어떻게 되는지요?

A ① 물납에 충당하는 재산의 물납신청 및 허가순위
1. 국채 및 공채
2. 최초로 거래소에 상장되어 물납허가통지서 발송일 전일 현재 자본시장과 금융투자업에 관한 법률에 따라 처분이 제한된 거래소에 상장된 유가증권('1.'의 국채 및 공채는 제외)
3. 국내에 소재하는 부동산(상속개시일 현재 상속인이 거주하는 주택 및 그 부수토지 제외)
4. 1, 2, 5를 제외한 유가증권 및 다음의 유가증권
   ㉠ 자본시장과 금융투자업에 관한 법률에 따른 신탁업자가 발행하는 수익증권
   ㉡ 자본시장과 금융투자업에 관한 법률에 따른 집합투자증권
   ㉢ 자본시장과 금융투자업에 관한 법률에 따른 종합금융회사가 발행

하는 수익증권

5. 상속의 경우로서 비상장주식외에 다른 상속재산이 없거나 1.부터 3.까지의 상속재산으로 상속세 물납에 충당하더라도 부족액이 있는 경우의 비상장주식 등

6. 상속개시일 현재 상속인이 거주하는 주택 및 그 부수 토지

■ 상속인이 부인과 자녀 한 명입니다. 상속세로 1천5백만원이 나왔는데 각각 얼마씩 부담하게 되나요?

Q 상속인이 부인과 자녀 한 명입니다. 상속세로 1천5백만원이 나왔는데 각각 얼마씩 부담하게 되나요?

A 부인과 자녀는 각각 1.5:1의 비율로 피상속인을 상속합니다. 상속세액의 부담분 역시 이 비율로 정해집니다. 따라서 부인은 9백만원(1천5백만원 X 1.5/2.5), 자녀는 6백만원(1천5백만원 X 1/2.5)을 각각 부담해야 합니다. 다만, 공동상속인은 상속인 각자가 받았거나 받을 재산을 한도로 연대해서 납부할 의무를 지므로, 공동상속인 중 한 명이 상속세를 체납하는 경우에는 다른 공동상속인이 납세의무를 부담해야 합니다.

■ 상속세 과세표준을 신고 또는 결정을 받은 후 국세기본법 에 따른 후발적 경정청구가 가능한가요?

Q 상속세 과세표준을 신고 또는 결정을 받은 후 국세기본법 제45조의 2 제2항에 따른 후발적 경정청구가 가능한가요?

A ① 상속세과세표준 및 세액을 법정신고기한까지 신고한 자 또는 상속세과세표준 및 세액의 결정 또는 경정을 받은 자로서 다음의 사유가 발생한 경우에는 그 사유가 발생한 것을 안 날부터 3개월 이내에 결정 또는 경정을 청구할 수 있습니다(국세기본법 45조의2 2항)

　　1. 최초의 신고·결정 또는 경정에 있어서 과세표준 및 세액의 계산근거가 된 거래 또는 행위등이 그에 관한 소송에 대한 판결(판결과

동일한 효력을 가지는 화해 기타 행위를 포함한다)에 의하여 다른 것으로 확정된 때

2. 소득 기타 과세물건의 귀속을 제3자에게로 변경시키는 결정 또는 경정이 있은 때

3. 조세조약의 규정에 의한 상호합의가 최초의 신고·결정 또는 경정의 내용과 다르게 이루어진 때

4. 결정 또는 경정으로 인하여 당해 결정 또는 경정의 대상이 되는 과세기간외의 과세기간에 대하여 최초에 신고한 국세의 과세표준 및 세액이 세법에 의하여 신고하여야 할 과세표준 및 세액을 초과한 때

5. 기타 유사한 사유(국기령 제25조의 2)가 당해 국세의 법정신고기한 경과후에 발생한 때

② 경정청구방법

상속세의 결정 또는 경정의 청구를 하고자 하는 자는, 다음의 사항을 기재한 결정 또는 경정청구서를 제출하여야 합니다.

1. 청구인의 성명과 주소 또는 거소

2. 결정 또는 경정 전의 과세표준 및 세액

3. 결정 또는 경정 후의 과세표준 및 세액

4. 경정청구 사유에 해당됨을 입증하는 서류

5. 기타 필요한 사항

■ **금융재산을 사전증여받은 경우 상속세 과세시 금융재산상속공제가 적용되는지요?**

Q 금융재산을 사전증여받은 경우 상속세 과세시 금융재산상속공제가 적용되는지요?

A ① 금융재산을 사전증여받은 경우 상속세 과세시 금융재산상속공제가 적용되지 않습니다.

② 「상속세 및 증여세법」제22조(금융재산 상속공제)의 규정을 적용할

때, 금융재산이라 함은 금융회사등이 취급하는 예금·적금 등을 말하는 것으로 양도성예금증서는 금융재산에 포함하는 것입니다.

③ 「상속세 및 증여세법」제13조 제1항 제1호의 규정에 의하여 상속개시일전 10년 이내에 피상속인이 상속인에게 증여한 재산가액은 상속세 과세가액에 가산하는 것이며, 그 증여한 재산이 금융재산인 경우에도 같은 법 제22조의 규정에 의한 금융재산상속공제는 적용되지 아니함. 귀 질의의 경우 상속인 명의의 양도성 예금증서가 단순히 상속인 명의만을 빌린 것인지 아니면 상속인에게 증여한 것인지 여부에 대하여는 구체적인 사실을 확인하여 판단할 사항으로서, 상속인에게 증여한 것으로 확인되는 때에는 금융재산 상속공제를 받을 수 없는 것입니다.

■ 사전증여재산만 취득한 손자에게 상속세를 납세의무가 있는지요?

Q 갑이 2008년 10월1일 사망하였습니다. 상속재산가액은 30억원, 이와 별도로 갑은 사망전 5년내에 손자에게 5억원을 증여한 사실이 있으며, 상속인으로는 자1, 자2, 자3이 있으며 이들 3명이 상속재산 30억원을 법정지분에 따라 분할하여 취득할 때 손자가 위 상속세 납부의무가 있는지요?

A 상속개시일 전 5년 이내에 상속인이 아닌자에게 증여한 재산은 상속세 과세가액에는 산입하지만, 당해재산의 수증자인 손자는 유증 또는 사인증여받은 재산이 없으므로 상속인 및 수유자에 해당하지 않아 상속세 납부의무가 없습니다.

■ 상속인이 확정되지 않은 경우 상속세 신고기한은 언제까지 입니까?

Q 상속인이 확정되지 않은 경우 상속세 신고기한은 언제까지 입니까?

A ① 상속세및증여세법 제67조 제1항 규정에 의한 상속세 과세표준 신고기한은 상속개시일이 속하는 달의 말일(2008.12.31. 이전은 상속개시

일)부터 기산하여 6월이 되는 날이며, 상속개시일은 피상속인이 사망한 날(실종선고로 인하여 상속이 개시되는 경우에는 실종선고일)을 말하는 것으로서, 이에 대한 예외규정은 없습니다.

② 상속세및증여세법 제67조 제1항의 신고기한 이내에 상속인이 확정되지 아니한 경우에도 위의 신고기한 이내에 상속세 과세표준을 신고하고, 이와 별도로 상속인이 확정된 날부터 30일 이내에 확정된 상속인의 상속관계를 기재하여 납세지관할 세무서장에게 제출하여야 합니다.

■ 상속재산으로 보지 않는 재산은 어떤 것이 있나요?

Q 상속재산으로 보지 않는 재산은 어떤 것이 있나요?

A 다음의 재산은 상속재산으로 보지 않습니다(상속세 및 증여세법 제10조)

1. 「국민연금법」에 따라 지급되는 유족연금 또는 사망으로 인하여 지급되는 반환일시금

2. 「공무원연금법」, 「공무원 재해보상법」 또는 「사립학교교직원 연금법」에 따라 지급되는 퇴직유족연금, 장해유족연금, 순직유족연금, 직무상유족연금, 위험직무순직유족연금, 퇴직유족연금부가금, 퇴직유족연금일시금, 퇴직유족일시금, 순직유족보상금, 직무상유족보상금 또는 위험직무순직유족보상금

3. 「군인연금법」 또는 「군인 재해보상법」에 따라 지급되는 퇴역유족연금, 상이유족연금, 순직유족연금, 퇴역유족연금부가금, 퇴역유족연금일시금, 순직유족연금일시금, 퇴직유족일시금, 장애보상금 또는 사망보상금

4. 「산업재해보상보험법」에 따라 지급되는 유족보상연금·유족보상일시금·유족특별급여 또는 진폐유족연금

5. 근로자의 업무상 사망으로 인하여 「근로기준법」 등을 준용하여 사업자가 그 근로자의 유족에게 지급하는 유족보상금 또는 재해보상금과 그 밖에 이와 유사한 것[cf) 업무외 사유로 사망하여 지급받은 보상

금은 상속재산에 해당함. 재산세과-367, 2011.8.1]

6. 전직대통령예우에 관한 법률」 또는 「별정우체국법」에 따라 지급되는 유족연금·유족연금일시금 및 유족일시금

■ 이혼조정 성립 후 호적정리 전이라면 배우자로 볼 수 있는지요?

Q 이혼조정 성립 후 호적정리 전이라면 배우자로 볼 수 있는지요?

A 피상속인 생전에 「가사소송법」 제59조에 따라 법원에서 이혼조정이 성립되고 같은 날에 시차를 두고 피상속인이 사망한 경우에는 「상속세 및 증여세법」 제19조의 배우자 상속공제를 적용받을 수 없는 것이며, 이 경우 피상속인이 생전에 그 배우자에게 증여한 재산은 「상속세 및 증여세법」 제13조제1항제2호에 따라 상속세 과세가액에 합산하는 것입니다.

이혼시 이혼한 자의 일방이 「민법」 제839조의2 및 제843조에 따라 재산분할청구권을 행사하여 취득한 재산은 조세포탈의 목적이 있다고 인정할 경우를 제외하고는 증여재산에 해당되지 아니하는 것이며, 이 경우 「상속세 및 증여세법」 제13조에 따른 상속세 과세가액에 합산하지 아니하는 것입니다.

■ 상속세 계산시 국외에 있는 재산은 어떻게 평가합니까?

Q 상속세 계산시 국외에 있는 재산은 어떻게 평가합니까?

A 외국에 있는 상속 또는 증여재산의 평가는 국내재산의 평가규정을 적용하여 평가합니다. 다만, 국내재산의 평가규정을 적용하는 것이 부적당한 경우에는 당해 재산이 소재하는 국가에서 양도소득세·상속세 또는 증여세 등의 부과 목적으로 평가한 가액으로 하며, 위의 규정에 의한 평가액이 없는 경우에는 세무서장 등이 2이상의 국내 또는 외국의 감정기관에 의뢰하여 감정한 가액을 참작하여 평가한 가액으로 합니다. 국외재산의 가액은 평가기준일 현재 외국환거래법에 의한 기준환율 또는 재정환율로 환산합니다.

Q 상속 · 증여재산인 부동산을 평가할 때, 시가가 없는 경우 어떻게 평가하나요?

A ① 상속받거나 증여받은 재산에 대하여 시가를 산정하기 어려운 경우에는 당해 재산의 종류·규모·거래상황 등을 감안하여 기준시가 등 보충적 방법에 의하여 평가합니다.

② 보충적 방법에 의한 평가

   1. 토지 : 평가기준일 현재 공시된 개별공시지가 적용

   2. 일반건물 : 신축가격 · 구조 · 용도 · 위치 · 신축연도 · 개별 건물의 특성 등을 참작하여 매년 1회 이상 국세청장이 산정 · 고시하는 가액으로 평가

   3. 기준시가 = ㎡당 금액 × 평가대상 건물의 면적(㎡)

   4. ㎡당 금액 = 건물신축가격기준액×구조지수×용도지수×위치지수 ×경과연수별잔가율×개별건물의특성에따른 조정률

③ 오피스텔 및 상업용 건물 : 국세청장이 지정하는 지역에 소재하면서 국세청장이 토지와 건물에 대하여 일괄하여 산정 · 고시한 가액이 있는 경우 그 고시한 가액으로 평가하며, 국세청장이 일괄하여 산정 · 고시한 가액이 없는 경우에는 상기 내용과 같이 토지와 건물을 별도로 평가한 가액

④ 주택 : 「부동산 가격공시에 관한 법률」에 의한 개별주택가격 및 공동주택가격으로 평가. 고시주택가격이 없는 경우에는 세무서장이 평가한 가액

⑤ 부동산을 취득할 수 있는 권리

   1. 재개발 재건축아파트 조합원입주권 : 상속세 및 증여세법 시행령 제16조 제3항에 따른 조합원권리가액+평가기준일 까지 불입된 추가부담금+평가기준일 현재의 프리미엄상당액)

2. 일반분양아파트 분양권 : 평가기준일까지 불입한 분양대금 + 평가
기준일 현재 프리미엄상당액)

⑥ 임대차계약이 체결된 재산의 경우(다음 1. 2.중 큰 금액)

1. 각 재산에 대한 보충적 평가액

2. 임대보증금 등 환산가액 : 임대보증금+(1년간 임대료÷12%(2009.4.23
이후))

■ 상속·증여재산을 평가할 때 시가로 인정되는 것에는 무엇이 있나요?

Q 상속·증여재산을 평가할 때 시가로 인정되는 것에는 무엇이 있나요?

A ① 상속세 및 증여세법상의 재산의 평가는 원칙적으로 상속개시일 또는
증여일 현재의 시가에 의해 평가하며, 시가를 산정하기 어려운 경우
에는 당해 재산의 종류·규모·거래상황 등을 감안하여 규정된 보충적
방법에 의하여 평가합니다(상증법 60조).

② 시가의 인정범위

■ 상속세를 계산할 때 어떤 경우에 세액공제를 적용받을 수 있는지요?

Q 상속세를 계산할 때 어떤 경우에 세액공제를 적용받을 수 있는지요?

A 상속세 계산시 세액공제 항목은 아래와 같습니다.

1. 증여세액공제: 상속재산에 가산된 사전증여에 대해 사전 증여 당시 증
여세가 과세된 경우 증여 당시의 그 증여재산에 대한 증여세산출세액
을 일정 한도내에서 공제(상증법 28조, 상증령 20조의4)

2. 외국납부세액공제: 거주자의 사망으로 상속세를 부과하는 경우에 외국
에 있는 상속재산에 대하여 외국의 법령에 따라 상속세를 부과받은
경우 일정 한도내에서 그 부과받은 상속세에 상당하는 금액을 상속세
산출세액에서 공제(상증법 29조, 상증령 21조)

3. 단기재상속에 대한 세액공제: 상속개시 후 10년 이내에 상속인이나

수유자의 사망으로 다시 상속이 개시되는 경우 전(前)의 상속세가 부과된 상속재산 중 재상속분에 대한 전의 상속세 상당액을 상속세산출세액에서 일정 범위내에서 공제(상증법 30조)

4. 신고세액공제 : 상속세 과세표준 신고기한내 신고한 경우 상속세산출세액(세대를 건너뛴 상속에 대한 할증과세액 포함)에서 다음 각 호의 금액을 공제한 금액의 100분의 3(2018년 상속개시분은 100분의 5)에 상당하는 금액을 공제(상증법 69조 1항, 2017.12.19 개정 상증법 부칙 8조)

가. 상증법 제74조에 따라 징수를 유예받은 금액

나. 이 법 또는 다른 법률에 따라 산출세액에서 공제되거나 감면되는 금액

■ 손자에게 바로 상속을 하면 경우 어떤 불이익이 있나요?

Q 손자에게 바로 상속을 하면 경우 어떤 불이익이 있나요?

A 상속인이나 수유자가 피상속인의 자녀를 제외한 직계비속인 경우에는 상속세산출세액에 상속재산(상속재산에 가산한 증여재산 중 상속인이나 수유자가 받은 증여재산을 포함합니다.) 중 그 상속인 또는 수유자가 받았거나 받을 재산이 차지하는 비율을 곱하여 계산한 금액의 100분의 30(피상속인의 자녀를 제외한 직계비속이면서 미성년자에 해당하는 상속인 또는 수유자가 받았거나 받을 상속재산의 가액이 20억원을 초과하는 경우에는 100분의 40)에 상당하는 금액을 가산합니다. 다만, 「민법」 제1001조에 따른 대습상속(代襲相續)의 경우에는 그러하지 아니 합니다.

■ 동거하던 주택의 상속공제 요건은 어떻게 되나요?

Q 동거하던 주택의 상속공제 요건은 어떻게 되나요?

A 동거주택상속공제(상속개시일이 2011년 1월 1일 이후인 경우)요건은 아래와 같습니다.

거주자의 사망으로 상속이 개시되는 경우로서 다음 각 호의 요건을 모두 갖춘 경우에는 상속주택가액(「소득세법」 제89조제1항제3호에 따른 주택부수토지의 가액을 포함하되, 상속개시일 현재 해당 주택 및 주택부수토지에 담보된 피상속인의 채무액을 뺀 가액을 말합니다)의 100분의 100에 상당하는 금액을 상속세 과세가액에서 공제합니다. 다만, 그 공제할 금액은 6억원을 한도로 합니다.(상속개시일이 2019.12.31 이전인 경우 80%와 5억원 중 적은 금액)

1. 피상속인과 상속인(직계비속인 경우로 한정하며, 이하 이 조에서 "상속인"이라 한다)이 상속개시일부터 소급하여 10년 이상(상속인이 미성년자인 기간은 제외한다) 계속하여 하나의 주택에서 동거할 것

2. 피상속인과 상속인이 상속개시일부터 소급하여 10년 이상 계속하여 1세대를 구성하면서 대통령령으로 정하는 1세대 1주택(이하 이 조에서 "1세대 1주택"이라 한다)에 해당 할 것. 이 경우 무주택인 기간이 있는 경우에는 해당 기간은 전단에 따른 1세대 1주택에 해당하는 기간에 포함한다.

3. 상속개시일 현재 무주택자이거나 피상속인과 공동으로 1세대 1주택을 보유한 자로서 피상속인과 동거한 상속인이 상속받은 주택일 것(상속개시일이 2019.12.31 이전인 경우 상속개시일 현재 무주택자로서 피상속인과 동거한 상속인이 상속받은 주택일 것)

■ 상속재산으로 금융재산과 금융채무가 있는데 금융재산상속공제를 받을 수 있나요?

Q 상속재산으로 금융재산과 금융채무가 있는데 금융재산상속공제를 받을 수 있나요?

A ① 금융재산상속공제의 의의

거주자의 사망으로 인하여 상속이 개시된 경우로서 상속재산에 금융재산의 가액이 포함되어 있는 경우 그 금융재산가액에서 금융채무를

차감한 가액(순금융재산 가액)을 아래와 같은 방법으로 상속세과세가액에서 공제합니다.

② 금융재산 상속공제액

1. 순금융재산의 가액이 2천만원을 초과하는 경우

   MIN[①max(순금융재산가액의 20%, 2천만원), ②2억원].

2. 순금융재산의 가액이 2천만원 이하인 경우

   당해 순금융재산 가액을 전액 공제합니다.

③ 공제대상이 되는 금융재산가액

1. 「금융 실명거래 및 비밀 보장에 관한 법률」 제2조 제1호에 규정된금융기관이 취급하는 예금·적금·부금·계금·출자금·신탁재산(금전신탁에 한함)·보험금·공제금·주식·채권·수익증권·출자지분·어음 등의 금전 및 유가증권

2. 한국증권선물거래소에 상장되지 아니한 주식 및 출자 지분으로서 금융기관이 취급하지 아니하는 것

3. 발행회사가 금융기관을 통하지 아니하고 직접 모집하거나 매출하는 방법으로 발행한 회사채

④ 금융재산 상속공제 제외대상

1. 최대주주 또는 최대출자자가 보유하고 있는 주식 또는 출자지분

2. 상속세 과세표준 신고기한까지 신고하지 아니한 타인 명의의 금융재산

3. 상속세가 비과세되거나 과세가액 불산입되는 금융재산

■ 상속세에서 일괄공제란 무엇이며, 공제되는 금액은 얼마인가요?

Q 상속세에서 일괄공제란 무엇이며, 공제되는 금액은 얼마인가요?

A ① 일괄공제의 의의(상증법 21조)

거주자의 사망으로 인하여 상속이 개시되는 경우에 상속인의 인적 구성에 따른 항목별 공제(기초공제, 자녀·미성년자·연로자·장애인 공

제) 대신 일정금액까지는 일괄적으로 공제해 주는 제도로 일괄공제액은 5억원이며, 배우자상속공제와는 별도로 적용됩니다. 배우자가 있고 미성년 자녀가 2인(각각 9세, 13세)인 경우기초공제 2억 + 자녀공제 1억(2인 × 5천만원) + 미성년자공제 1억6천만원(각각 9세, 13세의 경우) = 460백만원과 일괄공제 5억원 중 큰 금액인 일괄공제 5억원을 선택하여 공제할 수 있습니다. 배우자가 있고, 자녀가 있는 경우 통상 일괄공제 5억, 배우자공제 5억 합계 10억원은 상속세 과세가액에서 공제가 가능합니다.

② 상속세 과세표준 신고(기한후 신고)가 없는 경우

상속세 과세표준 신고(기한후신고)가 없는 경우에는 일괄공제를 적용하며, 피상속인의 법정상속인이 배우자 단독인 경우에는 일괄공제 적용의 선택을 배제하고 기초공제 및 기타 인적공제의 합계액만 공제합니다. 공동상속인이 상속포기를 하거나 또는 협의분할에 의하여 배우자가 단독으로 재산을 상속받은 경우에도 일괄공제 5억원을 적용받을 수 있습니다.

■ 상속세에서 기타 인적공제는 무엇이 있으며, 어떻게 계산하는지요?

Q 상속세에서 기타 인적공제는 무엇이 있으며, 어떻게 계산하는지요?

A ① 인적공제액

1. 자녀 공제액 : 1인당 5천만원. 자녀공제는 피상속인을 기준으로 판단하며, 자녀수와 관계없습니다.

2. 미성년자 공제액 : 1천만원 × 19세에 달하기까지의 연수. 상속인(배우자 제외) 및 동거가족 중 만 19세 미만인 미성년자가 있는 경우

3. 연로자 공제액 : 1인당 5천만원. 상속인(배우자 제외) 및 동거가족 중 65세이상인 자가 있는 경우

4. 장애인 공제액 : 1천만원 × (통계법 제18조에 따라 고시한 성별

및 연령별)기대여명연수

- 상속인 및 동거가족 중 장애인이 있는 경우
- 장애인의 범위

⑦ 「장애인복지법」에 의한 장애인 및 「장애아동 복지지원법」 제21조 제1항에 따른 발달재활서비스를 지원받고 있는 사람

⑭ 「국가유공자 등 예우 및 지원에 관한 법률」에 의한 상이자 및 이와 유사한 자로서 근로능력이 없는 자

⑮ 항시 치료를 요하는 중증환자

5. 연수를 계산함에 있어 1년 미만 단수가 있는 경우 1년으로 합니다.

② 인적공제 대상

기타 인적공제 대상은 상속인, 피상속인의 재산으로 생계를 유지하는 직계존비속(배우자의 직계존속 포함) 및 형제자매를 말하며, 상속인이 상속의 포기 등으로 상속을 받지 않은 경우에도 적용됩니다.

■ 영농상속인이 농지 등을 상속받은 경우 영농상속공제를 받을 수 있나요?

Q 영농상속인이 농지 등을 상속받은 경우 영농상속공제를 받을 수 있나요?

A 아래의 요건을 모두 충족하는 경우 영농상속공제가 가능합니다(한도: 15억원)

① 법 제18조제2항제2호에 따른 영농은 한국표준산업분류에 따른 농업, 임업 및 어업을 주된 업종으로 영위하는 것을 말합니다.

② 법 제18조제2항제2호에 따른 영농상속(이하 "영농상속"이라 한다)은 피상속인이 다음 각 호의 구분에 따른 요건을 갖춘 경우에만 적용합니다. 다만, 제2호에 해당하는 경우로서 영농상속이 이루어진 후에 영농상속 당시 최대주주 등에 해당하는 사람(영농상속을 받은 상속인은 제외한다)의 사망으로 상속이 개시되는 경우는 적용하지 아니합니다.

1. 「소득세법」을 적용받는 영농: 다음 각 목의 요건을 모두 갖춘 경우

가. 상속개시일 2년 전부터 계속하여 직접 영농에 종사할 것. 다만, 상속개시일 2년 전부터 직접 영농에 종사한 경우로서 상속개시일부터 소급하여 2년에 해당하는 날부터 상속개시일까지의 기간 중 질병의 요양으로 직접 영농에 종사하지 못한 기간 및 「공익사업을 위한 토지 등의 취득 및 보상에 관한 법률」이나 그 밖의 법률에 따른 협의매수 또는 수용(이하 이 조에서 "수용등"이라 한다)으로 인하여 직접 영농에 종사하지 못한 기간(1년 이내의 기간으로 한정한다)은 직접 영농에 종사한 기간으로 본다.

나. 농지·초지·산림지(이하 이 조에서 "농지등"이라 한다)가 소재하는 시(「제주특별자치도의 설치 및 국제자유도시 조성을 위한 특별법」 제10조제2항에 따른 행정시를 포함한다. 이하 이 조에서 같다)·군·구(자치구를 말한다. 이하 이조에서 같다), 그와 연접한 시·군·구 또는 해당 농지등으로부터 직선거리 30킬로미터 이내(산림지의 경우에는 통상적으로 직접 경영할 수 있는 지역을 포함한다)에 거주 하거나 어선의 선적지 또는 어장에 가장 가까운 연안의 시·군·구, 그와 연접한 시·군·구 또는 해당 선적지나 연안으로부터 직선거리 30킬로미터 이내에 거주할 것

2. 「법인세법」을 적용받는 영농: 다음 각 목의 요건을 모두 갖춘 경우

가. 상속개시일 2년 전부터 계속하여 해당 기업을 경영(상속개시일 2년 전부터 해당 기업을 경영한 경우로서 상속 개시일부터 소급하여 2년에 해당하는 날부터 상속개시일 까지의 기간 중 질병의 요양으로 경영하지 못한 기간은 해당 기업을 경영한 기간으로 본다)할 것

나. 법인의 최대주주등으로서 본인과 그 특수관계인의 주식등을 합하여 해당 법인의 발행주식총수등의 100분의 50 이상을 계속하여 보유할 것

③ 영농상속은 상속인이 상속개시일 현재 18세 이상으로서 다음 각 호의 구분에 따른 요건을 충족하는 경우 또는 기획재정부령으로 정하는 영농·영어 및 임업후계자인 경우에 적용합니다.

1. 「소득세법」을 적용받는 영농: 다음 각 목의 요건을 모두 갖춘 경우

   가. 상속개시일 2년 전부터 계속하여 직접 영농에 종사[상속개시일 2년 전부터 직접 영농에 종사한 경우로서 상속 개시일부터 소급하여 2년에 해당하는 날부터 상속개시일 까지의 기간 중 제15조제8항제2호다목에 따른 사유로 직접 영농에 종사하지 못한 기간 및 수용등으로 인하여 직접 영농에 종사하지 못한 기간(1년 이내의 기간으로 한정 한다)은 직접 영농에 종사한 기간으로 본다]할 것. 다만, 피상속인이 65세 이전에 사망하거나 천재지변 및 인재 등 부득이한 사유로 사망한 경우에는 그렇지 않다.

   나. 제2항제1호나목에서 규정하는 지역에 거주할 것

2. 「법인세법」을 적용받는 영농: 다음 각 목의 요건을 모두 갖춘 경우

   가. 상속개시일 2년 전부터 계속하여 해당 기업에 종사(상속개시일 2년 전부터 해당 기업에 종사한 경우로서 상속 개시일부터 소급하여 2년에 해당하는 날부터 상속개시일 까지의 기간 중 제15조제8항제2호다목에 따른 사유로 해당 기업에 종사하지 못한 기간은 해당 기업에 종사한 기간으로 본다)할 것. 다만, 피상속인이 65세 이전에 사망 하거나 천재지변 및 인재 등 부득이한 사유로 사망한 경우에는 그렇지 않다.

   나. 상속세과세표준 신고기한까지 임원으로 취임하고, 상속세 신고기한부터 2년 이내에 대표이사등으로 취임할 것

④ 제2항제1호가목 및 제3항제1호가목에서 "직접 영농에 종사하는 경우"란 각각 피상속인 또는 상속인이 다음 각 호의 어느 하나에 해당하는 경우를 말합니다. 다만, 해당 피상속인 또는 상속인의 「소득세법」

제19조제2항에 따른 사업소득금액(농업·임업 및 어업에서 발생하는 소득, 「소득세법」 제45조제2항에 따른 부동산임대업에서 발생하는 소득과 같은 법 시행령 제9조에 따른 농가부업소득은 제외하며, 그 사업소득금액이 음수인 경우에는 영으로 본다)과 같은 법 제20조제2항에 따른 총급여액의 합계액이 3천700만원 이상인 과세기간이 있는 경우 해당 과세기간에는 피상속인 또는 상속인이 영농에 종사하지 아니한 것으로 봅니다.

1. 소유 농지 등 자산을 이용하여 농작물의 경작 또는 다년 생식물의 재배에 상시 종사하거나 농작업의 2분의 1 이상을 자기의 노동력으로 수행하는 경우

2. 소유 초지 등 자산을 이용하여 「축산법」 제2조제1호에 따른 가축의 사육에 상시 종사하거나 축산작업의 2분의 1이상을 자기의 노동력으로 수행하는 경우

3. 소유 어선 및 어업권 등 자산을 이용하여 「내수면어업법」 또는 「수산업법」에 따른 허가를 받아 어업에 상시 종사하거 나 어업작업의 2분의 1 이상을 자기의 노동력으로 수행하는 경우

4. 소유 산림지 등 자산을 이용하여 「산림자원의 조성 및 관리에 관한 법률」 제13조에 따른 산림경영계획 인가 또는 같은 법 제28조에 따른 특수산림사업지구 사업에 따라 산림조성에 상시 종사하거나 산림조성작업의 2분의 1 이상을 자기의 노동력으로 수행하는 경우

3. 취득세

3-1. 취득세란?

① "취득세"란 부동산, 차량, 골프회원권, 콘도미니엄회원권 등의 취득에 대해 해당 부동산 소재지의 도에서 그 취득자에게 부과하는 지방세를 말합니다(「지방세법」 제7조제1항).

② 상속으로 다음의 재산을 취득하는 경우에는 취득세가 부과됩니다 (「지방세법」 제7조제1항).

   1. 부동산

   2. 차량

   3. 기계장비

   4. 입목

   5. 항공기

   6. 선박

   7. 광업권

   8. 어업권

   9. 골프회원권

   10. 승마회원권

   11. 콘도미니엄회원권

   12. 종합체육시설이용회원권

   13. 요트회원권

3-2 취득세의 산출

3-2-1. 취득세액의 산출방법

① 취득세액은 「지방세법」 제10조에 따른 과세표준에 「지방세법」 제11조부터 제15조에 따른 세율을 적용하여 산출합니다.

② 취득세액 = 과세표준(취득 당시의 가액)× 세율

3-2-2. 취득세의 과세표준

① 취득세의 과세표준은 취득 당시의 가액으로 하고 취득 당시의 가액은 취득자가 신고한 가액에 따릅니다(「지방세법」 제10조제1항 및 제2항 본문).

② 다만, 신고 또는 신고가액의 표시가 없거나 그 신고가액이 「지방세법」 제4조에 정하는 시가표준액보다 적을 때에는 그 시가표준액으로 합니다(「지방세법」 제10조제2항 단서).

3-2-3. 취득세의 세율

부동산 등을 상속하게 되면 그 부동산에 대한 취득세는 위에 따른 과세표준에 다음의 구분에 따른 표준세율을 적용하여 계산한 금액을 그 세액으로 합니다(「지방세법」 제11조, 제12조 및 「지방세법 시행령」 제23조제3항).

과세대상			표준세율
부동산 (공유물일 때에는 그 취득지분의 가액을 과세표준으로 하여 각각의 세율을 적용)			1. 농지: 1천분의 23 2. 농지 외의 것: 1천분의 28
선박 (공유물일 때에는 그 취득지분의 가액을 과세표준으로 하여 세율을 적용)			1. 등기·등록 대상인 선박 (소형선박 제외): 1천분의 25 2. 소형선박 및 동력수상레저기구: 1천분의 20.2 3. 그 밖의 선박: 1천분의 20
자동차	비영업용 승용자동차		1천분의 70 (경차의 경우 1천분의 40)
	이륜자동차 (총배기량124cc이하이거나최고정격출력 12kw이하)		1천분의 20
	위 자동차 외의 자동차	비영업용	1천분의 50 (경차의 경우 1천분의 40)
		영업용	1천분의 40

위 모든 차량 외의 차량	1천분의 20
기계장비 (공유물일 때에는 그 취득지분의 가액을 과세표준으로 하여 세율 적용)	1천분의 30 (「건설기계관리법」에 따른 등록대상이 아닌 기계장비는 1천분의 20)
항공기	1. 「항공안전법」 제7조 단서에 따른 항공기: 1천분의 20 2. 그 밖의 항공기: 1천분의 20.2 (최대이륙중량이 5,700킬로그램 이상인 항공기는 1천분의 20.1)
입목	1천분의 20
광업권 또는 어업권	1천분의 20
골프회원권, 승마회원권, 콘도미니엄 회원권 또는 종합 체육시설 이용회원권	1천분의 20

3-2-4. 취득세의 가감

① 별장, 골프장, 고급주택, 고급오락장 등에 해당하는 부동산을 취득하는 경우에는 위의 표준세율과 중과세기준세율(1천분의 20)의 4배를 합한 세율을 적용하여 계산한 금액이 취득세로 부과됩니다(「지방세법」 제13조제5항).

② 취득세의 세율은 표준세율의 100분의 50의 범위에서 조례에 의해 가감될 수 있습니다(「지방세법」 제14조).

3-3. 취득세의 납부

3-3-1. 취득세의 신고 및 납부

① 취득세 과세물건을 상속받은 사람은 상속개시(실종으로 인한 경우는 실종선고)일부터 6개월(외국에 주소를 둔 상속인이 있는 경우에는 각각 9개월) 이내에 그 취득세의 산출세액을 신고하고 납부해야 합니다(「지방세법」 제20조제1항).

② 취득세를 신고하려는 사람은 취득세 신고서에 취득물건, 취득일 및 용도 등을 적어 납세지를 관할하는 시장·군수 또는 자치구의 구청장에게 신고해야 합니다(「지방세법 시행령」 제33조제1항, 「지방세법 시행규칙」 제9조제1항 및 별지 제3호서식).

③ 취득세를 납부하려는 사람은 취득세 납부서로 취득세를 납부해야 합니다(「지방세법 시행규칙」 제9조제2항 및 별지 제4호서식).

3-3-2. 부족세액의 추징 및 가산세

취득세 납세의무자가 취득세의 신고 또는 납부의무를 다하지 않으면 취득세의 산출세액 또는 그 부족세액에 다음의 가산세를 합한 금액을 세액으로 하여 보통징수의 방법으로 징수합니다(「지방세법」 제21조제1항).

① 무신고가산세: 납부세액의 100분의 20에 상당하는 금액

② 과소신고가산세: 과소신고분(신고하여야 할 산출세액에 미달한 금액) 세액의 100분의 10에 상당하는 금액

③ 납부불성실 가산세:

> 납부하지 아니한 세액 또는 과소납부분(납부하여야 할 금액에 미달하는 금액을 말한다. 이하 같다)세액 × 납부기한의 다음 날부터 자진납부일 또는 납세고지일까지의 기간 × 금융회사 등이 연체대출금에 대하여 적용하는 이자율 등을 고려하여 대통령령으로 정하는 이자율

④ 특별징수납부 등 불성실가산세

1. 납부하지 아니한 세액 또는 과소납부분 세액의 100분의 5에 상당하는 금액

2. 납부하지 아니한 세액 또는 과소납부분 세액 X 납부기간의 다음 날부터 자진납부일 또는 납세고지일까지의 기간 X금융회사 등이 연체대출금에 대하여 적용하는 이자율 등을 고려하여 대통령령으로 정하는 이자율

■ 상속의 한정승인을 했는데도 상속부동산에 대해 취득세를 내야 하나요?

Q 상속의 한정승인을 했는데도 상속부동산에 대해 취득세를 내야 하나요?

A 상속재산에 부동산이 있다면 상속의 한정승인 시 상속을 원인으로 등기를 하기 때문에 부동산의 취득세를 부담합니다. 이는 취득세가 재화의 이전이라는 사실 자체를 포착하여 거기에 담세력을 인정하고 부과하는 유통세의 일종으로 부동산의 취득자가 그 부동산을 사용·수익·처분함으로써 얻어질 이익을 포착하여 부과하는 것이 아니어서, 취득세 납부의무를 규정한 「지방세법」에서의 부동산취득은 부동산의 취득자가 실질적으로 완전한 내용의 소유권을 취득하는지와 관계없이 소유권이전의 형식에 따른 부동산 취득의 모든 경우를 포함하기 때문입니다(대법원 2002.6.28. 선고 2000두7896 판결 참조).

■ 상속의 한정승인을 했는데도 상속부동산에 대한 취득세를 납부해야 하나요?

Q 상속의 한정승인을 했는데도 상속부동산에 대한 취득세를 납부해야 하나요?

A 상속재산에 부동산이 있다면 상속의 한정승인 시 상속을 원인으로 등기를 하기 때문에 부동산 취득세를 내야 합니다.
판례에 따르면 부동산 취득세는 재화의 이전이라는 사실 자체를 포착해서 거기에 담세력을 인정하고 부과하는 유통세의 일종이지 부동산의 취득자가 그 부동산을 사용, 수익, 처분함으로써 얻어질 이익을 포착해서 부과하는 것이 아닙니다. 따라서 부동산의 취득자가 실질적으로 완전한 내용의 소유권을 취득하는지와 관계없이 소유권 이전의 형식에 의한 경우에는 취득세를 부담해야 합니다.

부　록
관련법령(민법−초록)

민 법(초)

제5편 상속
제1장 상속
제1절 총칙

제997조(상속개시의 원인) 상속은 사망으로 인하여 개시된다.
　<개정 1990.1.13.>

제998조(상속개시의 장소) 상속은 피상속인의 주소지에서 개시 한다.
　[전문개정 1990.1.13.]

제998조의2(상속비용) 상속에 관한 비용은 상속재산 중에서 지급한다.
　[본조신설 1990.1.13.]

제999조(상속회복청구권) ①상속권이 참칭상속권자로 인하여 침해된 때에는 상속권자 또는 그 법정대리인은 상속회복의 소를 제기할 수 있다.

②제1항의 상속회복청구권은 그 침해를 안 날부터 3년, 상속권의 침해행위가 있은 날부터 10년을 경과하면 소멸된다.
　<개정 2002.1.14.>
　[전문개정 1990.1.13.]

제2절 상속인

제1000조(상속의 순위) ①상속에 있어서는 다음 순위로 상속인이 된다.
　　<개정 1990.1.13.>
　1. 피상속인의 직계비속
　2. 피상속인의 직계존속
　3. 피상속인의 형제자매
　4. 피상속인의 4촌 이내의 방계혈족
②전항의 경우에 동순위의 상속인이 수인인 때에는 최근친을 선순위로 하

고 동친등의 상속인이 수인인 때에는 공동상속인이 된다.

③태아는 상속순위에 관하여는 이미 출생한 것으로 본다.
<개정 1990.1.13.>

[제목개정 1990.1.13.]

제1001조(대습상속) 전조제1항제1호와 제3호의 규정에 의하여 상속인이 될 직계비속 또는 형제자매가 상속개시전에 사망하거나 결격자가 된 경우에 그 직계비속이 있는 때에는 그 직계비속이 사망하거나 결격된 자의 순위에 갈음하여 상속인이 된다. <개정 2014.12.30.>

제1002조 삭제 <1990.1.13.>

제1003조(배우자의 상속순위) ①피상속인의 배우자는 제1000조제1항제1호와 제2호의 규정에 의한 상속인이 있는 경우에는 그 상속인과 동순위로 공동상속인이 되고 그 상속인이 없는 때에는 단독상속인이 된다.
<개정 1990.1.13.>

②제1001조의 경우에 상속개시전에 사망 또는 결격된 자의 배우자는 동조의 규정에 의한 상속인과 동순위로 공동상속인이 되고 그 상속인이 없는 때에는 단독상속인이 된다. <개정 1990.1.13.>

[제목개정 1990.1.13.]

제1004조(상속인의 결격사유) 다음 각 호의 어느 하나에 해당한 자는 상속인이 되지 못한다. <개정 1990.1.13., 2005.3.31.>

1. 고의로 직계존속, 피상속인, 그 배우자 또는 상속의 선순위나 동순위에 있는 자를 살해하거나 살해하려한 자

2. 고의로 직계존속, 피상속인과 그 배우자에게 상해를 가하여 사망에 이르게 한 자

3. 사기 또는 강박으로 피상속인의 상속에 관한 유언 또는 유언의 철회를 방해한 자

4. 사기 또는 강박으로 피상속인의 상속에 관한 유언을 하게 한 자

5. 피상속인의 상속에 관한 유언서를 위조·변조·파기 또는 은닉한 자

제3절 상속의 효력
제1관 일반적 효력

제1005조(상속과 포괄적 권리의무의 승계) 상속인은 상속개시된 때로부터 피상속인의 재산에 관한 포괄적 권리의무를 승계한다. 그러나 피상속인의 일신에 전속한 것은 그러하지 아니하다.
<개정 1990.1.13.>

제1006조(공동상속과 재산의 공유) 상속인이 수인인 때에는 상속재산은 그 공유로 한다. <개정 1990.1.13.>

제1007조(공동상속인의 권리의무승계) 공동상속인은 각자의 상속분에 응하여 피상속인의 권리의무를 승계한다.

제1008조(특별수익자의 상속분) 공동상속인 중에 피상속인으로부터 재산의 증여 또는 유증을 받은 자가 있는 경우에 그 수증재산이 자기의 상속분에 달하지 못한 때에는 그 부족한 부분의 한도에서 상속분이 있다. <개정 1977.12.31.>

제1008조의2(기여분) ①공동상속인 중에 상당한 기간 동거·간호 그 밖의 방법으로 피상속인을 특별히 부양하거나 피상속인의 재산의 유지 또는 증가에 특별히 기여한 자가 있을 때에는 상속개시 당시의 피상속인의 재산가액에서 공동상속인의 협의로 정한 그 자의 기여분을 공제한 것을 상속재산으로 보고 제1009조 및 제1010조에 의하여 산정한 상속분에 기여분을 가산한 액으로써 그 자의 상속분으로 한다. <개정 2005.3.31.>
②제1항의 협의가 되지 아니하거나 협의할 수 없는 때에는 가정법원은 제1항에 규정된 기여자의 청구에 의하여 기여의 시기·방법 및 정도와 상속재산의 액 기타의 사정을 참작하여 기여분을 정한다.
③기여분은 상속이 개시된 때의 피상속인의 재산가액에서 유증의 가액을 공제한 액을 넘지 못한다.
④제2항의 규정에 의한 청구는 제1013조제2항의 규정에 의한 청구가 있을 경우 또는 제1014조에 규정하는 경우에 할 수 있다.
[본조신설 1990.1.13.]

제1008조의3(분묘 등의 승계) 분묘에 속한 1정보 이내의 금양임야와 600평 이내의 묘토인 농지, 족보와 제구의 소유권은 제사를 주재하는 자가 이를 승계한다.

[본조신설 1990.1.13.]

제2관 상속분

제1009조(법정상속분) ①동순위의 상속인이 수인인 때에는 그 상속분은 균분으로 한다. <개정 1977.12.31., 1990.1.13.>

②피상속인의 배우자의 상속분은 직계비속과 공동으로 상속하는 때에는 직계비속의 상속분의 5할을 가산하고, 직계존속과 공동으로 상속하는 때에는 직계존속의 상속분의 5할을 가산한다.

<개정 1990.1.13.>

③삭제 <1990.1.13.>

제1010조(대습상속분) ①제1001조의 규정에 의하여 사망 또는 결격된 자에 갈음하여 상속인이 된 자의 상속분은 사망 또는 결격된 자의 상속분에 의한다. <개정 2014.12.30.>

②전항의 경우에 사망 또는 결격된 자의 직계비속이 수인인 때에는 그 상속분은 사망 또는 결격된 자의 상속분의 한도에서 제1009조의 규정에 의하여 이를 정한다. 제1003조제2항의 경우에도 또한 같다.

제1011조(공동상속분의 양수) ①공동상속인 중에 그 상속분을 제삼자에게 양도한 자가 있는 때에는 다른 공동상속인은 그 가액과 양도비용을 상환하고 그 상속분을 양수할 수 있다.

②전항의 권리는 그 사유를 안 날로부터 3월, 그 사유있은 날로부터 1년내에 행사하여야 한다.

제3관 상속재산의 분할

제1012조(유언에 의한 분할방법의 지정, 분할금지) 피상속인은 유언으로 상속재산의 분할방법을 정하거나 이를 정할 것을 제삼자에게 위탁할 수 있고 상속개시의 날로부터 5년을 초과하지 아니하는 기간내의 그

분할을 금지할 수 있다.

제1013조(협의에 의한 분할) ①전조의 경우외에는 공동상속인은 언제든지 그 협의에 의하여 상속재산을 분할할 수 있다.

②제269조의 규정은 전항의 상속재산의 분할에 준용한다.

제1014조(분할후의 피인지자 등의 청구권) 상속개시후의 인지 또는 재판의 확정에 의하여 공동상속인이 된 자가 상속재산의 분할을 청구할 경우에 다른 공동상속인이 이미 분할 기타 처분을 한 때에는 그 상속분에 상당한 가액의 지급을 청구할 권리가 있다.

제1015조(분할의 소급효) 상속재산의 분할은 상속개시된 때에 소급하여 그 효력이 있다. 그러나 제삼자의 권리를 해하지 못한다.

제1016조(공동상속인의 담보책임) 공동상속인은 다른 공동상속인이 분할로 인하여 취득한 재산에 대하여 그 상속분에 응하여 매도인과 같은 담보책임이 있다.

제1017조(상속채무자의 자력에 대한 담보책임) ①공동상속인은 다른 상속인이 분할로 인하여 취득한 채권에 대하여 분할당시의 채무자의 자력을 담보한다.

②변제기에 달하지 아니한 채권이나 정지조건있는 채권에 대하여는 변제를 청구할 수 있는 때의 채무자의 자력을 담보한다.

제1018조(무자력공동상속인의 담보책임의 분담) 담보책임있는 공동상속인 중에 상환의 자력이 없는 자가 있는 때에는 그 부담부분은 구상권자와 자력있는 다른 공동상속인이 그 상속분에 응하여 분담한다. 그러나 구상권자의 과실로 인하여 상환을 받지 못한 때에는 다른 공동상속인에게 분담을 청구하지 못한다.

제4절 상속의 승인 및 포기
제1관 총칙

제1019조(승인, 포기의 기간) ①상속인은 상속개시있음을 안 날로부터 3월내에 단순승인이나 한정승인 또는 포기를 할 수 있다. 그러나 그 기간은 이해관계인 또는 검사의 청구에 의하여 가정법원이 이를 연장할 수 있다. <개정 1990.1.13.>

②상속인은 제1항의 승인 또는 포기를 하기 전에 상속재산을 조사할 수 있다. <개정 2002.1.14.>

③제1항의 규정에 불구하고 상속인은 상속채무가 상속재산을 초과하는 사실을 중대한 과실없이 제1항의 기간내에 알지 못하고 단순승인(제1026조제1호 및 제2호의 규정에 의하여 단순승인한 것으로 보는 경우를 포함한다)을 한 경우에는 그 사실을 안 날부터 3월내에 한정승인을 할 수 있다. <신설 2002.1.14.>

제1020조(제한능력자의 승인·포기의 기간) 상속인이 제한능력자인 경우에는 제1019조제1항의 기간은 그의 친권자 또는 후견인이 상속이 개시된 것을 안 날부터 기산(起算)한다.

[전문개정 2011.3.7.]

제1021조(승인, 포기기간의 계산에 관한 특칙) 상속인이 승인이나 포기를 하지 아니하고 제1019조제1항의 기간 내에 사망한 때에는 그의 상속인이 그 자기의 상속개시있음을 안 날로부터 제1019조제1항의 기간을 기산한다.

제1022조(상속재산의 관리) 상속인은 그 고유재산에 대하는 것과 동일한 주의로 상속재산을 관리하여야 한다. 그러나 단순승인 또는 포기한 때에는 그러하지 아니하다.

제1023조(상속재산보존에 필요한 처분) ①법원은 이해관계인 또는 검사의 청구에 의하여 상속재산의 보존에 필요한 처분을 명할 수 있다.

②법원이 재산관리인을 선임한 경우에는 제24조 내지 제26조의 규정을 준용한다.

제1024조(승인, 포기의 취소금지) ①상속의 승인이나 포기는 제1019조제1항의 기간내에도 이를 취소하지 못한다. <개정 1990.1.13.>

②전항의 규정은 총칙편의 규정에 의한 취소에 영향을 미치지 아니한다. 그러나 그 취소권은 추인할 수 있는 날로부터 3월, 승인 또는 포기한 날로부터 1년내에 행사하지 아니하면 시효로 인하여 소멸된다.

제2관 단순승인

제1025조(단순승인의 효과) 상속인이 단순승인을 한 때에는 제한없이 피상속인의 권리의무를 승계한다. <개정 1990.1.13.>

제1026조(법정단순승인) 다음 각호의 사유가 있는 경우에는 상속인이 단순승인을 한 것으로 본다. <개정 2002.1.14.>

1. 상속인이 상속재산에 대한 처분행위를 한 때
2. 상속인이 제1019조제1항의 기간내에 한정승인 또는 포기를 하지 아니한 때
3. 상속인이 한정승인 또는 포기를 한 후에 상속재산을 은닉하거나 부정소비하거나 고의로 재산목록에 기입하지 아니한 때

[2002.1.14. 법률 제6591호에 의하여 1998.8.27. 헌법재판소에서 헌법불합치 결정된 제2호를 신설함]

제1027조(법정단순승인의 예외) 상속인이 상속을 포기함으로 인하여 차순위 상속인이 상속을 승인한 때에는 전조 제3호의 사유는 상속의 승인으로 보지 아니한다.

제3관 한정승인

제1028조(한정승인의 효과) 상속인은 상속으로 인하여 취득할 재산의 한도에서 피상속인의 채무와 유증을 변제할 것을 조건으로 상속을 승인할 수 있다. <개정 1990.1.13.>

제1029조(공동상속인의 한정승인) 상속인이 수인인 때에는 각 상속인은 그 상속분에 응하여 취득할 재산의 한도에서 그 상속분에 의한 피상속인의 채무와 유증을 변제할 것을 조건으로 상속을 승인할 수 있다.

제1030조(한정승인의 방식) ①상속인이 한정승인을 함에는 제1019조제1항 또는 제3항의 기간 내에 상속재산의 목록을 첨부하여 법원에 한정승인의 신고를 하여야 한다.<개정 2005.3.31.>

②제1019조제3항의 규정에 의하여 한정승인을 한 경우 상속재산 중 이미 처분한 재산이 있는 때에는 그 목록과 가액을 함께 제출하여야

한다. <신설 2005.3.31.>

제1031조(한정승인과 재산상 권리의무의 불소멸) 상속인이 한정승인을 한 때에는 피상속인에 대한 상속인의 재산상 권리의무는 소멸하지 아니한다.

제1032조(채권자에 대한 공고, 최고) ①한정승인자는 한정승인을 한 날로부터 5일내에 일반상속채권자와 유증받은 자에 대하여 한정승인의 사실과 일정한 기간 내에 그 채권 또는 수증을 신고할 것을 공고하여야 한다. 그 기간은 2월 이상이어야 한다.

②제88조제2항, 제3항과 제89조의 규정은 전항의 경우에 준용한다.

제1033조(최고기간 중의 변제거절) 한정승인자는 전조제1항의 기간만료 전에는 상속채권의 변제를 거절할 수 있다.

제1034조(배당변제) ①한정승인자는 제1032조제1항의 기간만료후에 상속재산으로서 그 기간 내에 신고한 채권자와 한정승인자가 알고 있는 채권자에 대하여 각 채권액의 비율로 변제하여야 한다. 그러나 우선권있는 채권자의 권리를 해하지 못한다.

②제1019조제3항의 규정에 의하여 한정승인을 한 경우에는 그 상속인은 상속재산 중에서 남아있는 상속재산과 함께 이미 처분한 재산의 가액을 합하여 제1항의 변제를 하여야 한다. 다만, 한정승인을 하기 전에 상속채권자나 유증받은 자에 대하여 변제한 가액은 이미 처분한 재산의 가액에서 제외한다. <신설 2005.3.31.>

제1035조(변제기전의 채무 등의 변제) ①한정승인자는 변제기에 이르지 아니한 채권에 대하여도 전조의 규정에 의하여 변제하여야 한다.

②조건있는 채권이나 존속기간의 불확정한 채권은 법원의 선임한 감정인의 평가에 의하여 변제하여야 한다.

제1036조(수증자에의 변제) 한정승인자는 전2조의 규정에 의하여 상속채권자에 대한 변제를 완료한 후가 아니면 유증받은 자에게 변제하지 못한다.

제1037조(상속재산의 경매) 전3조의 규정에 의한 변제를 하기 위하여 상속재산의 전부나 일부를 매각할 필요가 있는 때에는 민사집행법에 의하여 경매하여야 한다. <개정 1997.12.13., 2001.12.29.>

제1038조(부당변제 등으로 인한 책임) ①한정승인자가 제1032조의 규정에 의한 공고나 최고를 해태하거나 제1033조 내지 제1036조의 규정

에 위반하여 어느 상속채권자나 유증받은 자에게 변제함으로 인하여 다른 상속채권자나 유증받은 자에 대하여 변제할 수 없게 된 때에는 한정승인자는 그 손해를 배상하여야 한다. 제1019조제3항의 규정에 의하여 한정승인을 한 경우 그 이전에 상속채무가 상속재산을 초과함을 알지 못한 데 과실이 있는 상속인이 상속채권자나 유증받은 자에게 변제한 때에도 또한 같다. <개정 2005.3.31.>

②제1항 전단의 경우에 변제를 받지 못한 상속채권자나 유증받은 자는 그 사정을 알고 변제를 받은 상속채권자나 유증받은 자에 대하여 구상권을 행사할 수 있다. 제1019조제3항의 규정에 의하여 한정승인을 한 경우 그 이전에 상속채무가 상속재산을 초과함을 알고 변제받은 상속채권자나 유증받은 자가 있는 때에도 또한 같다. <개정 2005.3.31.>

③제766조의 규정은 제1항 및 제2항의 경우에 준용한다. <개정 2005.3.31.>

[제목개정 2005.3.31.]

제1039조(신고하지 않은 채권자 등) 제1032조제1항의 기간내에 신고하지 아니한 상속채권자 및 유증받은 자로서 한정승인자가 알지 못한 자는 상속재산의 잔여가 있는 경우에 한하여 그 변제를 받을 수 있다. 그러나 상속재산에 대하여 특별담보권있는 때에는 그러하지 아니하다.

제1040조(공동상속재산과 그 관리인의 선임) ①상속인이 수인인 경우에는 법원은 각 상속인 기타 이해관계인의 청구에 의하여 공동상속인 중에서 상속재산관리인을 선임할 수 있다.

②법원이 선임한 관리인은 공동상속인을 대표하여 상속재산의 관리와 채무의 변제에 관한 모든 행위를 할 권리의무가 있다.

③제1022조, 제1032조 내지 전조의 규정은 전항의 관리인에 준용한다. 그러나 제1032조의 규정에 의하여 공고할 5일의 기간은 관리인이 그 선임을 안 날로부터 기산한다.

제4관 포기

제1041조(포기의 방식) 상속인이 상속을 포기할 때에는 제1019조제1항
의 기간내에 가정법원에 포기의 신고를 하여야 한다.
<개정 1990.1.13.>

제1042조(포기의 소급효) 상속의 포기는 상속개시된 때에 소급하여 그
효력이 있다.

제1043조(포기한 상속재산의 귀속) 상속인이 수인인 경우에 어느 상속인
이 상속을 포기한 때에는 그 상속분은 다른 상속인의 상속분의 비율
로 그 상속인에게 귀속된다.

제1044조(포기한 상속재산의 관리계속의무) ①상속을 포기한 자는 그
포기로 인하여 상속인이 된 자가 상속재산을 관리할 수 있을 때까지
그 재산의 관리를 계속하여야 한다.
②제1022조와 제1023조의 규정은 전항의 재산관리에 준용한다.

제5절 재산의 분리

제1045조(상속재산의 분리청구권) ①상속채권자나 유증받은 자 또는 상
속인의 채권자는 상속개시된 날로부터 3월내에 상속재산과 상속인의
고유재산의 분리를 법원에 청구할 수 있다.
②상속인이 상속의 승인이나 포기를 하지 아니한 동안은 전항의 기간
경과후에도 재산의 분리를 청구할 수 있다. <개정 1990.1.13.>

제1046조(분리명령과 채권자 등에 대한 공고, 최고) ①법원이 전조의 청
구에 의하여 재산의 분리를 명한 때에는 그 청구자는 5일내에 일반
상속채권자와 유증받은 자에 대하여 재산분리의 명령있은 사실과 일
정한 기간내에 그 채권 또는 수증을 신고할 것을 공고하여야 한다.
그 기간은 2월 이상이어야 한다.
②제88조제2항, 제3항과 제89조의 규정은 전항의 경우에 준용한다.

제1047조(분리후의 상속재산의 관리) ①법원이 재산의 분리를 명한 때에
는 상속재산의 관리에 관하여 필요한 처분을 명할 수 있다.
②법원이 재산관리인을 선임한 경우에는 제24조 내지 제26조의 규정을

준용한다.

제1048조(분리후의 상속인의 관리의무) ①상속인이 단순승인을 한 후에도 재산분리의 명령이 있는 때에는 상속재산에 대하여 자기의 고유재산과 동일한 주의로 관리하여야 한다.

②제683조 내지 제685조 및 제688조제1항, 제2항의 규정은 전항의 재산관리에 준용한다.

제1049조(재산분리의 대항요건) 재산의 분리는 상속재산인 부동산에 관하여는 이를 등기하지 아니하면 제삼자에게 대항하지 못한다.

제1050조(재산분리와 권리의무의 불소멸) 재산분리의 명령이 있는 때에는 피상속인에 대한 상속인의 재산상 권리의무는 소멸하지 아니한다.

제1051조(변제의 거절과 배당변제) ①상속인은 제1045조 및 제1046조의 기간만료전에는 상속채권자와 유증받은 자에 대하여 변제를 거절할 수 있다.

②전항의 기간만료후에 상속인은 상속재산으로써 재산분리의 청구 또는 그 기간내에 신고한 상속채권자, 유증받은 자와 상속인이 알고 있는 상속채권자, 유증받은 자에 대하여 각 채권액 또는 수증액의 비율로 변제하여야 한다. 그러나 우선권있는 채권자의 권리를 해하지 못한다.

③제1035조 내지 제1038조의 규정은 전항의 경우에 준용한다.

제1052조(고유재산으로부터의 변제) ①전조의 규정에 의한 상속채권자와 유증받은 자는 상속재산으로써 전액의 변제를 받을 수 없는 경우에 한하여 상속인의 고유재산으로부터 그 변제를 받을 수 있다.

②전항의 경우에 상속인의 채권자는 상속인의 고유재산으로부터 우선변제를 받을 권리가 있다.

제6절 상속인의 부존재

제1053조(상속인없는 재산의 관리인) ①상속인의 존부가 분명하지 아니한 때에는 법원은 제777조의 규정에 의한 피상속인의 친족 기타 이해관계인 또는 검사의 청구에 의하여 상속재산관리인을 선임하고 지체없이 이를 공고하여야 한다.<개정 1990.1.13.>

②제24조 내지 제26조의 규정은 전항의 재산관리인에 준용한다.

제1054조(재산목록제시와 상황보고) 관리인은 상속채권자나 유증받은 자의 청구가 있는 때에는 언제든지 상속재산의 목록을 제시하고 그 상황을 보고하여야 한다.

제1055조(상속인의 존재가 분명하여진 경우) ①관리인의 임무는 그 상속인이 상속의 승인을 한 때에 종료한다.

②전항의 경우에는 관리인은 지체없이 그 상속인에 대하여 관리의 계산을 하여야 한다.

제1056조(상속인없는 재산의 청산) ①제1053조제1항의 공고있은 날로부터 3월내에 상속인의 존부를 알 수 없는 때에는 관리인은 지체없이 일반상속채권자와 유증받은 자에 대하여 일정한 기간 내에 그 채권 또는 수증을 신고할 것을 공고하여야 한다. 그 기간은 2월 이상이어야 한다.

②제88조제2항, 제3항, 제89조, 제1033조 내지 제1039조의 규정은 전항의 경우에 준용한다.

제1057조(상속인수색의 공고) 제1056조제1항의 기간이 경과하여도 상속인의 존부를 알 수 없는 때에는 법원은 관리인의 청구에 의하여 상속인이 있으면 일정한 기간내에 그 권리를 주장할 것을 공고하여야 한다. 그 기간은 1년 이상이어야 한다.<개정 2005.3.31.>

제1057조의2(특별연고자에 대한 분여) ①제1057조의 기간내에 상속권을 주장하는 자가 없는 때에는 가정법원은 피상속인과 생계를 같이 하고 있던 자, 피상속인의 요양간호를 한 자 기타 피상속인과 특별한 연고가 있던 자의 청구에 의하여 상속재산의 전부 또는 일부를 분여할 수 있다. <개정 2005.3.31.>

②제1항의 청구는 제1057조의 기간의 만료후 2월 이내에 하여야 한다. <개정 2005.3.31.>[본조신설 1990.1.13.]

제1058조(상속재산의 국가귀속) ①제1057조의2의 규정에 의하여 분여(分與)되지 아니한 때에는 상속재산은 국가에 귀속한다.

②제1055조제2항의 규정은 제1항의 경우에 준용한다.

제1059조(국가귀속재산에 대한 변제청구의 금지) 전조제1항의 경우에는 상속재산으로 변제를 받지 못한 상속채권자나 유증을 받은 자가 있는 때에도 국가에 대하여 그 변제를 청구하지 못한다.

제2장 유언
제1절 총칙

제1060조(유언의 요식성) 유언은 본법의 정한 방식에 의하지 아니하면 효력이 생하지 아니한다.

제1061조(유언적령) 만17세에 달하지 못한 자는 유언을 하지 못한다.

제1062조(제한능력자의 유언) 유언에 관하여는 제5조, 제10조 및 제13조를 적용하지 아니한다. [전문개정 2011.3.7.]

제1063조(피성년후견인의 유언능력) ①피성년후견인은 의사능력이 회복된 때에만 유언을 할 수 있다.

②제1항의 경우에는 의사가 심신 회복의 상태를 유언서에 부기(附記)하고 서명날인하여야 한다.

[전문개정 2011.3.7.]

제1064조(유언과 태아, 상속결격자) 제1000조제3항, 제1004조의 규정은 수증자에 준용한다. <개정 1990.1.13.>

제2절 유언의 방식

제1065조(유언의 보통방식) 유언의 방식은 자필증서, 녹음, 공정증서, 비밀증서와 구수증서의 5종으로 한다.

제1066조(자필증서에 의한 유언) ①자필증서에 의한 유언은 유언자가 그 전문과 연월일, 주소, 성명을 자서하고 날인하여야 한다.

②전항의 증서에 문자의 삽입, 삭제 또는 변경을 함에는 유언자가 이를 자서하고 날인하여야 한다.

제1067조(녹음에 의한 유언) 녹음에 의한 유언은 유언자가 유언의 취지, 그 성명과 연월일을 구술하고 이에 참여한 증인이 유언의 정확함과 그 성명을 구술하여야 한다.

제1068조(공정증서에 의한 유언) 공정증서에 의한 유언은 유언자가 증인 2인이 참여한 공증인의 면전에서 유언의 취지를 구수하고 공증인이 이를 필기낭독하여 유언자와 증인이 그 정확함을 승인한 후 각자 서명 또는 기명날인하여야 한다.

제1069조(비밀증서에 의한 유언) ①비밀증서에 의한 유언은 유언자가 필자의 성명을 기입한 증서를 엄봉날인하고 이를 2인 이상의 증인의 면전에 제출하여 자기의 유언서임을 표시한 후 그 봉서표면에 제출연월일을 기재하고 유언자와 증인이 각자 서명 또는 기명날인하여야 한다.

②전항의 방식에 의한 유언봉서는 그 표면에 기재된 날로부터 5일내에 공증인 또는 법원서기에게 제출하여 그 봉인상에 확정일자인을 받아야 한다.

제1070조(구수증서에 의한 유언) ①구수증서에 의한 유언은 질병 기타 급박한 사유로 인하여 전4조의 방식에 의할 수 없는 경우에 유언자가 2인 이상의 증인의 참여로 그 1인에게 유언의 취지를 구수하고 그 구수를 받은 자가 이를 필기낭독하여 유언자의 증인이 그 정확함을 승인한 후 각자 서명 또는 기명날인하여야 한다.

②전항의 방식에 의한 유언은 그 증인 또는 이해관계인이 급박한 사유의 종료한 날로부터 7일내에 법원에 그 검인을 신청하여야 한다.

③제1063조제2항의 규정은 구수증서에 의한 유언에 적용하지 아니한다.

제1071조(비밀증서에 의한 유언의 전환) 비밀증서에 의한 유언이 그 방식에 흠결이 있는 경우에 그 증서가 자필증서의 방식에 적합한 때에는 자필증서에 의한 유언으로 본다.

제1072조(증인의 결격사유) ①다음 각 호의 어느 하나에 해당하는 사람은 유언에 참여하는 증인이 되지 못한다.

1. 미성년자
2. 피성년후견인과 피한정후견인
3. 유언으로 이익을 받을 사람, 그의 배우자와 직계혈족

②공정증서에 의한 유언에는 「공증인법」에 따른 결격자는 증인이 되지 못한다.

[전문개정 2011.3.7.]

제3절 유언의 효력

제1073조(유언의 효력발생시기) ①유언은 유언자가 사망한 때로부터 그 효력이 생긴다.

②유언에 정지조건이 있는 경우에 그 조건이 유언자의 사망후에 성취한 때에는 그 조건성취한 때로부터 유언의 효력이 생긴다.

제1074조(유증의 승인, 포기) ①유증을 받을 자는 유언자의 사망후에 언제든지 유증을 승인 또는 포기할 수 있다.

②전항의 승인이나 포기는 유언자의 사망한 때에 소급하여 그 효력이 있다.

제1075조(유증의 승인, 포기의 취소금지) ①유증의 승인이나 포기는 취소하지 못한다.

②제1024조제2항의 규정은 유증의 승인과 포기에 준용한다.

제1076조(수증자의 상속인의 승인, 포기) 수증자가 승인이나 포기를 하지 아니하고 사망한 때에는 그 상속인은 상속분의 한도에서 승인 또는 포기할 수 있다. 그러나 유언자가 유언으로 다른 의사를 표시한 때에는 그 의사에 의한다.

제1077조(유증의무자의 최고권) ①유증의무자나 이해관계인은 상당한 기간을 정하여 그 기간 내에 승인 또는 포기를 확답할 것을 수증자 또는 그 상속인에게 최고할 수 있다.

②전항의 기간내에 수증자 또는 상속인이 유증의무자에 대하여 최고에 대한 확답을 하지 아니한 때에는 유증을 승인한 것으로 본다.

제1078조(포괄적 수증자의 권리의무) 포괄적 유증을 받은 자는 상속인과 동일한 권리의무가 있다. <개정 1990.1.13.>

제1079조(수증자의 과실취득권) 수증자는 유증의 이행을 청구할 수 있는 때로부터 그 목적물의 과실을 취득한다. 그러나 유언자가 유언으로 다른 의사를 표시한 때에는 그 의사에 의한다.

제1080조(과실수취비용의 상환청구권) 유증의무자가 유언자의 사망후에 그 목적물의 과실을 수취하기 위하여 필요비를 지출한 때에는 그 과실의 가액의 한도에서 과실을 취득한 수증자에게 상환을 청구할 수 있다.

제1081조(유증의무자의 비용상환청구권) 유증의무자가 유증자의 사망후

에 그 목적물에 대하여 비용을 지출한 때에는 제325조의 규정을 준용한다.

제1082조(불특정물유증의무자의 담보책임) ①불특정물을 유증의 목적으로 한 경우에는 유증의무자는 그 목적물에 대하여 매도인과 같은 담보책임이 있다.

②전항의 경우에 목적물에 하자가 있는 때에는 유증의무자는 하자없는 물건으로 인도하여야 한다.

제1083조(유증의 물상대위성) 유증자가 유증목적물의 멸실, 훼손 또는 점유의 침해로 인하여 제삼자에게 손해배상을 청구할 권리가 있는 때에는 그 권리를 유증의 목적으로 한 것으로 본다.

제1084조(채권의 유증의 물상대위성) ①채권을 유증의 목적으로 한 경우에 유언자가 그 변제를 받은 물건이 상속재산 중에 있는 때에는 그 물건을 유증의 목적으로 한 것으로 본다.

②전항의 채권이 금전을 목적으로 한 경우에는 그 변제받은 채권액에 상당한 금전이 상속재산중에 없는 때에도 그 금액을 유증의 목적으로 한 것으로 본다.

제1085조(제삼자의 권리의 목적인 물건 또는 권리의 유증) 유증의 목적인 물건이나 권리가 유언자의 사망 당시에 제삼자의 권리의 목적인 경우에는 수증자는 유증의무자에 대하여 그 제삼자의 권리를 소멸시킬 것을 청구하지 못한다.

제1086조(유언자가 다른 의사표시를 한 경우) 전3조의 경우에 유언자가 유언으로 다른 의사를 표시한 때에는 그 의사에 의한다.

제1087조(상속재산에 속하지 아니한 권리의 유증) ①유언의 목적이 된 권리가 유언자의 사망당시에 상속재산에 속하지 아니한 때에는 유언은 그 효력이 없다. 그러나 유언자가 자기의 사망당시에 그 목적물이 상속재산에 속하지 아니한 경우에도 유언의 효력이 있게 할 의사인 때에는 유증의무자는 그 권리를 취득하여 수증자에게 이전할 의무가 있다.

②전항 단서의 경우에 그 권리를 취득할 수 없거나 그 취득에 과다한 비용을 요할 때에는 그 가액으로 변상할 수 있다.

제1088조(부담있는 유증과 수증자의 책임) ①부담있는 유증을 받은 자는 유증의 목적의 가액을 초과하지 아니한 한도에서 부담한 의무를

이행할 책임이 있다.

②유증의 목적의 가액이 한정승인 또는 재산분리로 인하여 감소된 때에는 수증자는 그 감소된 한도에서 부담할 의무를 면한다.

제1089조(유증효력발생전의 수증자의 사망) ①유증은 유언자의 사망전에 수증자가 사망한 때에는 그 효력이 생기지 아니한다.

②정지조건있는 유증은 수증자가 그 조건성취전에 사망한 때에는 그 효력이 생기지 아니한다.

제1090조(유증의 무효, 실효의 경우와 목적재산의 귀속) 유증이 그 효력이 생기지 아니하거나 수증자가 이를 포기한 때에는 유증의 목적인 재산은 상속인에게 귀속한다. 그러나 유언자가 유언으로 다른 의사를 표시한 때에는 그 의사에 의한다.

제4절 유언의 집행

제1091조(유언증서, 녹음의 검인) ①유언의 증서나 녹음을 보관한 자 또는 이를 발견한 자는 유언자의 사망후 지체없이 법원에 제출하여 그 검인을 청구하여야 한다.

②전항의 규정은 공정증서나 구수증서에 의한 유언에 적용하지 아니한다.

제1092조(유언증서의 개봉) 법원이 봉인된 유언증서를 개봉할 때에는 유언자의 상속인, 그 대리인 기타 이해관계인의 참여가 있어야 한다.

제1093조(유언집행자의 지정) 유언자는 유언으로 유언집행자를 지정할 수 있고 그 지정을 제삼자에게 위탁할 수 있다.

제1094조(위탁에 의한 유언집행자의 지정) ①전조의 위탁을 받은 제삼자는 그 위탁있음을 안 후 지체없이 유언집행자를 지정하여 상속인에게 통지하여야 하며 그 위탁을 사퇴할 때에는 이를 상속인에게 통지하여야 한다.

②상속인 기타 이해관계인은 상당한 기간을 정하여 그 기간내에 유언집행자를 지정할 것을 위탁 받은 자에게 최고할 수 있다. 그 기간내에 지정의 통지를 받지 못한 때에는 그 지정의 위탁을 사퇴한 것으로 본다.

제1095조(지정유언집행자가 없는 경우) 전2조의 규정에 의하여 지정된

유언집행자가 없는 때에는 상속인이 유언집행자가 된다.

제1096조(법원에 의한 유언집행자의 선임) ①유언집행자가 없거나 사망, 결격 기타 사유로 인하여 없게 된 때에는 법원은 이해관계인의 청구에 의하여 유언집행자를 선임하여야 한다.

②법원이 유언집행자를 선임한 경우에는 그 임무에 관하여 필요한 처분을 명할 수 있다.

제1097조(유언집행자의 승낙, 사퇴) ①지정에 의한 유언집행자는 유언자의 사망후 지체없이 이를 승낙하거나 사퇴할 것을 상속인에게 통지하여야 한다.

②선임에 의한 유언집행자는 선임의 통지를 받은 후 지체없이 이를 승낙하거나 사퇴할 것을 법원에 통지하여야 한다.

③상속인 기타 이해관계인은 상당한 기간을 정하여 그 기간내에 승낙여부를 확답할 것을 지정 또는 선임에 의한 유언집행자에게 최고할 수 있다. 그 기간내에 최고에 대한 확답을 받지 못한 때에는 유언집행자가 그 취임을 승낙한 것으로 본다.

제1098조(유언집행자의 결격사유) 제한능력자와 파산선고를 받은 자는 유언집행자가 되지 못한다.[전문개정 2011.3.7.]

제1099조(유언집행자의 임무착수) 유언집행자가 그 취임을 승낙한 때에는 지체없이 그 임무를 이행하여야 한다.

제1100조(재산목록작성) ①유언이 재산에 관한 것인 때에는 지정 또는 선임에 의한 유언집행자는 지체없이 그 재산목록을 작성하여 상속인에게 교부하여야 한다.

②상속인의 청구가 있는 때에는 전항의 재산목록작성에 상속인을 참여하게 하여야 한다.

제1101조(유언집행자의 권리의무) 유언집행자는 유증의 목적인 재산의 관리 기타 유언의 집행에 필요한 행위를 할 권리의무가 있다.

제1102조(공동유언집행) 유언집행자가 수인인 경우에는 임무의 집행은 그 과반수의 찬성으로써 결정한다. 그러나 보존행위는 각자가 이를 할 수 있다.

제1103조(유언집행자의 지위) ①지정 또는 선임에 의한 유언집행자는 상속인의 대리인으로 본다.

②제681조 내지 제685조, 제687조, 제691조와 제692조의 규정은 유언

집행자에 준용한다.

제1104조(유언집행자의 보수) ①유언자가 유언으로 그 집행자의 보수를 정하지 아니한 경우에는 법원은 상속재산의 상황 기타 사정을 참작하여 지정 또는 선임에 의한 유언집행자의 보수를 정할 수 있다.

②유언집행자가 보수를 받는 경우에는 제686조제2항, 제3항의 규정을 준용한다.

제1105조(유언집행자의 사퇴) 지정 또는 선임에 의한 유언집행자는 정당한 사유있는 때에는 법원의 허가를 얻어 그 임무를 사퇴할 수 있다.

제1106조(유언집행자의 해임) 지정 또는 선임에 의한 유언집행자에 그 임무를 해태하거나 적당하지 아니한 사유가 있는 때에는 법원은 상속인 기타 이해관계인의 청구에 의하여 유언집행자를 해임할 수 있다.

제1107조(유언집행의 비용) 유언의 집행에 관한 비용은 상속재산 중에서 이를 지급한다.

제5절 유언의 철회

제1108조(유언의 철회) ①유언자는 언제든지 유언 또는 생전행위로써 유언의 전부나 일부를 철회할 수 있다.

②유언자는 그 유언을 철회할 권리를 포기하지 못한다.

제1109조(유언의 저촉) 전후의 유언이 저촉되거나 유언후의 생전행위가 유언과 저촉되는 경우에는 그 저촉된 부분의 전유언은 이를 철회한 것으로 본다.

제1110조(파훼로 인한 유언의 철회) 유언자가 고의로 유언증서 또는 유증의 목적물을 파훼한 때에는 그 파훼한 부분에 관한 유언은 이를 철회한 것으로 본다.

제1111조(부담있는 유언의 취소) 부담있는 유증을 받은 자가 그 부담의무를 이행하지 아니한 때에는 상속인 또는 유언집행자는 상당한 기간을 정하여 이행할 것을 최고하고 그 기간내에 이행하지 아니한 때에는 법원에 유언의 취소를 청구할 수 있다. 그러나 제삼자의 이익을 해하지 못한다.

제3장 유류분

제1112조(유류분의 권리자와 유류분) 상속인의 유류분은 다음 각호에 의한다.

1. 피상속인의 직계비속은 그 법정상속분의 2분의 1
2. 피상속인의 배우자는 그 법정상속분의 2분의 1
3. 피상속인의 직계존속은 그 법정상속분의 3분의 1
4. 피상속인의 형제자매는 그 법정상속분의 3분의 1

[본조신설 1977.12.31.]

제1113조(유류분의 산정) ①유류분은 피상속인의 상속개시시에 있어서 가진 재산의 가액에 증여재산의 가액을 가산하고 채무의 전액을 공제하여 이를 산정한다.

②조건부의 권리 또는 존속기간이 불확정한 권리는 가정법원이 선임한 감정인의 평가에 의하여 그 가격을 정한다.

[본조신설 1977.12.31.]

제1114조(산입될 증여) 증여는 상속개시전의 1년간에 행한 것에 한하여 제1113조의 규정에 의하여 그 가액을 산정한다. 당사자 쌍방이 유류분권리자에 손해를 가할 것을 알고 증여를 한 때에는 1년전에 한 것도 같다.

[본조신설 1977.12.31.]

제1115조(유류분의 보전) ①유류분권리자가 피상속인의 제1114조에 규정된 증여 및 유증으로 인하여 그 유류분에 부족이 생긴 때에는 부족한 한도에서 그 재산의 반환을 청구할 수 있다.

②제1항의 경우에 증여 및 유증을 받은 자가 수인인 때에는 각자가 얻은 유증가액의 비례로 반환하여야 한다.

[본조신설 1977.12.31.]

제1116조(반환의 순서) 증여에 대하여는 유증을 반환받은 후가 아니면 이것을 청구할 수 없다.

[본조신설 1977.12.31.]

제1117조(소멸시효) 반환의 청구권은 유류분권리자가 상속의 개시와 반환하여야 할 증여 또는 유증을 한 사실을 안 때로부터 1년내에 하

지 아니하면 시효에 의하여 소멸한다. 상속이 개시한 때로부터 10년을 경과한 때도 같다.

[본조신설 1977.12.31.]

제1118조(준용규정) 제1001조, 제1008조, 제1010조의 규정은 유류분에 이를 준용한다.

[본조신설 1977.12.31.]

(판례와 문답식으로 풀어본)
재산증여·상속 분쟁!
이렇게 해결하세요

초판 1쇄 인쇄 2021년 01월 05일
초판 1쇄 발행 2021년 01월 10일

편 저   대한법률편찬연구회
발행인   김현호
발행처   법문북스
공급처   법률미디어

주소   서울 구로구 경인로 54길4(구로동 636-62)
전화   02)2636-2911~2, 팩스 02)2636-3012
홈페이지   www.lawb.co.kr

등록일자   1979년 8월 27일
등록번호   제5-22호

ISBN   978-89-7535-890-6

정가   24,000원

동순위상속인 간의 상속분의 차별을 없애 균등한 것으로 하였으며,
배우자의 상속분을 확대하고, 특별연고자에대한 분여제도 등을 신설함으로써
남녀평등, 부부평등, 상속인 간의 공평을 도모할 수 있도록 개선되었습니다.
종래 호주상속인에게 귀속되던 분묘 등의 승계권을 재산상속의 효과로서
상속법에 규정하고 제사주재자가 승계하도록 하였습니다.

13300

ISBN 978-89-7535-890-6

24,000원